Einbetten in **Kunstharz**

Klaus-P. Lührs

**Fortschritt ist Fantasie,
die Basis für
das Verwirklichen
utopischer Ideen!**

IMPRESSUM

MODELLANFERTIGUNG UND –GESTALTUNG: Klaus P.- Lührs

FOTO- UND BILDBEARBEITUNG: Nicole Schäfer

LAYOUT, MONTAGE, BILDBEARBEITUNG: Vera Kastner

FOTOS: The Evolution Store, New York; Createc-Werk-Studio

ZEICHNUNGEN: Gerhard Hillmayr

LEKTORIN: Anja Lührs-Hofer

DRUCK UND BINDUNG: Livonia Print SIA, Lettland

4. Auflage 2020

ISBN 978-3-7724-7566-5

Best.-Nr. 7566

Inhaltsverzeichnis

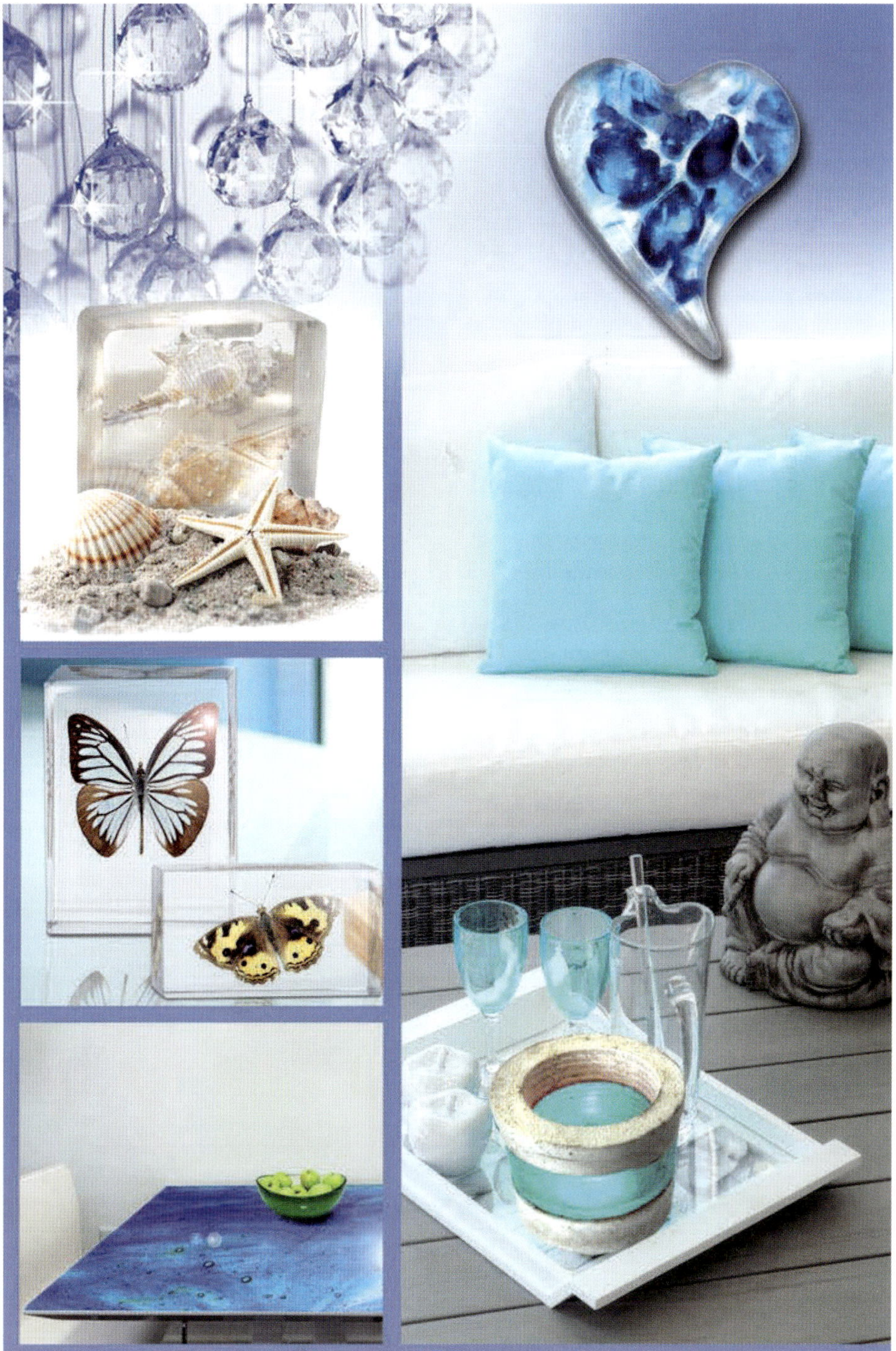

Technik, Kunst und Wissenschaft

Die Gliederung weltgeschichtlicher Epochen orientiert sich an der Entdeckung und Verwendung neuer Werkstoffe der Menschheit, z. B. Stein-, Bronze-, Eisen- und Neuzeit. Innerhalb dieser Chronologie befinden wir uns jetzt im Zeitalter der Kunststoffe.

Damit befasst sich auch dieses Buch, besonders mit dem wichtigsten künstlich hergestellten Produkt: Polyesterharz, einem Synthetikmaterial, das auch vielfältig im Hobby- und Do it yourself-Bereich verwendet wird.

Vorweg ist es deshalb für das Verständnis der umfangreichen Produkte und deren Möglichkeiten wichtig, dass Sie zuerst etwas über die Entstehung dieser Stoffe erfahren.

Der schöpferische Hintergrund der Entstehungsgeschichte dieser künstlichen Harze zieht sich wie ein roter Faden durch die Zeit der Erfindungen und Entdeckungen. Er beginnt da, wo noch niemand ahnen konnte, wie wichtig dieses Material einmal sein wird. Auch heute ist es noch nicht abschätzbar, wie sich diese Produkte weiter entwickeln und was in 10 oder 100 Jahren daraus entsteht.

Polyesterharze gelten in der chemischen Industrie als grenzenloses Kunststoffmaterial, welches täglich in grossartigen Erfindungen, Verbesserungen alter Produkte oder für die Entstehung vollkommen anderer Anwendungsbereiche neu entwickelt und verwendet wird. Das trägt zu einer Weiterentwicklung raffiniertester Werkstoffe bei. So wird es nicht nur heute und morgen sein, so war es auch gestern!

Der Begriff „Kunststoff" ist gerade erst 100 Jahre alt. Alles begann, als der Münchener Chemiker Dr. Ernst Richard Escales* im Jahr 1911 eine Zeitschrift mit diesem Namen gründete. Aber es dauerte noch einige Jahre, bevor man sich in der Fachwelt darüber im Klaren war, was eigentlich als Kunststoff bezeichnet werden durfte und was nicht. Die Verwirrung basierte auf der Unkenntnis, nach welchen Kriterien ein Kunststoff als solcher einzuordnen war. Hinzu kam die Tatsache, dass sich viele Personen, nicht nur Chemiker, mit den unterschiedlichsten Versuchen und Experimenten beschäftigten, um ein Material herzustellen, das etwas mit diesem neuen Produkt „Kunststoff" gemeinsam hat. Unklar war, was allgemein als Basis für einen Werkstoff dieser Art zu berücksichtigen ist: Zahlreiche Chemiker glaubten an die Existenz grosser Moleküle, die aus der Verbindung vieler kleiner entstanden waren. Diese Theorie wurde mit der Micellartheorie* begründet.

** Dr. Ernst Richard Escales (* 08.07.1863 in Zweibrücken; † 09.09.1924 in München) war Chemiker, Sprengstoffexperte und Herausgeber von Fachzeitschriften, wie „Faserstoffe" und „Spinnpflanzen", „Edelerden und Erze", „Zeitschrift für das gesamte Schiess- und Sprengstoffwesen" und „Kunststoffe". Er gilt als Namensgeber der Werkstoffklasse „Kunststoffe".*

** Micellartheorie. Mit dieser Theorie stellte Carl Wilhelm von Nägeli, *27.03.1817 in Kilchberg bei Zürich, † 10. Mai 1891, eine Hypothese über die submikroskopische Architektur von optisch anisotrop erscheinenden Biostrukturen auf.*

Unklar war allerdings, wie der Zusammenschluss dieser Moleküle erfolgen sollte. Schliesslich mussten die vielen kleinen Moleküle so miteinander verbunden werden, dass daraus ein grosses entstand.

Am 12. Juni 1920 veröffentlichte der Chemieprofessor Hermann Staudinger* die Ergebnisse seiner wissenschaftlichen Forschungsarbeit mit der polymeren Wahrheit über die Makromoleküle. Das war die Sternstunde der „Polymer-Chemie“. Demnach bestand ein Kunststoff aus organisch-chemischen Makromolekülen: Viele, winzig kleine Moleküle verbinden sich zu wenigen grossen und entwickeln vollkommen neue Eigenschaften.

Bis zu diesem Zeitpunkt gab es keine genaue Erklärung und Zuordnung des Wortes „Kunststoff“. Produkte, die als solche in fertiger Form so in der Natur nicht vorkamen, wurden als „künstlich“ hergestellt definiert. Eigentlich eine klare Abgrenzung, trotzdem nicht genau verständlich. So müssten Glas und Mörtel ebenfalls als Kunststoff bezeichnet werden. Diese Materialien gab es aber schon, weshalb man sie zu den natürlichen Ressourcen zählte.

**Hermann Staudinger, * geb. 23.03.1881 in Freiburg/Breisgau, Professor der Chemie (Nobelpreisträger 1953), † 08.09.1965.*

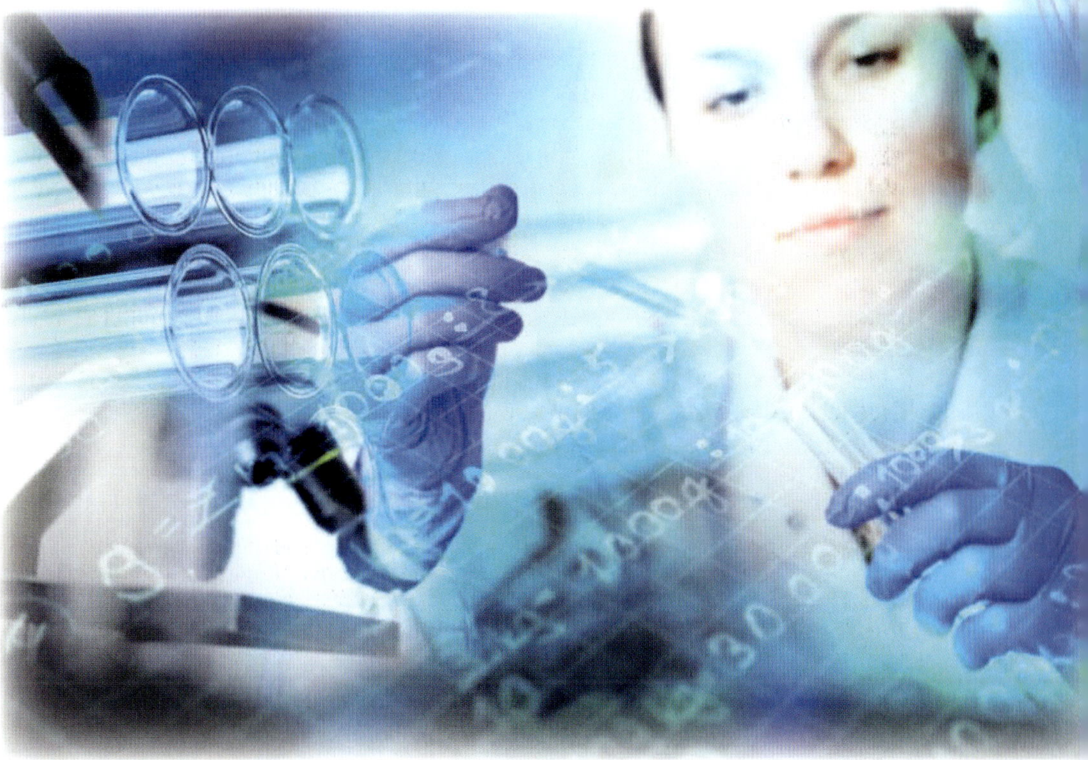

Beginn der Kunststoffchemie

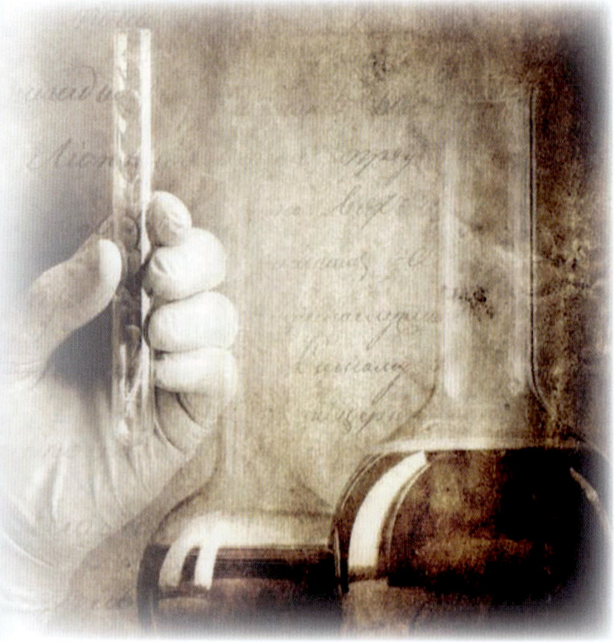

Bevor Sie sich jetzt in das Abenteuer der Kunststoffchemie begeben und praktisch kennen lernen, was vor Ihnen Tausende chemiebegeisterte Menschen entdeckt haben, sollen Sie wissen, wie die ersten Giessharze entstanden. Die Entwicklungsgeschichte ist allerdings so breit gefächert, dass Sie das Wichtigste in einer chronologischen Zusammenfassung erfahren. Begeben wir uns deshalb gemeinsam in die Welt der vielfältigen Werkstoffe, die „künstlich" hergestellt werden und erleben Sie ein kurzes Stück ihrer hundertjährigen Geschichte: steigen wir an der Stelle ein, als Materialien entwickelt wurden, die nach heutiger Definition als Kunststoff deklariert werden könnten.

Damals wurden schon viele Produkte hergestellt, die diesen Begriff verdienten. Weil es aber für den „Kunststoff" noch keine Definition gab, konnte man sie auch nicht als solche benennen. Vielen Chemikern schwebte die Idee vor, ein glasähnliches Material herzustellen. Glasklar, vollkommen transparent, unzerbrechlich, beliebig formbar. Eine Idee, mit der sich zahlreiche Menschen weltweit viele Jahre beschäftigten. Aber es gelang keinem, ein solches Produkt innerhalb der kurzen Zeitspanne, in der die ersten „Kunststoffe" entstanden, anzufertigen.

Vor den Erfolg haben die Götter bekanntlich den Schweiss gesetzt. Also mussten die Zutaten von vielen Tüftlern und Chemikern in jahrelangen Versuchen und Experimenten immer wieder neu erprobt, verschieden zusammengesetzt und verarbeitet werden, ehe endlich das erste Material fertig was, das der Begriffsbestimmung „Glas" in etwa nahe kam. Es war der Engländer Alexander Parkes* (1862), der den ersten transparenten Pressstoff entwickelt hatte und damit den Weg zum glasklaren Polyesterharz öffnete.

Der an der amerikanischen Ostküste in Starkey (in der Nähe von New York) lebende Drucker John Wesley Hyatt* (1860) tüftelte zusammen mit seinen zwei Brüdern an einem thermoplastischen Material, welches mit dem Namen Celluloid weltweite Bedeutung erlangte. Daraus wurden Löffel, Kämme, später auch das Material für Filme und die weltberühmten „Schildkröt-Puppen"* hergestellt.

Was jemand erfunden und über Fachzeitschriften verbreitet hatte, spornte andere an, auf diesem Gebiet weiter zu forschen, zu tüfteln und zu experimentieren. Was der eine angefangen hatte, wurde von hunderten anderen Chemikern aufgegriffen, oftmals anders verstanden oder mit den eigenen Ideen und Vorstellungen experimentel kombiniert und weiterentwickelt.

So erscheint es verständlich, dass das Celluloid bald ein Nachfolgeprodukt in dem von dem Belgier Leo Hendrik Baekeland* (1863) entwickelten Produkt „Bakelit“, das als Kunststoff aus Phenolharzen „zusammengebraut“ wurde, fand. Auch dieses Material hatte glasähnliche Eigenschaften. Es war elastisch und eignete sich für die damals aufkommende Elektroindustrie gut zur Herstellung von Schaltern, als Isoliermaterial für Drähte sowie für die Halterungen der Fassungen von Glühlampen etc..

Ungefähr zur gleichen Zeit befasste sich der Apotheker und Chemiker Otto Röhm* mit der Polymerisation von Acrylsäureester mit Natriumkoholat. Damit wollte er eigentlich ein elastisches Kautschukmaterial herstellen. Es war nicht das erste Mal, dass bei der Entwicklung eines bestimmten Produktes etwas ganz anderes herauskam. Entstanden ist schliesslich ein vollkommen neuer, transparenter Kunststoff, beliebig formbar, unzerbrechlich, der unter dem Namen „Plexiglas“ zum Patent angemeldet und weltberühmt wurde. Damit war das ursprüngliche Ziel, einen künstlichen Glasersatz zu erfinden, erreicht. An der Idee arbeiteten allerdings zahlreiche Chemiker, sodass das Rad der Entwicklung durch die Erfindung des Plexiglases nicht gestoppt, sondern vielfältig variiert wurde.

Deshalb mussten weitere Produktergebnisse aus diesem Forschungsspektrum irgendwann die Weltöffentlichkeit erreichen. 1915 war es soweit. Der österreichische Chemiker Hanns John* arbeitete zu dieser Zeit in Prag an einem unzerbrechlichen Glas. Auch er schien sich am Ziel seiner Träume, als er 1918 sein erstes Patent erhielt.

John arbeitete mit Formaldehyd, das er mit verschiedenen Chemikalien unter Wärmeeinfluss auf Harnstoff, Carbamid und dessen Derivate* einwirken liess. Daraus entstand ein Kunststoff, der von ihm als organisches Glas bezeichnet wurde und als Ersatz für Gummi, Horn oder das bis dahin viel verbreitete „Celluloid“ Verwendung fand.

1923 erkannte der amerikanische Chemiker Frederick F. Pollak*, dass sich beim Vermischen von Formaldehyd mit Harn- oder Thioharnstoff in Verbindung mit einer geringen Menge Ammoniak eine glasartige Masse bildete. Das Material wurde fein zermahlen und zu einer Platte gepresst. Daraus entstand ein neuer, vielseitig verwendbarer Kunststoff mit glasähnlichen Merkmalen.

Die Dynamit AG übernahm die Lizenzen von Pollak und produzierte die ersten Kunststoffteile mit der Produktbezeichnung „Pollopas“. Ab dem Jahr 1935 kamen die ersten, wunderschön eingefärbten Gebrauchsgegenstände auf den Markt: Menagen, Dosen, Teller, Tassen, Eierbecher, Schalen, alles in herrlichen Farben hellgelb, orange, rosa, karminrot, hellgrün und hellblau.

** Die Firma Schildkröt-Puppen, vormals Rheinische Gummi- und Celluloidfabrik, wurde 1873 in Mannheim gegründet. 1896 wurde die erste Puppe aus Celluloid produziert. Das Warenzeichen, die „Schildkröte“, wurde im Kaiserlichen Patentamt in Berlin eingetragen. Schildkröt ist der älteste Puppenhersteller, der auch heute noch Puppen produziert. Das bekannteste Material, aus dem die ersten Puppen hergestellt wurden, war das Celluloid, das bruchfest, abwaschbar, farbecht und hygienisch war.*

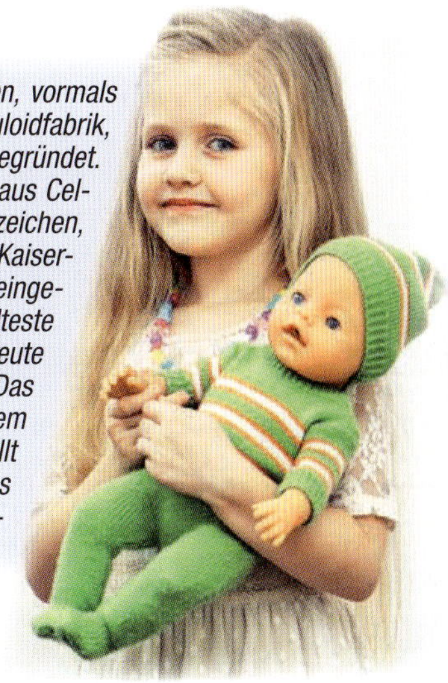

Obwohl diese Artikel im Vergleich zu dem bis dahin sehr verbreiteten Bakelit* hochpreisig waren, wurden sie von wohlhabenden Bürgern gern gekauft. Die aus Pollopas hergestellten Kunststoffartikel waren für den täglichen Gebrauch bestimmt. Sie werden heute noch zu den schönsten Kunststoffartikeln der damaligen Zeit gerechnet. Genau betrachtet, handelte es sich um die Weiterentwicklung des Bakelits, wobei „Pollopas“ gegenüber diesem Produkt entscheidende Vorteile bot. Es war ein vollkommen farbloser, lichtechter Kunststoff, der für die Herstellung technischer Formteile und wegen seiner einzigartigen dielektrischen Eigenschaften bevorzugt in der Elektroindustrie verwendet wurde.

Durch den Ausbruch des II. Weltkriegs änderte sich die Produktion. Anstelle der farbenfrohen Produkte wurden braune, graue oder olivfarbige Flugzeugtanks und Propeller etc. gefertigt. Fast zur gleichen Zeit arbeiteten bei der Firma Henkel in Düsseldorf einige Mitarbeiter mit ähnlichen Chemikalien. Es sollte ein Kondensationsprodukt in Verbindung mit Formaldehyd entwickelt werden, das auf den Ergebnissen des Chemikers Hanns John aufbaute.

1935 war es soweit: Henkel hatte das Produkt fertig. Ein vollkommen neuartiger Kunststoff wurde mit dem Namen „Melamin“ zum Patent angemeldet. Daraus wurden hochwertige Haushaltsgegenstände hergestellt und der Kunststoff damit offiziell, vor allem zu günstigen Preisen, in den Alltag integriert und war bald darauf in jedem Haushalt vertreten.

Eine positive Entwicklung, die aber durch die Ereignisse dieser Zeit überschattet wurde: Der zweite Weltkrieg lenkte alle Aufmerksamkeit auf sich. Es war nicht die Zeit der Forscher und Entwickler – oder etwa doch?

Deshalb fand auch das „Melamin“ vorübergehend andere Verwendungsmöglichkeiten.

Carleton Ellis* (amerik. Schriftsteller) hatte sich seit 1923 mit der Polymerisation ungesättigter Polyesterharze befasst. Zehn Jahre später wurde seine Mühe und Ausdauer für die vielen, fast endlosen Versuche und Experimente belohnt. Dazu löste er Polyesterharz in Styrol und vermischte das flüssige Harz mit Peroxyden. Das Ergebnis war verblüffend: das flüssige Kunststoffmaterial erhärtete von allein, ohne erhitzen und pressen. Damit begann der Siegeszug der Polyesterharze.

Zur gleichen Zeit war es gelungen, geschmolzenes Glas durch sehr feine Platindüsen zu pressen, wobei endlos lange, gleichmässig dünne Glasfäden entstanden, die in der Elektroindustrie verwendet werden sollten. Aber der Krieg trieb andere Interessen voran. Besonders der Luftkrieg löste den Gedanken aus, neue Flugzeuge bauen zu lassen, die vom gegnerischen Radar nicht geortet werden konnten. Schon war die Idee von einem Kunststoff-Flugzeug geboren. Es dauerte aber noch einige Jahre, bis diese Vorstellung von einem neuen Fluggerät in den USA verwirklicht werden konnte.

Glasfasern wurden zu Matten gepresst, verflochten, mit ungesättigten Polyesterharzen getränkt und mit Peroxyden gehärtet. Daraus entstanden die ersten Formteile: lösungsmittelbeständige Behälter, bald darauf auch Autokarosserien, Kanister für Öle und Treibstoffe…

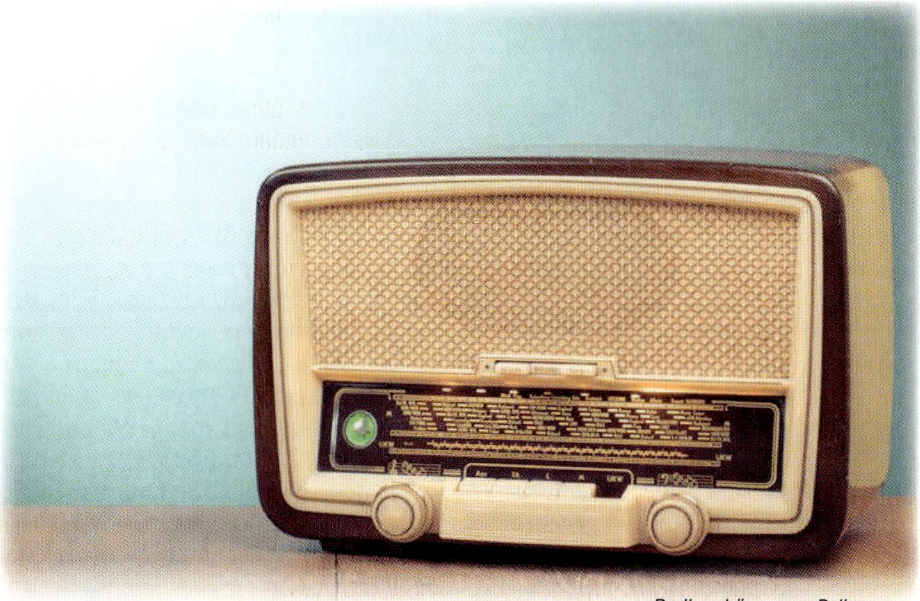

Radiogehäuse aus Pollopas.

**Derivat (lat. derivare = „ableiten"). In der Chemie wird als Derivat ein abgeleiteter Stoff ähnlicher Struktur bezeichnet, beispielsweise eine chemische Verbindung, die sich aus einer anderen, unter Beibehalt der Grundstruktur ergibt, wobei einzelne Atome bzw. Atomgruppen durch andere ersetzt werden können. Herstellung eines Derivates = Derivatisierung:*

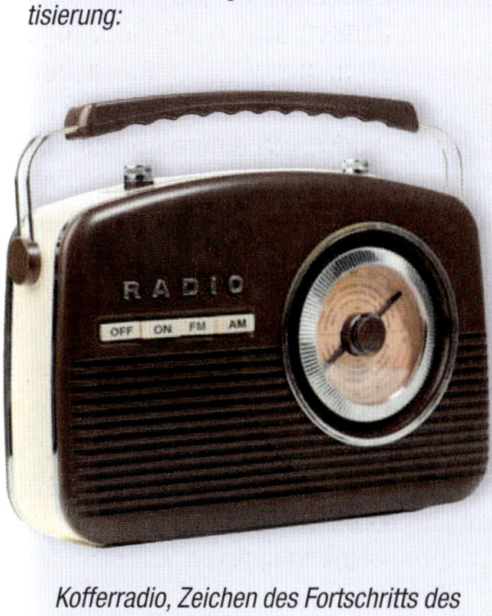

Kofferradio, Zeichen des Fortschritts des Kunststoffzeitalters.

**Alexander Parkes – geb. 29.12.1813 in Birmingham, † 29.06.1890 in Florida (USA), entwickelte das „Parkesin", gezeigt 1862 auf der Weltausstellung in London.*

**John Wesley Hyatt – Drucker, geb. 28.11.1837 in Starkey (New York - USA), † 10.05.1920, Erfinder des Celluloids.*
**Otto Röhm – Deutscher Chemiker, geb. 14.03.1876 in Öhringen, † 17.09.1939 in Berlin, erfand das Plexiglas.*

**Hanns John – österreichischer Chemiker und Professor, Entdecker des Harnstoff-Formaldehyd-Kunststoffes, geb. 27.07.1891, † 23.2.1942.*

**Frederick F. Pollak Amerikanischer Chemiker (lebte in Long Island City N.Y). Erhielt am 12.6.1923 ein US-Patent für sein Produkt Pollopas.*

**Carleton Ellis (amerik. Erfinder), geb. am 20.09.1876, † 13.01.1941, Inhaber von 753 Patenten, u. a. für die Entwicklung des Polyesterharzes, Margarine, Antikklopf-Benzin, Farb- und Lacklöser etc.*

„Gläserne Kostbarkeiten“

Freuen Sie sich darauf, bald die ersten Giessversuche mit diesem glasklaren Polyesterharz zu machen. Es wird mehr als nur ein Ausflug in die Kunststoffchemie. So ganz nebenbei erfahren Sie viel über die Verarbeitungs- und Anwendungsmöglichkeiten dieser Harze, z. B. wie gläserne Kostbarkeiten – „Souvenirs für die Ewigkeit“ – in vielfältiger Formen- und Farbenpracht selbst hergestellt werden können.

Lassen auch Sie sich von der Fülle der unbegrenzten Möglichkeiten dieser grossartigen Kunststofftechnik begeistern!

Giessharze stellen eine Besonderheit im Reich der Kunststoffe dar. Nicht nur, weil sie beliebig geformt und farblich einzigartig eingefärbt werden können, sondern auch deshalb, weil Sie in den Giessharzblock ausgewählte Objekte total sichtbar einbetten können. Das kann Ihnen bis heute kein anderer Werkstoff so optimal bieten.

Deshalb ist es wichtig, dass Sie noch mehr Informationen über dieses Material erhalten und wissen, womit Sie experimentieren und arbeiten. Dazu gehört auch das „Gewusst wie und womit“: Die Vorbehandlung der Formen, das Vermischen der Harze mit dem richtigen Härter und das Einfärben mit speziellen Abtönfarben. Besonders wichtig ist, dass Sie etwas über die richtigen Harzmengen beim Einfüllen in die Formen erfahren, dass Sie wissen, was beim Einlegen der Eingiessobjekte auf das in die Form gefüllte Harz beachtet werden muss. Zusätzlich sind Hinweise zum Entformen der fertigen Giesslinge, dem Nachbehandeln, Schleifen und Polieren wichtig.

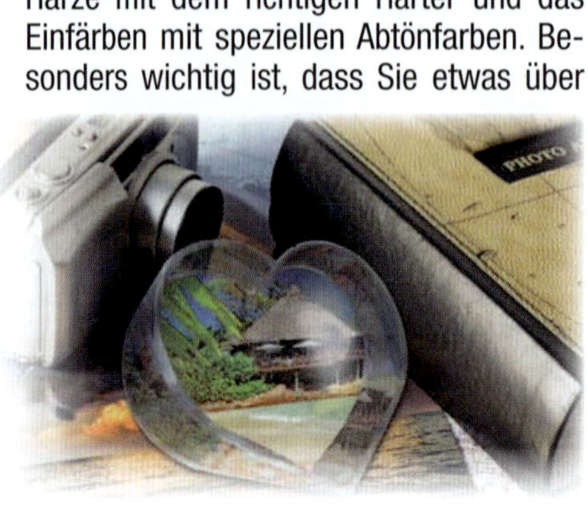

Bei der Verarbeitung von Giessharzen ist die Materialkenntnis sehr wichtig und erspart Ihnen unnötiges „Lehrgeld“. Ausserdem können Sie sich an den damit verbundenen Experimenten und selbst hergestellten, gelungenen Giesslingen erfreuen.

Durch das Lesen des geschichtlichen Teils der Entstehung der Kunststofftechnik haben Sie schon wichtige Informationen bekommen. In diesem Kapitel erfahren Sie noch etwas mehr über dieses einzigartige Material, mit dem Sie sich ab jetzt öfter durch praktischen Versuche und Experimente befassen.

Die chemische Bezeichnung für dieses spezielle Harz ist: „ungesättigtes Polyesterharz“. Der Zusatz „ungesättigt“ bedeutet, dass dieses Harz erst beim Verarbeiten durch weitere Zusätze, z. B. Beschleuniger oder Härter „gesättigt“ wird und aushärtet. Im Gegensatz dazu gibt es gesättigte Polyesterharze, die chemisch nicht mehr reagieren und als thermoplastisches Polyester bezeichnet werden, z. B. Glas- und Chemiefasern wie Trevira und Diolen. Für Sie sind im Zusammenhang mit diesem Buch nur die ungesättigten Polyesterharze wichtig.

Bei der Vielzahl der unterschiedlichen Polyesterharze sind für die handwerkliche Verarbeitung im häuslichen Anwendungsbereich zwei Polyesterharztypen ausreichend.

- <u>Amin- und kobaltbeschleunigte Harze</u>

Die Kombination der Harze mit verschiedenen Beschleunigersystemen lässt als Ergebnis zwei unterschiedliche Harzgruppen entstehen, für die sich jeweils total andere Anwendungsbereiche zeigen.

Am einfachsten wäre es natürlich, wenn Sie nur ein Harz und ein Härtersystem für eine universelle Anwendung und Verarbeitung berücksichtigen müssten. Das ist leider nicht machbar, weil die Einsatzmöglichkeiten der Harze zu unterschiedlich sind und daraus viele differenzierte Anwendungstechniken abgeleitet werden. Dabei entstehen selbstverständlich auch unterschiedliche Endprodukte.

- <u>Aminbeschleunigtes technisches Harz</u>

Bei aminbeschleunigten Harzen gibt es einige Eigenschaften, die gegenüber transparenten Harzen vorteilhafter sind: das Harz kann in dünnen Schichten, schon ab einer Schichtdicke von 1–2 mm verarbeitet werden. Zusätzlich reagiert es bereits ab einer Umgebungstemperatur von 5 °C. Und was besonders wichtig ist: es härtet klebefrei aus.

Aminbeschleunigte Harze sind allerdings nicht transparent klar, vergilben bei der Einwirkung von Sonnenlicht und härten nicht so fest wie kobaltbeschleunigte aus. Deshalb werden sie bevorzugt für die Herstellung technischer Werkstücke wie Rohre, Behälter, Stäbe, Platten, Montagevorrichtungen, ausserdem für praktische Gebrauchsgegenstände also Griffe, Halterungen, Vorrichtungen, daneben auch für das Giessen dekorativer Reliefs und Figuren etc. verwendet.

Eine weitere, besonders interessante Anwendungsmöglichkeit wird durch die Kombination mit Glasfasermatten zur Herstellung von GFK-Konstruktionen geboten. Dafür eignen sich spezielle Bauharze oder das bernsteinfarbene Poly-Ambergiessharz besonders gut.

- <u>Spezialtypen</u>

Dieses Harz gibt es auch als spezielle Harzmodifikation eines Polyester-Giessholzes. Daraus werden in Kunststoff- oder Siliconformen Reliefs und Figuren gegossen, die nach dem Erhärten als Holzimitat weiter bearbeitet werden. Darunter ist das Beizen, Lasieren oder Wachsen mit Holzfarben, -lacken und Pflegemitteln zu verstehen.

Flüssiges Polyesterholz kann auch in die bereits erwähnten Formen aus Kunststoff, Latex oder Silicon eingefüllt werden. Dabei entstehen, künstliche Rohholzteile, die wie Holz durch fräsen, feilen, bohren, sägen und schleifen bearbeitet werden können. Das Material eignet sich besonders gut zum Schnitzen, wobei Schnitzanfänger bevorzugt gern damit arbeiten, auch deshalb, weil misslungene oder fehlerhafte Bilder oder Skulpturen durch das Überstreichen oder Überspachteln der Fehlerstelle mit neu angemischtem Polyesterholz überdeckt und nach dem Aushärten so nachgeschnitzt werden können, dass nach Fertigstellung des Modells daran nichts Fehlerhaftes mehr festgestellt werden kann.

- Kobaltbeschleunigte Giessharze

Früher mussten die Polyesterharze zuerst mit einem Beschleuniger, danach mit dem Härter vermischt werden. Das war kompliziert und nicht ganz ungefährlich. Deshalb wird der Beschleuniger heute direkt in das Harz mit eingearbeitet und dieses vorbeschleunigt geliefert. Es erhärtet sofort nach dem Einmischen des Härters.

Glasklare Polyesterharze härten nach dem Zumischen des Härters vollkommen transparent aus. Besonders vorteilhaft ist, dass sie bei sachgerechter Verarbeitung auch nicht so schnell vergilben wie andere transparente Kunststoffe. Die Aushärtung führt dabei zu einem festen Giessling, der danach mechanisch noch weiter bearbeitet werden kann (z. B. durch das Schleifen und Polieren).

Zu beachten ist ausserdem, dass die Mindestdicke eines Giesslings 3–4 mm beträgt. Unterschreitet er diese Schichtstärke, kann sich die Aushärtung über Wochen hinziehen. Das liegt daran, dass das Harz-Härter-Gemisch dann nicht die für das Anstossen der Aushärtereaktion erforderliche Temperatur entwickelt, die Aushärtung dadurch auch nur sehr schwach und langsam abläuft. Ausserdem ist der Giessling zum Schluss klebrig, bleibt manchmal auch weich oder durelastisch.

Flüssiger und pastöser Härter

Für das Aushärten glasklarer Giessharze steht ein flüssiger Härter zur Verfügung, der sich gut in das Harz einarbeiten lässt. Vorteilhaft ist das Dosieren, weil der Härter in einer praktischen Tropfflasche geliefert wird, aus der die Härterflüssigkeit herausgetropft werden kann. Ca. 25 Tropfen ergeben 1 g Härter (1 Tropfen entspricht 0,04 g).

Wichtig: aus Sicherheitsgründen ist der Härter mit einem „Kisi" - kindersicheren Verschluss versehen. Deshalb sollte die Flasche nach dem Gebrauch sofort wieder verschlossen und für Kinder unzugänglich aufbewahrt werden.

Für die Verarbeitung der technischen Harze steht ein pastöser Härter zur Verfügung. Die benötigte Härtermenge wird dazu direkt aus der Tube dosiert und abgewogen. Es besteht auch die Möglichkeit, die benötigte Härtermenge auf den zum Vermischen mit dem Harz erforderlichen Holzspatel aufzutragen und bedarfsmässig abzumessen. 1 cm Härterstrang wiegt ungefähr 1 g.

Bitte unbedingt beachten: Beim Verarbeiten der Härter sind Sicherheitsvorschriften zu beachten. Deshalb sind sie auch mit dem Gefahrensymbolen „ätzend" und „feuergefährlich" gekennzeichnet. Sie werden in einer Spezialflasche mit kindergesichertem Verschluss bzw. einer Kunststofftube geliefert.

Der Härter darf nur von erwachsenen Anwendern oder Aufsichtspersonen verarbeitet werden!

Und was besonders wichtig ist:
Beachten Sie die auf den Härtern vermerkten Sicherheitshinweise, die gelesen, befolgt und beachtet werden müssen:

- Kann Brand verursachen.
- Gesundheitsschädlich beim Verschlucken und Einatmen.
- Verursacht Verätzungen.
- Behälter dicht geschlossen halten und an einem kühlen Ort aufbewahren.
- Vor Hitze, Funken und Flammen fernhalten.
- Nach Gebrauch Hände gründlich waschen.
- Bei Gebrauch nicht essen, trinken oder rauchen.
- Schutzhandschuhe und Schutzkleidung tragen.
- Bei Verschlucken: Mund ausspülen, kein Erbrechen herbeiführen.
- Bei Augenkontakt: Augen einige Minuten mit Wasser ausspülen und einen Arzt aufsuchen.

Hinweise zum richtigen Vermischen:
Wiegen Sie beide Komponenten – Giessharz und Härter – in separaten Mischbehältern ab! Erst danach wird der Härter zum Giessharz zugegeben und sorgfältig damit vermischt.

Das getrennte Abwiegen der Mischkomponenten (Harz und Härter) sollten Sie grundsätzlich für alle 2-Komponenten-Produkte so berücksichtigen! Diese Vorsichtsmassnahme ist verständlich: Sie können die Mengen der Produkte vor dem Vermischen noch einmal überprüfen und verhindern dadurch Mischfehler.

Ausserdem ist es wichtig, dass der Härter immer zum Harz zugerührt (eingemischt) wird. Verwenden Sie dafür keinen runden, sondern immer nur einen flachen Rührstab aus Holz oder Aluminium (nicht aus Kunststoff oder anderen Metallen, weil das zu möglichen Verunreinigungen und Verfärbungen des Materials führen kann).

Nach dem Vermischen von Harz und Härter verändert die Mischung ihre glasklare Farbgebung und wird grüngelb. Daran erkennen Sie, dass alles richtig gemacht wurde. Die Verfärbung zeigt den Beginn der Aushärtereaktion an.

Eine erneute Rückfärbung erfolgt zum Ende dieser Reaktion, die dadurch erkennbar wird, wenn das Harz geliert und wieder glasklar wird.

Lassen Sie das Giessharz-Härtergemisch ungefähr 3–5 Minuten in dem Mischbecher stehen (vorreagieren). Während dieser Zeit steigen die beim Mischen eingerührten Luftblasen an die Oberfläche, wo sie zerplatzen.

** Aminbeschleuniger = (AmB). Amine sind basische, organische Abkömmlinge (Derivate) des Ammoniaks (NH3) und werden bevorzugt in techn. Harze eingemischt. Durch das Zumischen von Benzoylperoxid erfolgt die Aushärtung des Harzes.*

**Kobaltbeschleuniger = (CoB) wird als Reaktionsmittel zum Härten von Polyesterharzen verwendet. Kobalt ist eine Chemikalie, die durch oxidierende Säuren aus Nickel herausgelöst wird.*

- Zwei transparente - Polyesterharze:

Der Standard: „Polyesterglas-Giessharz" ist dickflüssig (honigartig) und vollkommen transparentklar. Darin lassen sich die unterschiedlichsten „trockenen" Einbettungsobjekte gut eingiessen.

„XOR-Crystal-Polyesterharz" fällt schon wegen seiner viel dünnflüssigeren Konsistenz auf. Das Harz zeigt ausserdem einen zarten Blaustich, was auf den darin enthaltenen Lichtstabilisator zurückzuführen ist. Der sorgt dafür, dass die aus diesem Kunstharz gegossenen Giessteile länger als die aus dem Standardharz hergestellten, brillantklar – nicht vergilbend – erhalten bleiben.

Zusätzlich enthält das Harz noch einige weitere, wichtige chemische Bestandteile: beispielsweise das Konservierungsmittel (XOR = Xeribilie Operations-Rezipient). Dieser hochwirksame Zusatz ist wichtig, weil er die in das Harz eingegossenen, natürlichen Objekte wie getrocknete Blumen, Insekten, entwässerte Früchte, präparierte Fische oder organische Körperteile so konserviert, dass sie dauerhaft und unverändert in dem Giessharzblock aufbewahrt bleiben.

Deshalb ist es auch möglich, aus diesem Spezialharz hochwertige „Bio-Plastiken"* anzufertigen, was in Schulen und Universitäten deshalb gern gemacht wird, weil die für den wissenschaftlichen Unterricht erforderlichen Anschauungspräparate als Giessharzblöcke aus diesem Spezialharz selbst hergestellt werden können.

Eine Aufgabe, die beispielsweise unter dem Motto: „Erlebte Chemie" in vielen Schulen praktiziert wird. Die dabei von Schülern oder Studenten gegossenen Giesslinge werden nach ihrer Fertigstellung über viele Jahre hinweg als wertvolles Anschauungsmaterial im Unterricht verwendet.

Selbstverständlich können in dieses Harz auch die bereits für das Standardharz erwähnten Trockenpräparate eingebettet werden. Das funktioniert ebenfalls hervorragend, weshalb daraus dekorative Schlüsselanhänger, Giesslinge mit empfindlichen Elektronikbauteilen, Muscheln, Lebensmittelprodukten, z. B. Nudeln, Getreide- und Reiskörnern etc. angefertigt werden können.

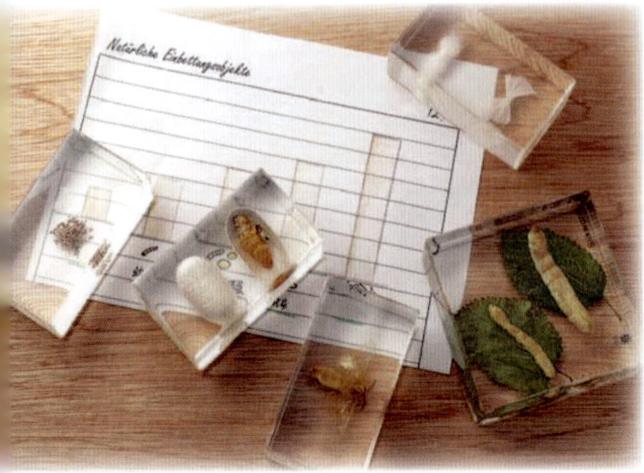

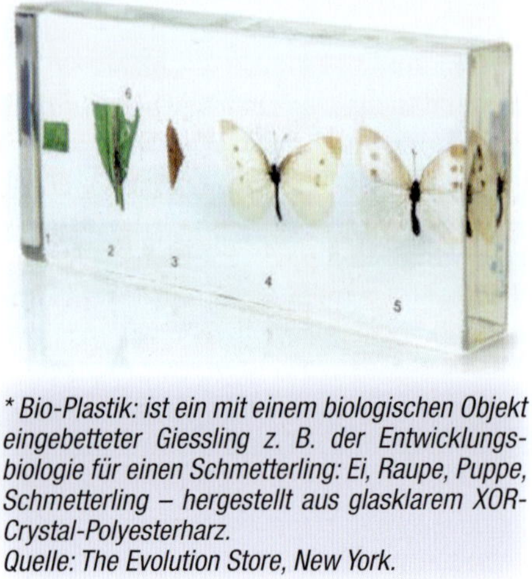

** Bio-Plastik: ist ein mit einem biologischen Objekt eingebetteter Giessling z. B. der Entwicklungsbiologie für einen Schmetterling: Ei, Raupe, Puppe, Schmetterling – hergestellt aus glasklarem XOR-Crystal-Polyesterharz.*
Quelle: The Evolution Store, New York.

Einbetten in Giessharz

Sie haben jetzt schon viel über die unterschiedlichen Giessharze erfahren. Nach so viel Theorie wird es Zeit, praktisches Wissen zu sammeln. Das ist ähnlich, wie beim Zubereiten einer guten Speise: Bevor es an's eigentliche „Kochen" geht, müssen erst die Zutaten für das grosse Menü vorbereitet werden...

Ähnlich ist es auch beim Gebrauch der Giessharze. Zunächst muss der Arbeitsplatz eingerichtet werden. Da beim Verarbeiten des Harzes davon auch versehentlich etwas verschüttet werden kann, ist es sinnvoll, die Arbeitsfläche vorher mit einer Kunststofffolie abzudecken. Leider entwickelt das im Giessharz enthaltene Styrol einen aussergewöhnlichen Geruch (leuchtgasartig). Allein deshalb ist es vorteilhaft, wenn sich der Arbeitsplatz in der Nähe von einem Fenster befindet, das jederzeit geöffnet werden kann, damit der Giessharzgeruch schnell abzieht.

Dazu noch ein wichtiger Hinweis: Öffnen Sie die Giessharzdose nur dann, wenn Sie Harz daraus entnehmen. Verschliessen Sie sie danach sofort wieder. Dadurch vermeiden Sie, dass sich der Styrolgeruch zu intensiv verbreitet.

Das im Giessharz enthaltene Styrol ist das Bindemittel, in dem das Polyesterharz gelöst ist. Es verbreitet einen alles durchdringenden Geruch, der aber bei der Verarbeitung von Mengen bis zu 3 kg keine gesundheitsschädlichen Probleme verursacht. Werden grössere Mengen Harz auf einmal verarbeitet, müssen Sie dafür sorgen, dass die Styroldämpfe schnell aus dem Arbeitsraum entweichen. Deshalb ist es gut, wenn das Verarbeiten des Harzes in Fensternähe gemacht wird. Unangenehme Styroldämpfe können dann nach dem Öffnen des Harzeimers bis zum Einfüllen der Harzmischung in die Form sofort mit der Luftströmung durch das geöffnete Fenster entweichen.

Für die Giessharzverarbeitung benötigen Sie nur eine kleine mit einer Schutzfolie abgedeckte Arbeitsfläche. Wichtig ist aber, dass Sie alle erforderlichen Hilfsmittel griffbereit vor sich hingelegt haben.

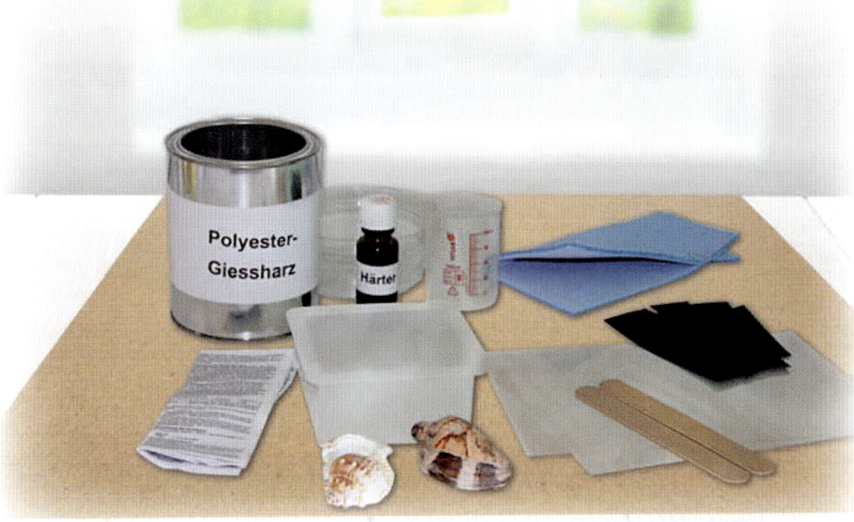

- <u>Giessformen:</u>
  <u>Füllvolumen – Harz- und Härterbedarf</u>

Für die Herstellung von Bildern, Bildcollagen und anderen Dekorationsteilen, die aus diesem Kunststoff angefertigt werden können, lassen sich verschiedene Gegenstände aus dem Haushalt als Formen verwenden. Wichtig ist, dass sie aus Glas, Metall, Gummi, Silicon oder einem lösungsmittelbeständigen Kunststoff bestehen. Dann müssen sie vorher nur mit einem speziellen Trennmittel ausgestrichen werden, weil sonst die Gefahr besteht, dass sich das Giessharz mit diesen Teilen fest verbindet.

Was ausserdem wichtig ist: prüfen Sie vor der Verwendung der Kunststoffteile, ob sich diese mit dem Giessharz vertragen. Da das Harz lösungsmittelhaltig ist, kann es passieren, dass es einen Kunststoffgegenstand auf- oder anlöst. Deshalb müssen Sie vorher immer erst einen Gebrauchstest machen: tragen Sie dazu eine kleine Giessharzmenge mit einem Streichholz auf eine unwichtige Stelle (Rückseite) des Kunststoffteils auf. Verwenden Sie einen Putzlappen, um das Harz damit abzuwischen. Lässt sich das mühelos machen, ist der Gegenstand als Giessform für das Harz geeignet. Schmiert das Harz beim Abwischen oder lässt es sich gar nicht mehr entfernen, bedeutet das, dass das Harz den Kunststoff bereits angelöst hat. Dann ist der Behälter für die vorgesehene Abformung nicht geeignet.

Alternativ gibt es auch Gegenstände, die sich einmalig gut als Formen eignen, durch diesen Gebrauch aber zerstört werden. Deshalb werden solche Behälter als „verlorene Formen“ bezeichnet. Dazu gehört z. B. eine Glühbirne, deren Sockel entfernt wird, damit sie dann als ideale Giessform verwendet werden kann. Ebenfalls gut geeignet ist ein Gummiball, der mit einem kleinen Loch (Einfüllöffnung) versehen wird. Darin kann eine wunderbar aussehende, glasartige Kugel gegossen werden.

Wählen Sie eine zu Ihrem Eingiessobjekt genau in der Grösse und Formgebung passende Form aus. Am besten verwenden Sie dafür eine im Fachgeschäft oder Versandhandel erhältliche Polyethylenform, die es in unterschiedlichen Ausführungen und Grössen gibt: quadratisch, rechteckig, rund, halbrund, halbkugelförmig oder oval...

<u>Wichtig:</u> Berücksichtigen Sie für die ersten Arbeiten nur kleine Formen. Prüfen Sie vor allem, ob die Höhe der Form ausreicht, um den ausgewählten Gegenstand vollständig darin einbetten zu können. Dafür muss sie ungefähr 8–10 mm höher als das Einbettungsobjekt sein. Am besten legen Sie den Gegenstand, den Sie einbetten wollen, in die Form. Dann sehen Sie sofort, ob die Formhöhe dafür ausreicht. Überprüfen Sie danach, ob sie mit einer Inhaltsangabe, also dem Füllvolumen, gekennzeichnet ist. Diese Angabe ist wichtig, weil Sie dann sofort wissen, wieviel Giessharz insgesamt für das Befüllen benötigt wird.

Wenn der Fassungsinhalt nicht auf der Form vermerkt ist, befüllen Sie sie randvoll mit Wasser und schütten es in einen Messbecher. An der Skala des Behälters können Sie das Volumen der Wassermenge, z. B. 160 ml, ablesen. Das ist die Gesamtmenge, die zum Ausfüllen der Form benötigt wird. Sie reduziert sich allerdings noch um das Volumen des Eingiessobjekts.

Und damit Sie beim nächsten Gebrauch der Form gleich wissen, welches Füllvolumen sie hat, vermerken Sie diesen Wert mit einem wasserfesten Filzschreiber direkt auf der Aussenseite. Für das Ermitteln des tatsächlichen Harzbedarfs ist es am einfachsten, wenn Sie das Eingiessobjekt in die Form legen und diese erneut mit Wasser befüllen. Schütten Sie das Wasser danach in den Messbecher zurück. Dadurch haben Sie den tatsächlichen Harzbedarf für diese Einbettungsarbeit genau ermittelt.

Das funktioniert aber nicht immer, weil die meisten Eingiessobjekte durch den Wasserkontakt unbrauchbar werden. In solchen Fällen gibt es nur eine Möglichkeit: Schätzen Sie die Harzmenge, die Sie durch das Einlegen des Einbettungsobjekts sparen und ziehen Sie diese von der insgesamt benötigten ab.

Wenn wir davon ausgehen, dass die Form ein Fassungsvermögen von 160 ml und der einzubettende Gegenstand ein Volumen von 40 ml hat, reduziert sich der Giessharzbedarf auf ungefähr 120 ml.

Für jeden anzufertigenden Giessling müssen Sie vor dem Anmischen des Materials den jeweiligen Harz- und Härterbedarf pro Giessschicht berechnen. Dafür benötigen Sie die genauen Masse der Form und die Formhöhe, die hier beispielsweise 30 mm beträgt. Würden Sie die Form mit drei gleichen Harzmengen befüllen, wären pro Schicht 40 ml Harz erforderlich. Damit wäre die Form vollständig ausgefüllt.

Wie schon erwähnt, werden die Harzmengen unterschiedlich aufgeteilt. So würden auf die Grundschicht genau 24 ml = 6 mm Materialhöhe, auf die Mittelschicht mit dem darin eingeschlossenen Einbettungsgegenstand 18 mm = 72 ml und auf die Deckschicht 24 ml entfallen, was einer Materialhöhe von ungefähr 6 mm entspricht.

Der erforderliche Harzbedarf wird folgendermassen berechnet:

Gesamthöhe: 30 mm = Harzbedarf 120 ml.

Für 1 mm Formhöhe benötigen Sie:

$$\frac{120 \text{ x } 1}{30} = 4 \text{ ml Giessharzmischung}$$

Theorie und Praxis klaffen oft etwas auseinander. Die Daten der Tabelle zeigen, wie einfach sich die benötigten Harzmengen berechnen lassen. Leider ist das in der Praxis anders: Giessharze haben eine Dichte* von ca. 1,10. Ihr spezifisches Gewicht schwankt je nach Fabrikat zwischen 1,08 und 1,16, weshalb hier mit einem Durchschnittswert von 1,10 gerechnet wird.

Bei kleinen Mengen, wie sie in diesem Beispiel verwendet wurden, spielt dieser geringe Gewichtsunterschied keine grosse Rolle. Trotzdem ist es wichtig, mit den richtigen Zahlen zu rechnen. Die dritte Spalte der nebenstehenden Tabelle zeigt die realen Giessharzwerte, wobei die Gewichte mit 1,1 multipliziert wurden, um den genauen Harzbedarf errechnen zu können.

Schicht:	Harzmenge ml	Harzmenge g	Härteranteil % = g	Schichthöhe mm
Grundschicht:	24	26	2,0 = ca. 0,5	6
Mittelschicht:	72	79	*1,8 = ca. 1,4	18
Deckschicht:	24	26	*1,6 = ca. 0,4	6
Gesamtmenge:	120	131	—	30

** Bei der Betrachtung der Tabelle fällt Ihnen noch etwas auf: Der Härteranteil reduziert sich pro Giessschicht (siehe dazu: „Giessschichten“).*

Später erfahren Sie dazu noch mehr: die max. Schichthöhe soll nicht mehr als 10 mm betragen. Deshalb müssten Sie die Mittelschicht in zwei nacheinander folgenden Materialmischungen mit je 9 mm = jeweils 40 g Harz herstellen.

Die Zugabemenge von 2 % Härter gilt als Faustregel für die erste Giessharzschicht. Diese Schicht muss nicht so hoch wie eine normale sein. Sie könnte auch geringer, – also 4 mm hoch sein, würde dann aber zu viel Zeit für das Aushärten in Anspruch nehmen. Das bedeutet, Sie müssten zu lange warten, bis das Einbettungsobjekt auf die gelierte Harzschicht aufgelegt werden kann.

Ergänzend dazu noch ein kleiner Tipp:
Die Angabe von 2 % Härter bezieht sich auf eine Umgebungstemperatur von ca. 20 °C und setzt voraus, dass das Giessharz die gleiche Temperatur hat. Wenn Sie Giessharzarbeiten in einer höheren Umgebungstemperatur machen, sollten Sie das für die Grundschicht benötigte Harz bereits mit einer reduzierten Härtermenge von 1,8 % vermischen und für die Folgeschichten den Härteranteil jeweils um 10 % pro Giessschicht reduzieren. Dann würde die zweite Schicht mit ca. 1,6 % und die nächste mit ca. 1,4 % Härter hergestellt werden. Dadurch wird ein zu starkes Erhitzen (aufheizen) des Giessharzblockes verhindert.

Anstelle der erwähnten Härterreduzierung gibt es noch eine andere, sichere Methode: verlegen Sie den Arbeitsplatz in einen kühlen Raum oder erledigen Sie diese Eingiessarbeit an einem Tag mit kälterer Umgebungstemperatur. Dann müssen Sie die übliche Härterdosierung nicht verändern.

Für das Berechnen der Harzmenge gibt es eine einfache Faustregel: Giessvolumen 100 ml entspricht immer einem Harzbedarf von 110 g. Dieser Hinweis ist wichtig, weil die Harz- und Härteranteile meistens abgewogen und nur sehr selten nach Volumen dosiert werden.

Schwieriger ist das Berechnen der benötigten Härtermenge. Damit auch das gemacht werden kann, kommt dafür der gute alte Dreisatz zur Anwendung. Das Beispiel zeigt die Berechnung des Härters für die Mittelschicht mit 72 ml = 79 g Harz. Diese Harzmenge wird beispielsweise mit 1,8 % Härter vermischt:

$$\frac{79 \times 1{,}8}{100} = 1{,}386 = \text{entspricht einer Härtermenge von } 1{,}4 \text{ g.}$$

- Giessschichten

Bei einer chemischen Reaktion entsteht Wärme, so auch bei der „Polymerisation“* der Mikromoleküle im Giessharz, die sich kettenförmig zusammenschliessen und

** Dichte = Das spezifische Gewicht eines Körpers ist das Verhältnis seiner Gewichtskraft zu seinem Volumen. Dafür wurde auch der Ausdruck Wichte verwendet. Beide Bezeichnungen sind heute kaum noch gebräuchlich. Gesprochen wird vielmehr von der Dichte eines Stoffes. Verglichen wird die Menge von 1 l = 1000 g Wasser mit einer Temperatur von 4 °C mit der gleichen Volumenmenge eines anderen Mediums, in diesem Fall dem Giessharz = 1.100 g.*

Es gibt Produkte, die leichter oder schwerer als Wasser sind. Öl hat beispielsweise eine unter 1 liegende Dichte, schwimmt deshalb auf der Wasseroberfläche. Polyesterharze sind schwerer, würden also im Wasser untergehen.

**Polymerisation: Kettenreaktion zahlreicher ungesättigter, niedermolekularer Verbindungen (Monomere) zu makromolekularen Produkten mit vernetzten Molekülen (Polyaddition). Die Produkte der Polymerisation heissen Polymerisate.*

ein grosses Makromolekül (Giessharzschicht oder -block) bilden. Ein Teil dieser Reaktionswärme bleibt längere Zeit darin erhalten. Beim Aufgiessen der nächsten Harzschicht wird das Material durch die darunter liegende „warme“ Giessharzplatte erwärmt. Wärme beschleunigt die Aushärtereaktion und bewirkt, dass die darüber befindliche Harzschicht schneller als die vorherige aushärtet. Würde dieser Vorgang für mehrere Giessschichten angewandt, würde die fünfte oder sechste Giessschicht so heiss, dass das darauf gefüllte Harz bereits nach wenigen Minuten zu kochen beginnt.

Um das zu vermeiden, wäre es am einfachsten, immer so lange zu warten, bis die Harzschicht in der Form abgekühlt ist.

Das würde zur Folge haben, dass das Harz während dieser Zeit etwas schrumpft, und sich der Harzblock an den Längsseiten zusammenzieht. Dadurch entsteht allseitig ein Zwischenraum zwischen Harzblock und Formwand. Beim Auffüllen der nächsten Giessharzschicht könnte es passieren, dass das nachgegossene Harz stellenweise in die dadurch entstandenen Fugen einläuft und diese nur teilweise schliesst. Da diese Zwischenräume aber nicht überall gleich breit entstehen, hätte das zur Folge, dass der Rand des herzustellenden Giesslings ungleichmässig würde. An sich kein Problem, da der Giessling nach dem Entformen an diesen Seiten nochmals nachgeschliffen werden kann. Da das aber mit einem erheblichen Arbeitsaufwand verbunden ist, sollte das möglichst vermieden werden.

Deshalb ist es wichtig, dass die neue Giessharzmischung immer kurzfristig, also ca. 20–30 Minuten nach dem Gelieren aufgegossen wird. Dadurch wird verhindert, dass die darunterliegende Schicht komplett aushärtet und schrumpft. Die neu aufgegossene Materialschicht verbindet sich mit der zuvor gegossenen, sodass der Giessling erst nach dem Aufgiessen aller Harzschichten vollständig aushärtet, dabei auch nur etwas schrumpft.

Damit der Harzblock beim Aufgiessen mehrerer Materialschichten nicht zu heiss wird, wird die Härtermenge bei jeder neuen Schicht um ca. 10 % reduziert. Das ist ein Erfahrungswert, an den Sie sich möglichst halten sollten. Das ist bei Arbeiten, bei denen es um das Eingiessen temperaturempfindlicher, organischer oder pflanzlicher Objekte geht, auf jeden Fall immer erforderlich.

Zu beachten ist auch, dass ein Giessling nicht in jeder beliebigen Grösse (Höhe) hergestellt werden kann. Um trotzdem grosse, auch hohe Giesslinge anfertigen zu können, müssen die Formen dazu während des Aushärtens des Harzes von aussen mit kaltem Wasser gekühlt werden.
Auch dazu erfahren Sie später noch mehr!

- <u>2- oder 3-Schichten-Verfahren</u>

Für das Herstellen von Giesslingen gibt es zwei Methoden: Das 2- und 3-Schichten-Verfahren.

Das 2-Schichten-Verfahren wird bei leichten, also schwimmfähigen Eingiessobjekten bis zu einer maximalen Höhe des Giesslings von 20 mm angewendet. Dazu wird die Form zu einem Drittel oder fast bis zur Hälfte mit der Harz-/Härtermischung befüllt und der Einbettungsgegenstand sofort daraufgelegt. Nach dem Gelieren ist das Objekt fest damit verbunden. Das ist beispielsweise für Holzteile vorteilhaft, die beim Aufgiessen der nächsten Harzmenge darin aufschwimmen würden. Dabei ist es ausserdem möglich, mit der zweiten Harzmischung die Form vollständig, also randvoll zu befüllen.

Die 3-Schichten-Methode ist am sichersten und wird deshalb auch am häufigsten angewandt. Dazu befüllen Sie die Form zunächst mit dem Material für eine 4–5 mm dicke Grundschicht, um nach dem Gelieren das Einbettungsobjekt darauf zu legen. Danach wird die nächste Giessharzmischung (Mittelschicht) mit einer maximalen Schichthöhe von 8–10 mm sofort aufgegossen. Nach dem Aushärten folgt die Schlussschicht, die das Objekt vollständig mit 2–4 mm Harz überdeckt und so dimensioniert wird, dass die Form damit bombiert befüllt ist.

Wäre es nicht ideal, wenn Sie den ausgewählten Gegenstand einfach in die Form legen, diese vollständig mit Giessharz befüllen und nur noch abwarten müssten, bis das Harz erhärtet ist. Theoretisch ist das möglich.

Die Praxis sieht aber anders aus: Der Einbettungsgegenstand würde direkt auf der Bodenplatte der Form liegen. Der Giessling würde nach seiner Fertigstellung als nicht gelungen klassifiziert. Es geht hier nicht nur um das Einbetten in das Harz, wie bei einer Blackbox, bei der man nicht sehen kann, wo und an welcher Stelle welche Bauteile der elektronischen Schaltung eingebettet wurden, sondern auch um die Optik und das Betrachten des Giesslings bzw. des Einbettungsgegenstandes.

Deshalb sollte dieser möglichst genau in der Mitte des Giesslings platziert werden oder zumindest so, dass sich das Eingiessobjekt wenige Millimeter vom Giessharzboden entfernt befindet. Das ermöglicht beim späteren Betrachten das genaue Erkennen vieler Einzelheiten, z. B. Blütenblätter, Staubgefässe etc.

Damit diese Gestaltungsvorstellung realisiert werden kann, wird die erste Giessschicht dünn gegossen. Und weil die erwähnte Blüte beim sofortigen Auflegen auf der Giessharzschicht etwas darin einsinkt, verklebt sie damit gleichzeitig beim Gelieren des Harzes.

Das folgende Aufgiessen der nächsten Giessharzschicht könnte dann bereits ausreichen, um die Form vollständig damit auszufüllen. Die Blüte wäre vollständig darin eingebettet. Das entspräche einer Formherstellung im 2-Schichten-Verfahren.

Ist die Blüte sehr hoch, kann es passieren, dass die zweite Schicht sie nicht vollständig überdeckt, deshalb noch eine dritte Giessharzmenge aufgegossen werden muss. In diesem Fall würde es sich um das 3-Schichten-Verfahren handeln.

Auf die letzte Giessschicht wurde zusätzlich noch eine Abdeckfolie gelegt, um sicherzustellen, dass dadurch eine spiegelglatte Harzfläche entsteht.

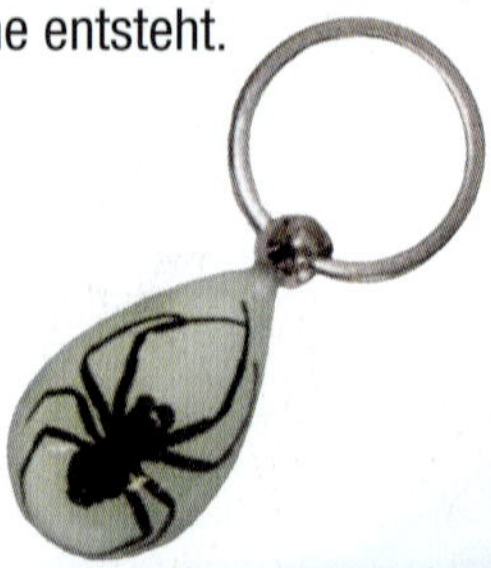

** Rovingfäden = glasfaserverstärkte Kunststofffäden, aus denen fein zusammengesponnene Glasfasern und -gewebe hergestellt werden. Diese Fäden und Matten gibt es im Fachhandel als Meterware.*

- <u>Giesslinien</u>

Jede Giessschicht ist als Linie im Giessling zu sehen. Deshalb besteht grosses Interesse, Giesslinge in einem Guss als Block herzustellen, um diese störenden Trennlinien zu vermeiden.

Das Giessen eines Giesslings aus nur einer Schicht erfordert neben viel Erfahrung auch Einfallsreichtum: Ein Einbettungsobjekt, beispielsweise ein Geldstück, wird an einen „Rovingfaden"* angeklebt und so in die mit Giessharz gefüllte Form gehängt, dass es darin „schwebt". Das Geldstück kann hängend, liegend oder halbschräg in die Harzmischung eingebettet werden. Ist der Giessling ausgehärtet, wird der Rovingfaden so abgeschnitten, dass er genau mit der Aussenfläche der Giessharzschicht abschliesst. Durch Verwendung dieses ebenfalls aus Polyester bestehenden Fadens wird die Giesslinienbildung in dem im 1-Schicht-Verfahren hergestellten Giessling verhindert. Beim genauen Hinsehen ist der Faden aber trotzdem zu sehen: als feine Linie in der Mitte des Giesslings, die aber kaum auffällt.

Giesslinien im Harzblock lassen sich leider nicht vermeiden. Sie entstehen aufgrund der Lichtbrechung der unterschiedlich angemischten Harze und zeigen, aus wie vielen Schichten der Giessharzblock besteht.

Würde man versuchen, zwei Harzschichten unter genau den gleichen Bedingungen zu mischen (gleiche Harzmenge und Harztemperatur, gleicher Härteranteil) würde sich diese Linie trotzdem zeigen. Wie bereits erwähnt, speichert die zuerst gegossene Harzschicht Restwärme, die die Aushärtung der nachfolgenden beschleunigt. Es wäre zu kompliziert, die Temperatur dieser Restwärme genau zu ermitteln, um daraufhin auch die Temperatur der folgenden Harzschicht so zu erwärmen und zu verarbeiten, dass dadurch keine Giesslinie entsteht.

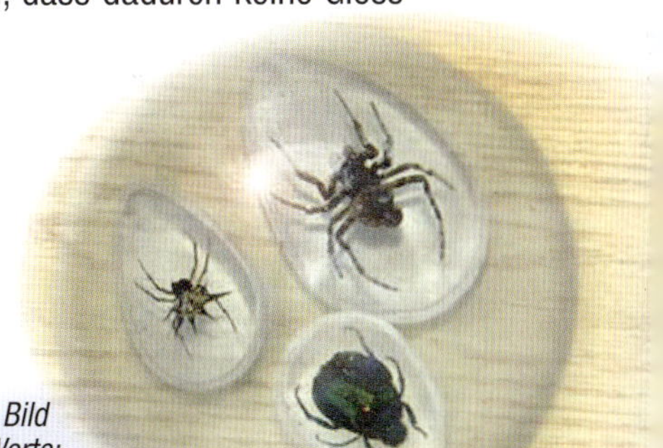

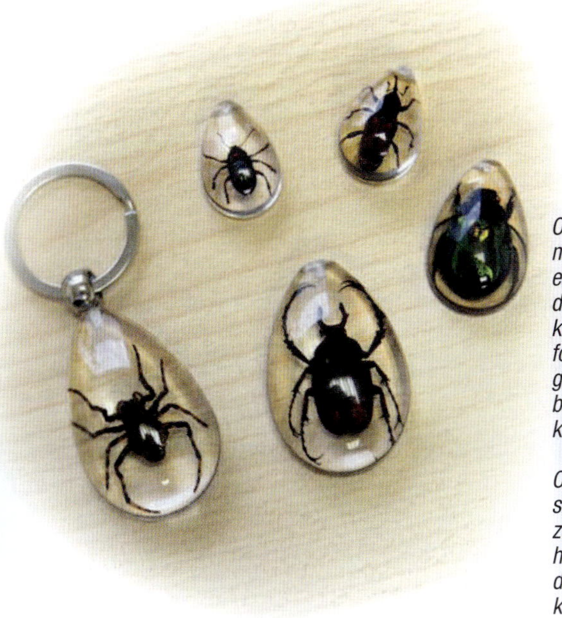

Oft zeigt eine Bild mehr als viele Worte: es wurden verschiedene Insekten in glasklares Giessharz in Schmuckformen eingegossen. Die Giesslinge wurden geschliffen und poliert, drei davon wurden in eine bereits zu einem Drittel mit Giessharz befüllte Halbkugel gelegt und darin eingegossen.

Obwohl es sich dabei um das gleiche Harz handelt sind die ovalen Schmuckteile klar zu erkennen. Das zeigt, dass selbst Teile, die aus dem gleichen Giessharz angefertigt wurden, beim Einbetten in das Harz darin nicht „untergehen" - deshalb als solche erkennbar bleiben.

Theoretisch müsste es möglich sein, beide Schichten ohne diesen Trennstrich zu verbinden. Es ist aber unwahrscheinlich, Harzschichten zu solchen Bedingungen herzustellen und miteinander zu verbinden. Schon die geringste Temperaturschwankung oder Differenz in der Härtermenge, auch eine kleine ungleichmässige Verteilung des Härters im Giessharz, führt letztlich zu einer anderen Mischung, mit dem Resultat, dass eine Schichtlinie entsteht. Deshalb gilt es als Herausforderung, grosse Giesslinge mit nur wenigen Giessschichten (Giesslinien) herzustellen.

Das 2-Schichten-Verfahren funktioniert bei schwimmenden Eingiessobjekten, die sofort nach dem Aufgiessen des Harzes daraufgelegt werden. Wird dabei berücksichtigt, dass ein leichtes Objekt nicht oder nur sehr wenig in das Harz einsinkt, kann die Grundschicht auch dünner angefertigt werden.

Nach dem Gelieren der Grundschicht ist das Einbettungsobjekt bereits fest mit dem Harzblock verbunden, weshalb es beim Aufgiessen der nächsten Harzmenge auch nicht nach oben hin „auftreibt". Daraus ergibt sich der Vorteil, dass das Objekt durch den zweiten Harzaufguss bereits vollständig darin eingebettet ist und so im Mittelpunkt dieses Harzblockes schwebt.

Handelt es sich bei dem Einbettungsgegenstand um ein grosses Objekt, z. B. eine aus Holz geschnitzte Rosette, die eingegossen werden soll, kann die Grundschicht eine Dicke von 6–8 mm haben. Die folgende Mittelschicht, die für das eigentliche Eingiessen dieser Zierblende steht, kann aufgrund ihrer „Dicke" mit einer relativ kleinen Harzmenge mit einer Schichtdicke von 10–14 mm auf einmal gegossen werden. Dafür wird der Härteranteil allerdings etwas reduziert, beispielsweise auf 1,6 %. Ausserdem wird der Giessling während der Aushärtung im „Wasserbad"* gekühlt und die Harztemperatur einigermassen konstant gehalten damit sie nicht über 20 °C ansteigt.

- Schichthöhen

Bei der Herstellung der Giesslinge (Giessharzblöcke) müssen Grundregeln der Giessharztechnik beachtet werden. Das bedeutet, dass eine Grundschicht maximal 4–5 mm, die folgenden Schichten nicht höher als 8–12 mm gegossen werden.

Giessschichten mit dieser Dicke bieten optisch eine grossartige Transparenz, die die dahinter erscheinenden Details eines Eingiessobjekts gut erkennen lassen. Eine dickere Giessharzschicht kann die Durchsicht beeinträchtigen. Beachten Sie diesen Hinweis auch bei der Auswahl der Form für den vorbereiteten Einbettungsgegenstand.

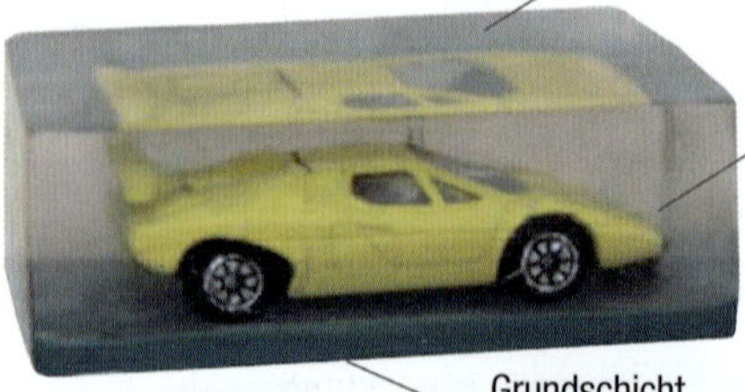

**Wasserbad: Werden empfindliche Eingiessobjekte in das Polyesterharz eingebettet oder sind besonders hohe Giessharzschichten erforderlich, muss das Material in der Form gekühlt werden. Die einfachste und sicherste Methode ist das Kühlen der Giessform in einem mit kaltem Wasser befüllten Behälter. Das wird im Fachjargon als „Kühlen im Wasserbad" deklariert.*

Es mag zwar interessant aussehen, wenn Sie die abgeworfene Hauthülle einer Libelle in einem grossen Giessharzblock präsentieren. Für eine schöne Optik sollten die Aussenflächen des Giesslings aber nicht weiter als 6–8 mm vom Körper des Objektes entfernt sein. Hier gilt die Regel: Je dünner die Giessharzschichten um das Objekt herum sind, desto schöner und optisch klarer sind die Betrachtungsmöglichkeiten.

Wird die erwähnte Körperhaut aus anderen Gründen in das Giessharz eingegossen, z. B. um optisch einen interessanten „Hingucker“ zu produzieren, kann dafür auch ein recht grosser, aber nicht zu dicker Giessharzblock passend sein.

Wichtig sind diese Überlegungen immer dann, wenn es darum geht, für ein Objekt die passende Form auszuwählen oder selbst zu bauen. Das Objekt soll schliesslich von jeder Seite aus gut betrachtet werden können. Dazu noch etwas Wichtiges: Verwenden Sie die glatte Unterseite, also die Bodenplatte der Form, als „Sichtseite“. Legen Sie Ihr Eingiessobjekt so in die Form, dass es mit der schönen, interessanten Seite nach unten zeigt.

Dadurch ersparen Sie sich zusätzliche Schleifarbeit, die manchmal mühevoll sein kann. Die spiegelglatte Sichtseite präsentiert das Objekt, während die Rückseite des Giesslings rubbelig, beispielsweise beim Aushärten mit der bekannten Orangenhaut ausgehärtet ist. Deshalb wird auch das Einfärben des Harzes gerne genutzt, um die letzte Harzschicht opak zu gestalten. Dann kann auf das mühevolle Abschleifen und Glätten des Giesslings auf dieser Seite verzichtet werden.

- <u>Drei Mischungskomponenten</u>

Das Wichtigste beim Verarbeiten von Giessharzen ist das sorgfältige Dosieren der benötigten Härtermenge. Beim Mischen des Harzes für die Grundschicht ist das noch nicht so wichtig. Deshalb können Sie bei dünnen Giessschichten anstatt 2 % auch 2,5 % oder noch mehr Härter (max. 3 %) verarbeiten. Auch dann, wenn Sie nur 1,5 % Härter zugeben, härtet das Harz aus. Es dauert aber länger. Bei den nachfolgenden Schichten müssen Sie auf die Einhaltung üblicher Härtermengen achten. Dabei erfolgt eine Härterreduzierung, die sich nicht auf die evtl. zuvor erhöhte Härtemenge bezieht, sondern normal verläuft. Beispiel: Sie haben das Material der Basisschicht anstatt mit 2 mit 3 % Härter gemischt und in die Form gefüllt. Es folgt die nächste Giessschicht, die mit einem verminderten Härteranteil von 1,8 % hergestellt wird. Das ist wichtig, da sich sonst die nachfolgende Schicht so stark erhitzt, dass der Giessling durch die dann entstehende Überhitzung zerstört oder beschädigt würde.

Auch bei den nachfolgenden Giessharzschichten muss darauf geachtet werden, dass das Harz mit der jeweils richtigen Härtermenge vermischt wird.

Jede chemische Reaktion entwickelt Wärme. Das geschieht auch beim Aushärten der Giessharzmischung. Das Harz erwärmt sich und speichert einen Teil der Wärme in dem fest gewordenen Giessling. Die Aushärtereaktion der Giessharze erfolgt nicht nur durch die Mehr- oder Minderzugabe des Härters, sie ist von der Materialwärme des Harzes und der Umgebungstemperatur abhängig. Deshalb reagiert (härtet) eine Giessharzmischung sehr langsam, wenn das Harz eine geringere Temperatur als 18 °C hat.

Diese Beobachtung ist so wichtig, dass daraus eine Regel abgeleitet werden kann: Die Giessharz-Aushärtung ist von drei Komponenten abhängig: Härtermenge, Material- und Umgebungstemperatur.

Um solche Unsicherheitsfaktoren bei der Giessharzverarbeitung unberücksichtigt zu lassen, sollten Sie darauf achten, dass das Giessharz beim Verarbeiten eine Temperatur von höchstens 18–20 °C hat. Das bedeutet beispielsweise, dass Sie eine neu gekaufte Giessharzdose einige Tage bei Zimmertemperatur in der Wohnung lagern, damit das Harz (18–20 °C Zimmertemperatur) erreicht. Das ist besonders im Winter wichtig, wenn die Harztemperatur durch Lagerung in einem kalten Keller, einem nicht beheizten Geschäft oder auf dem Transportweg zu Ihnen so weit abgesunken ist, dass es bei einer sofortigen Verarbeitung nicht oder nur sehr langsam reagiert.

Unterscheiden Sie deshalb folgende Temperaturbereiche:

- Die Giessharz-Temperatur ist die Materialtemperatur des Harzes.
- Umgebungstemperatur ist die Temperatur im Arbeitsraum, die ebenfalls den Aushärteprozess beeinflusst.
- Ausserdem ist die Temperatur der bereits in der Form enthaltenen, zuvor gegossenen, jetzt ausgehärteten Giessharzschicht, bedeutend.

Während Sie auf die Material- und Umgebungstemperatur beim Verarbeiten des Harzes Einfluss nehmen können, haben Sie nur eine geringe Möglichkeit die Temperatur in der Giessform zu beeinflussen (Kühlen im Wasserbad).

Vorweg: Sie können die Giessharzverarbeitung in einen anderen Raum verlagern, der kühler ist. Durch die kältere Umgebungstemperatur wird auch die Aushärtetemperatur in der Form vermindert. Sie können das Harz auch vor der Verarbeitung kühlen. Dazu wird die Dose fest verschlossen in einen Kühlschrank oder in einen mit kaltem Wasser gefüllten Topf gestellt, in den kaltes Wasser konstant nachläuft. Jede dieser Anwendungen reduziert die Harztemperatur. Damit haben Sie die Möglichkeit, die Materialtemperatur so zu optimieren, wie es für das Eingiessen empfindlicher Objekte oder grosser Giesslinge richtig ist.

Die dritte Möglichkeit besteht in der Reduzierung der Härtermenge. Generell sollten Sie die Härterzugabe bei jeder nachfolgenden Giessharzschicht um 10 % reduzieren.

Es gibt eine Abhängigkeit zwischen der Raum- und Materialtemperatur. Wenn die Harztemperatur beispielsweise 20 °C beträgt und die Umgebungstemperatur diesen Wert auch hat, reicht es, wenn Sie die Härtermenge für die nächste Giessschicht um 5 % reduzieren. Ist einer dieser Werte um 1 °C höher, muss die Härtermenge (bezogen auf die sonst übliche Härtermenge) reduziert werden, und zwar pro 1 °C um 5 %.

Bei sehr empfindlichen Eingiessobjekten, z. B. einer aufwändig getrockneten Rose, können Sie die Härterzugabe von vornherein um 0,2 g pro Giessschicht reduzieren. Dadurch verlängert sich die Zeitspanne der Aushärtung, bietet aber die Sicherheit, dass das Harz nicht zu warm wird und die darin eingebettete Pflanze nicht „verbrennt“.

Diese Angaben können selbstverständlich nur als Hinweise gewertet werden. Sie setzen Erfahrungen aus der Praxis voraus. Deshalb sollten vor allem Anfänger, die erst einen oder zwei Giesslinge hergestellt haben, nicht eine sorgfältig in Silical-Gel getrocknete Blume in das Giessharz einbetten, mit dem Gedanken, daraus eine perfekt aussehende Bio-Plastik zu machen.

Bei den ersten Arbeiten bleibt niemand von eigenen Erfahrungen und Enttäuschungen bewahrt.

Sie können die Arbeit etwas absichern, in dem Sie die Harz- und Umgebungstemperatur auf ca. 18 °C reduzieren und das Harz für die Grundschicht mit 1,8 % Härter vermischen. Darauf wird die nächste Giessschicht mit einer Härtermenge von 1,6 % gefüllt. Für die folgende Harzschicht würde dann 1,4 % und für die Schlussschicht nur noch 1,2 % Härter verwendet.

Das ist für viele Objekte ein sicherer Weg zu einem gelungenen Giessling. Je nach Empfindlichkeit des Eingiessobjektes kann diese Härterdosierung auch zu hoch liegen, beispielsweise für empfindliche Blumen wie Orchideen, Rosen oder andere dickfleischige Blüten. Bei solchen natürlichen Objekten muss die Härterzugabe für die erste Grundschicht mit 1,6 % beginnen. Die Nachfolgeschichten werden dann mit 1,4, 1,2 und 1,0 fortgesetzt.

Beim Eingiessen sehr empfindlicher Objekte, dazu gehören besonders dehydrierte (entwässerte) Rosen und andere wärmeempfindliche Pflanzen, muss die Form während der Aushärtung gekühlt werden.

Dadurch verhindern Sie, dass die Temperatur in den oberen Schichten des Giesslings immer heisser wird, was zu Spannungen im gesamten Giessharzblock führen kann.

Spannungen zeigen sich in dem ausgehärteten Harzblock als mikroskopisch feine Risse, die optisch mit einem zerknitterten, silberfarbigen Papierstreifen vergleichbar sind (Silbereffekt*). Gleichzeitig erfolgt durch die Hitzeentwicklung im oberen Giessharzblock eine Rückkopplung in den unteren Bereich, die zum erneuten Ansteigen der Temperatur und zu einem „Verbrennen" empfindlicher Eingiessobjekte führen kann.

Beispiel:

Schicht	Material-temperatur	Umgebungs-temperatur	Differenz-temperatur	Härterzugabe	Härter-reduzierung
Idealtemperatur	18 °C	18 °C		2,00 %	0
normal	19 °C	18 °C	plus 1 °C	2,00 %	0
mässig warm	20 °C	18 °C	plus 2 °C	2,00 %	0
warm	21 °C	19 °C	plus 4 °C	1,80 %	ca. 10 %
sehr warm	22 °C	20 °C	plus 6 °C	1,62 %	ca. 19 %
fast zu warm	22 °C	21 °C	plus 7 °C	1,46 %	ca. 27 %
zu warm	22 °C	22 °C	plus 8 °C	1,31 %	ca. 35 %

Berücksichtigen Sie beim Verarbeiten der Giessharze die empfohlenen Temperaturangaben. Dazu erfahren Sie in dem folgenden Kapitel, in dem es um das Giessen grosser Giesslinge geht, noch mehr.

Worauf Sie am schnellsten Einfluss nehmen können, ist die Umgebungstemperatur. Da das Giessharz nach dem Öffnen der Dose durch seinen Styrolanteil einen stechenden, leuchtgasartigen Geruch entwickelt, werden Giessharzarbeiten in der warmen Jahreszeit gerne im Freien gemacht, z. B. auf dem Balkon oder im Garten. Das ist möglich. Sie müssen aber darauf achten, dass sich das Harz während der Verarbeitung nicht durch eine mögliche, überhöhte Umgebungstemperatur zusätzlich erwärmt.

Das kann beim Arbeiten auf dem Balkon passieren. Die mit dem angemischten Harz befüllte Form wird entweder am Tischende, manchmal auch auf den Boden gelegt. Selbstverständlich in den Schatten. Und dabei passiert es: nicht berücksichtigt wurde, dass der betonartige Balkonboden oder die Rückwand des Hauses Wärme speichert. Die wird jetzt abgegeben und das in der Form befindliche Material zusätzlich damit erwärmt (aufgeheizt).

Dazu noch einige spezielle Hinweise: Steinwände oder Fussböden speichern durch die Sonneneinstrahlung viel Restwärme, sodass das in unmittelbarer Nähe zum Aushärten abgestellte Giessharz stark erhitzt wird. Betrachten Sie diesen Hinweis als Beispiel für ungewollte Nebeneffekte.

Sie haben jetzt viel über das Kühlen einer zu warmen Harzmischung erfahren. Was liegt also näher, die mit Giessharz gefüllte Form zum Abkühlen für kurze Zeit ins Eisfach in den Kühlschrank zu stellen?

Diese Kältebehandlung hätte wenig Einfluss auf die Aushärtereaktion des Giessharzes. Vor allem sollte der Kühlschrank dafür grundsätzlich „tabu“ sein. Dadurch würden die im Kühlschrank abgestellten, auch alle fest verschlossenen Verpackungen wie Getränke, Konserven sowie alle in Kunststoff-, Glas-, Karton- oder Blechbehältern fest verschlossen abgepackten Lebensmittel von dem Styrol durchdringt. Diese, wie auch alle anderen hier lagernden Nahrungsmittel, würden durch den unangenehmen Styrolgeruch und -geschmack ungeniessbar.

Und trotzdem: Betrachten Sie die ersten Arbeiten mit Giessharz wie eine Expedition ins Ungewisse. Sie werden dabei viel lernen und entdecken, wobei es vorteilhaft ist, eigene Erfahrungen zu sammeln.

Vermerken Sie die Daten, die Sie bei der Herstellung Ihrer Eingiessarbeiten gemacht haben, in einer kleinen Datei. Diese Angaben sind wichtig und helfen Ihnen als Anhaltspunkte, wenn Sie ähnliche Giessteile, vor allem grössere mit hochwertigen Eingiessobjekten herstellen.

**Silbereffekt = Feine Risse im Giessharzblock bewirken eine Lichtbrechung, die diesen Silberschimmer hervorruft. Der Effekt kann bei einigen Giesslingen zu einer Bereicherung und einem gern gesehenen Zusatzeffekt führen. Normalerweise bewirkt er bei hochwertigen Eingiesspräparaten eine Zerstörung. Zumindest ist eine kostbare „Bio-Plastik“, in der sich ein solcher Spannungsriss zeigt, nicht mehr als wissenschaftliches Modell zu verwenden. Durch dieses Phänomen wird oft auch die optische Wirkung des Giesslings zerstört.*

Größe der Giessform: ....mm			Objekt:.. mm gross			
Uhrzeit	Giessschicht Höhe	Umgebungs-Temperatur	Harz-Temperatur	Harzmenge pro Giessschicht	Härter pro Giessmischung	Aushärtezeit in Minuten
	1.	°C	°C	g	g	
	2.	°C	°C	g	g	
	3.	°C	°C	g	g	
	4.	°C	°C	g	g	
	5.	°C	°C	g	g	
	6.	°C	°C	g	g	

Beurteilung des Giessharzblockes:

Tabelle für die Giessharzmischung

Transparentes Polyesterharz	Giess-Schicht	Härtermenge	Topfzeit	Aushärtezeit	Externe Wasserkühlung
1. Grundschicht	4- 6 mm	2,00 %	30-50 Min.	60-90 Min.	keine
1. Mittelschicht	10-12 mm	1,80 %	20-40 Min.	50-70 Min.	keine
2. Mittelschicht	8-10 mm	1,60 %	20-30 Min.	40-60 Min.	kaltes Wasser
Deckschicht	> als 6 mm	1,40 %	20-30 Min.	30-40 Min.	kaltes Wasser

Bezogen auf eine Giessharzmenge von 100-150 ml – Formhöhe 30 mm – Umgebungstemperatur 20 °C.

1. Grundschicht	4-6 mm	2,00 %	30-50 Min.	60-90 Min.	keine
2. Mittelschicht	10 mm	1,80 %	20-40 Min.	50-70 Min.	keine
3. Mittelschicht	8-10 mm	1,60 %	20-30 Min.	40-60 Min.	keine
4. Mittelschicht	8-10 mm	1,40 %	15-25 Min.	30-40 Min.	kaltes Wasser
5. Mittelschicht	8-10 mm	1,20 %	10-30 Min.	25-30 Min.	kaltes Wasser
Deckschicht	> als 6 mm	1,10 %	10-30 Min.	20-30 Min.	kaltes Wasser

Bezogen auf Giessharzmenge: 300-400 ml – Fassungshöhe 35-50 mm – Umgebungstemperatur 20 °C

Nach dem Giessen der vierten Harzschicht muss die Form in ein grosses, mit kaltem Wasser gefülltes Gefäss gestellt werden, in das konstant kaltes Wasser nachläuft und den herzustellenden Giessblock in der Form weiterhin kühlt.

Wichtig: Decken Sie die Form mit einem Gegenstand (z. B. einem Brett oder Deckel) ab, damit kein Wasser auf das darin eingefüllte Harz tropft. Die Kühlung sorgt dafür, dass die Temperatur in dem Harzblock nicht zu hoch ansteigt, wodurch evtl. Spannungsrisse, die durch eine ungleiche Wärmeverteilung entstehen können, vermieden werden.

**Die Daten basieren auf der erwähnten Umgebungstemperatur von ca. 20 °C. Sie werden zusätzlich von der Materialtemperatur und Schichthöhe der jeweiligen Harzschicht beeinflusst, was abhängig vom Volumen des Einbettungsgegenstandes geschieht.*

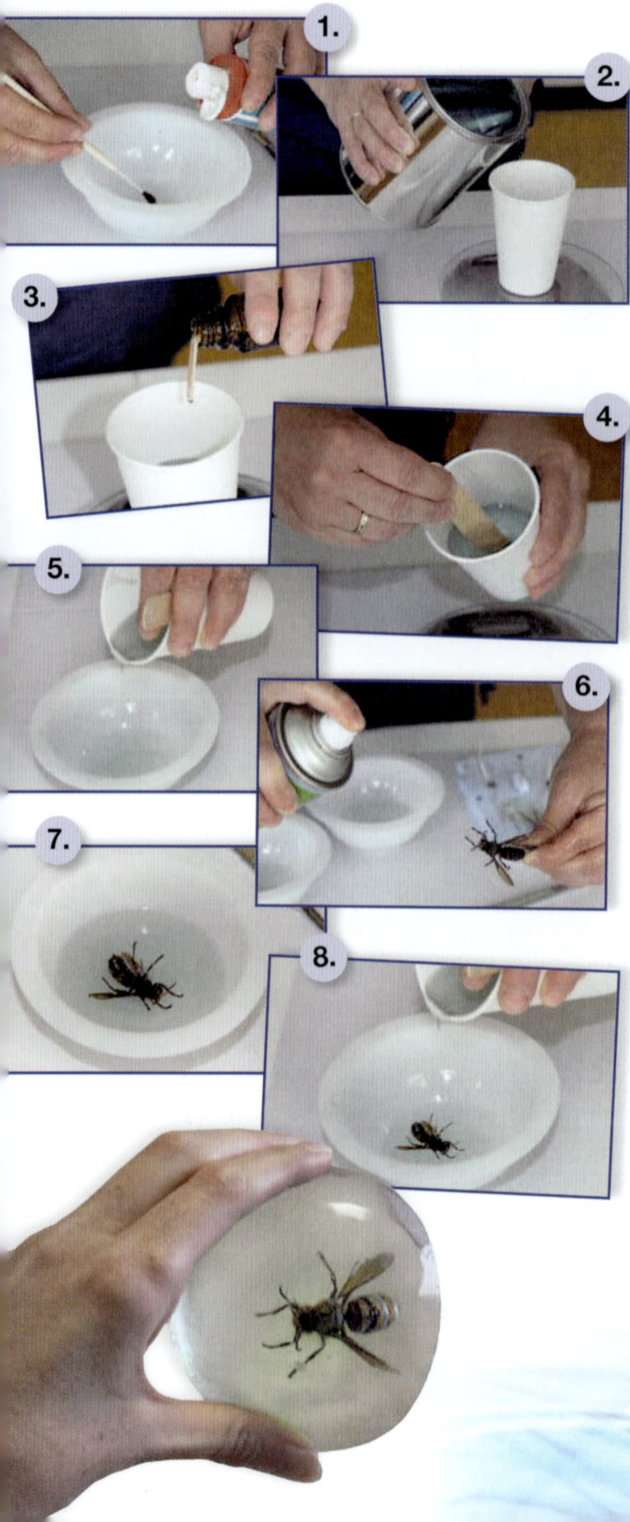

Beim Eingiessen ist zwischen leichten, also schwimmenden, und schweren Einbettungsobjekten zu unterscheiden. Ein leichter Gegenstand kann direkt auf die erste, noch flüssige Grundschicht aufgelegt werden. Er verklebt während der Aushärtung mit dieser Schicht und bleibt darauf auch beim Aufgiessen der nächsten Harzschicht.

Anders ist das beim Einbetten schwerer Gegenstände. Auch hier wird eine kleine Giessharzmenge in die Giessform gefüllt, die schnell aushärtet. Erst danach wird der Gegenstand daraufgelegt.

- Leichte, schwimmende Eingiessobjekte

Ein leichtes, also schwimmendes Einbettungsobjekt, z. B. eine Holzkugel, Feder, ein Insekt oder eine getrocknete Blume wird sofort auf die noch flüssige Grundschicht aufgelegt.

Wenn es sich dabei um dickere Objekte handelt, kann die Grundschicht auch höher als normal gegossen werden. Die Objekte sinken dann etwas in das Harz ein und sind nach dem Gelieren fest damit verbunden, also „verklebt". Das ist gewollt, weshalb sie auch beim Aufgiessen der folgenden Harzmischung darin nicht aufschwimmen und an die Oberfläche treiben. Durch das Aufgiessen der folgenden Harzmenge werden sie fast oder vollständig darin eingebettet.

1. Form mit Trennmittel ausstreichen
2. Giessharz in den Mischbecher füllen
3. Härter dazugeben
4. Harz und Härter vermischen
5. Giessharzmischung in die Form füllen
6. Objekt mit Präparations-Spray einsprühen
7. Objekt auf das Harz in der Form legen
8. Weitere Harzmischung nachgiessen
9. Fertig ausgehärteter Giessling!

Schwimmende Eingiessobjekte bieten sich auch für das 2-Schichten-Verfahren an. Dabei kann die zweite Giessschicht in so grosser Menge in die Form gefüllt werden, dass das Eingiessobjekt damit überdeckt, alternativ die Form damit vollständig ausgefüllt wird.

Es gibt Einbettungsobjekte, die leicht sind, aber trotzdem nicht direkt auf die Grundschicht aufgelegt werden dürfen. Dazu gehören beispielsweise zarte, empfindliche Insekten. Um sie wirkungsvoll einzubetten, wird zuerst die üblich dicke Grundschicht hergestellt. Nach dem Aushärten folgt das Einfüllen einer weiteren Harzmischung auf die das Insekt gelegt wird. Diese Eingiesstechnik bietet den Vorteil, dass die Harzschicht genau so hoch in die Form gefüllt werden kann, dass dabei beispielsweise die zarten Flügel einer Libelle im Bereich des Rumpfes schon etwas in das Giessharz eingesunken sind, während der grössere Teil davon noch frei über dem Harz schwebt. Damit die Flügel aber schon etwas mit dem Harz verbunden sind, werden sie mit einem rundkantigen Holzstab vorsichtig etwas darin eingedrückt, eben so weit, dass davon nur etwas in die Harzmasse eintaucht. Dadurch wird vermieden, dass Flügel oder Fühler verdrückt oder abgeknickt werden.

Bei einer Blüte kann das gleiche mit den Blütenblättern geschehen, die durch das schwere Harz nach unten gedrückt würden und dadurch unnatürlich aussehen. Das passiert bei der erwähnten dünnen Harzschicht nicht. Die Blütenblätter werden zwar auch etwas mit dem Harz bedeckt, behalten aber durch das gewichtsmässig dosierte Überdecken des Harzes ihr natürliches Aussehen.

Achten Sie beim Aufgiessen der Harzmischung darauf, dass die Blüten nicht vollständig mit dem Harz überdeckt werden, Wichtig ist auch, dass einzelne Blütenblätter durch das Eindrücken in das Harz damit überzogen, also „lackiert“ werden und danach wieder aus dem Harz herausragen, dadurch behalten sie ihre natürliche Form.

Durch das Übergiessen mit dem folgenden Harzgemisch werden sie vollständig in der Harzmasse integriert, behalten ihr Aussehen und ihre Formgebung. Dann sehen sie so aus, als würden sie in dem Harz schwimmen. Durch das vorherige Aushärten der dünnen Harzschicht wurden die zarten Blütenteile, dazu können auch kleine Stempel etc. gehören, bereits etwas gefestigt und stabilisiert.

Das „Geradebiegen“ der Eingiessteile ist auch bei Fotos wichtig. Bedingt durch das unterschiedliche Eindringen des Harzes in die Papierschicht wölbt sich ein Foto, verbiegt sich so, dass die seitlichen Ecken nach oben ragen. Auch hier ist es vorteilhaft, wenn Sie das Foto auf die soeben gelierte Harzschicht auflegen. Wurde der Zeitpunkt dafür richtig gewählt, verklebt es mit dem Harz und Sie können danach sofort die nächste Harzschicht daraufgiessen.

Leider passiert es auch, dass sich die Bildecken hochbiegen und das Foto wellig auf der Harzplatte liegt. Hier hilft nur eines: Sie müssen die Bildecken mit feinen Stecknadeln auf der noch nicht vollständig ausgehärteten Harzschicht fest aufheften. Die dadurch entstehenden kleinen Löcher sind später kaum noch zu sehen, besonders dann nicht, wenn dafür sehr feine Nadeln verwendet wurden.

Diese Methode sichert ausserdem das blasenfreie Eingiessen des Fotos, weil die folgende Harzschicht nur 2–3 mm dick ist und sich darin keine Luftblasen festsetzen können.

Nach dem Aushärten dieser dünnen Harzschicht werden die Nadeln entfernt. Es folgt das Aufgiessen der ebenfalls nur 2–3 mm hohen Schlussschicht und das Auflegen einer Abdeckfolie, wo durch eine ebene Bildfläche entsteht.

Anmerkung: Bisher haben Sie erfahren, dass das Harz nur in einer Schichtdicke von 4–5 mm gegossen werden kann. Jetzt erhalten Sie die Information zu einer Schichtdicke von 2–3 mm, was widersprüchlich ist.

Und trotzdem ist diese Anweisung richtig. Auf den bereits fest gewordenen Harzblock wir eine neue, diesmal dünne Harzmenge aufgetragen und mit einer Abdeckfolie abgedeckt. Durch die Temperatur in der darunterliegenden Harzfläche wird die Aushärtereaktion der neu aufgegossenen dünnen Harzfläche beschleunigt, sodass auch diese Schicht schnell aushärtet.

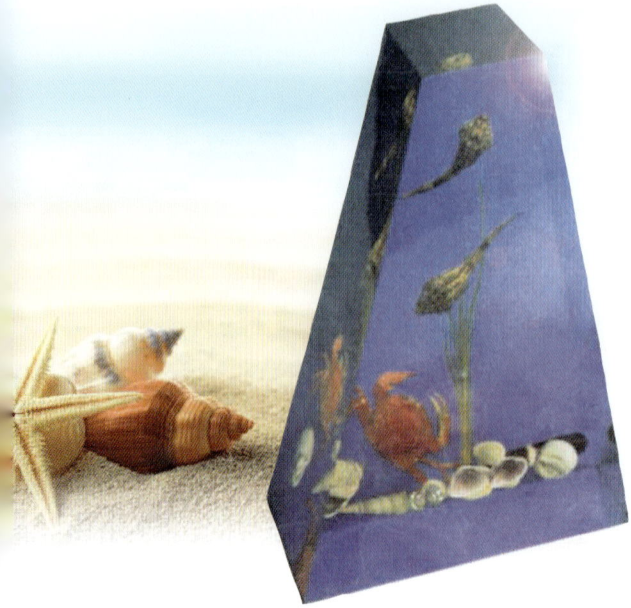

- <u>Harzlackierungen</u>

So, wie Sie die Blütenblätter vorbehandelt haben, werden auch sehr empfindliche Insekten bearbeitet. Stellen Sie sich die feine Behaarung einer Raupe vor, die durch das Aufgiessen des Harzes „plattgedrückt“ würde. Deshalb ist es wichtig, sie vorher mit einem verdünnten Harzgemisch so vorzubehandeln, dass die Haare auf der Raupe natürlich aussehen und so stehen bleiben.

Eine dünne Harzschicht härtet, wie Sie wissen, nur langsam aus. Trotzdem ist diese Bearbeitung wirkungsvoll, da unter und neben der Raupe die parallel dazu aufgegossene Harzmasse – auch in einer dünnen Giessschicht – so mitreagiert, dass sie kurzfristig geliert. Zurückzuführen ist das auf die Restwärme aus der zuvor gegossenen Grundplatte. Diese Reaktionswärme reicht aus, um die nur filmmässig überdeckten Härchen der Raupe so zu stabilisieren (erhärten), dass sie beim Aufgiessen des nachfolgenden Harzes genau so stehen bleiben. Selbstverständlich muss dieses Aufgiessen sehr sorgfältig gemacht werden.

Dazu wird die Harzmischung nicht von oben auf das Objekt geschüttet, sondern auf eine neben dem Eingiessobjekt freie Fläche in die Form gefüllt. Das Harz steigt in der Form langsam an und überdeckt successive die Raupe, integriert dabei auch die besonders interessant aussehenden kleinen Härchen, die wie kleine Stacheln wirken.

Diese Art des Stabilisierens eines zerbrechlichen Objekts kann auch bei anderen Insekten angewendet werden, z. B. beim Eingiessen einer Wespe, deren feine Behaarung so auch perfekt erhalten bleibt.

Die gleiche Vorgehensweise wird auch beim Eingiessen von Getreideähren angewandt. Die getrockneten Ähren werden direkt nach dem Aufgiessen der etwas höheren Grundschicht daraufgelegt. Aufgrund ihres geringen Gewichts schwimmen sie auf der Harzoberfläche, sinken aber trotzdem etwas darin ein.

Nach dem Erhärten dieser Schicht folgt das Übergiessen mit der nächsten Giessharzmischung. Da die Ähren sehr stabil und fest sind, verteilt sich das Harz direkt in dem filigranen Strohgespinst und fliesst auch in feine Zwischenräume. Trotzdem kann es passieren, dass dabei die eine oder andere Luftblase zurückbleibt, weshalb ein vorsichtiges „Nachwischen“ mit einem feinen Pinsel vorteilhaft ist.

Durch das Aufgiessen der nachfolgenden Harzmasse werden die Ähren vollständig in das Harz eingebettet und zeigen nach dem Aushärten ihre natürliche, unverfälschte Schönheit.

- Schwere Einbettungsgegenstände

Eigentlich können Sie in das Giessharz alles einbetten, was trocken, fest und fettfrei ist. Fest bedeutet, dass Sie darin keine pulverförmigen Materialien einfüllen können, weil die sich teilweise so mit dem Harz vermischen oder verbinden, dass kein vorzeigbares (produktadäquates) Giessobjekt entsteht, dafür nur ein Farb- oder Pulverklumpen zu erkennen ist.

Sorgen Sie bei technischen Gegenständen dafür, dass diese vorher gründlich gereinigt, vor allem entfettet werden. Sonst ist der gefürchtete Silbereffekt unvermeidlich.

Achten Sie beim Eingiessen von Teilen aus unbekannten Materialien darauf, dass sich diese nicht durch das Einwirken von Lösungsmitteln (Styrol) farblich oder formmässig verändern. Beispielsweise können Kunststoffe durch das Harz an- oder aufgelöst oder total verändert werden.

Das Eingiessen grosser, auch sehr langer Metallteile kann im Giessharz dafür sorgen, dass der Harzblock Spannungsrisse bekommt. Metall ist ein guter Wärmeleiter. Die in der zweiten oder dritten Giessschicht entstandene Wärme kann durch das Metallteil, z. B. eine lange Zange etc. nach oben oder in eine entgegengesetzte Richtung an den Rand des Giesslings übertragen werden, der noch kalt ist. Dann entstehen darin die erwähnten Materialspannungen, die dazu führen, dass plötzlich ein unschöner, silbriger Riss den gesamten Giessling durchzieht und ihn unbrauchbar macht.

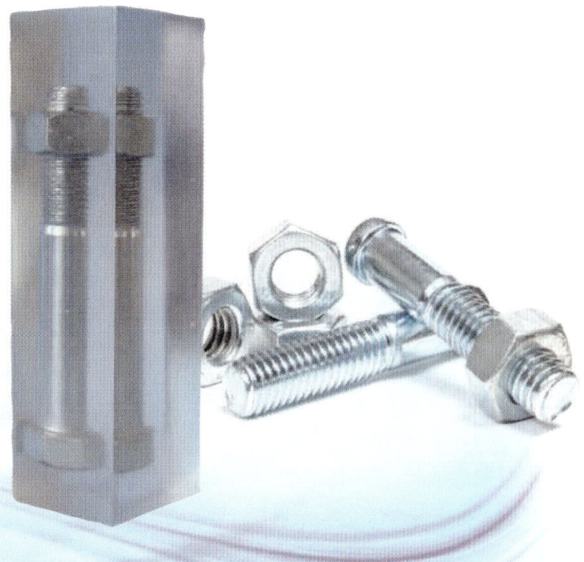

Die Möglichkeiten für das Einbetten von Artikeln in dem glasklaren Polyesterharz umfassen auch nasse Objekte. Wasser verträgt sich damit nicht. Beim Einbetten wasserhaltiger Teile wird das Harz milchigtrüb und undurchsichtig (verseift). Deshalb müssen sie vor dem Eingiessen entwässert werden. Die einfachste Möglichkeit besteht darin, sie vorher an der Luft zu trocknen. Das würde bei natürlichen Objekten, z. B. Blumen und den meisten Tieren, dazu führen, dass sie schrumpfen, dadurch ihre Form verändern und ihre Farbe verlieren. Dann haben sie nichts mehr mit dem ursprünglichen, natürlichen Aussehen gemein.

Deshalb müssen Pflanzen, z. B. Gräser und Blumen, vorher in einer Pflanzenpresse so vorbehandelt werden, dass die darin enthaltene Feuchtigkeit daraus fliesst und durch das Saugpapier (Löschpapier) der Presse aufgesogen wird.

Durch diese einfache Trocknungsmethode ist es möglich, Pflanzen schnell und sicher, meistens auch so zu trocknen, dass sie ihr natürliches Aussehen und ihre Farbgebung behalten.

Eine andere Möglichkeit für das Trocknen (Dehydratesieren) besteht darin, dass die Pflanzen oder Teile davon im Präpariersalz getrocknet werden. Das Salz entzieht den Pflanzen die Feuchtigkeit, weshalb sie innerhalb von 80–120 Stunden so trocken werden, wie beispielsweise Strohblumen. Sie sind dann leicht zerbrechlich, aber ideal zum Eingiessen in das Polyesterharz geeignet.

Wenn das nicht möglich ist, müssen beispielsweise Früchte und dickfleischige Pflanzen so konserviert werden, dass das darin enthaltene Wasser durch eine andere Flüssigkeit ersetzt wird. Wichtig ist, dass diese Flüssigkeit mit dem Giessharz verträglich ist. Diese Präparationstechnik wird Feuchtigkeitsaustausch genannt.

Dazu wird das Objekt, neben Pflanzen auch kleine Tiere oder tierische Organe, in die Austauschflüssigkeit gelegt. Das darin enthaltene Wasser vermischt sich mit dieser Flüssigkeit. Der eigentliche Wassergehalt halbiert sich. Dieser Vorgang wird mehrmals wiederholt, sodass zum Schluss nur noch etwas Wasser, dafür aber viel von der Ersatzflüssigkeit in dem Objekt enthalten ist. Das ist der Moment, wo es in das Giessharz eingebettet werden kann. Auch hier ist es wichtig, dass das Konserviermittel weder das natürliche Aussehen noch Form oder Farbe des Einbettungsgegenstandes verändert.

Weitere Hinweise finden Sie dazu unter: „Eingiessen biologischer Objekte"!

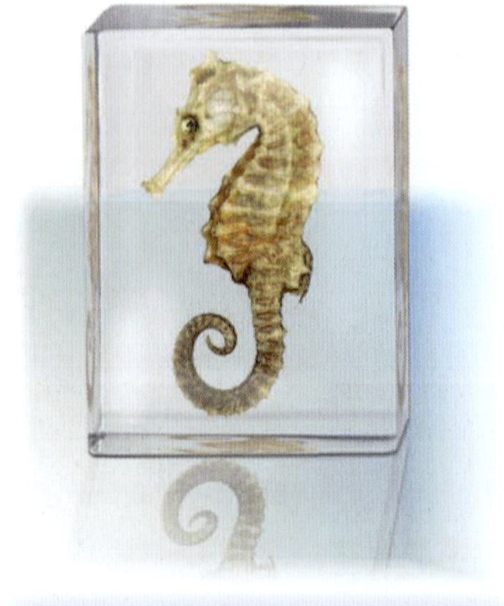

Seepferdchen dürfen nicht gefangen werden. Trotzdem besteht hier und da die Möglickeit ein totes Tier im Watt oder am Meeresufer zu finden.

Grosse Objekte eingiessen

Berücksichtigen Sie beim Giessen der Harzblöcke, dass die einzelnen Harzschichten nicht unbegrenzt hoch aufgegossen werden können. Sonst entstehen in dem Giessharzblock Reaktionstemperaturen, die zu Spannungen führen. Die Folge davon sind Risse und Sprünge in den Kostbarkeiten, die Sie dann zusätzlich mit einem ungleichmässigen, silbrigen Riss in dem Harzblock wiederentdecken. Ursache waren unterschiedliche Temperaturen. Während sich ein Teil des ausgehärteten Giessharzes durch die darin enthaltene Temperatur ausdehnen wollte (Ausdehnungskoeffizient), reagierte der andere, kältere Teil des Blockes nicht. Dadurch entstand eine Materialspannung, die zu einem Aufreissen im Blockinnern führte.

Auch wenn die unterschiedliche Ausdehnung im Harzblock nur ein Tausendstel einer Sekunde dauerte und nicht die Aussenkanten des Giesslings erreichte, zeichnet sich der Riss darin als mikrofeines Auseinanderrücken von zwei Harzflächen ab. Bedingt durch diesen Riss verursacht die Lichtbrechung in dem Giessharzblock den bereits mehrfach erwähnten „Silbereffekt".

Ärgerlich ist es, wenn das Einbettungsobjekt in dem Giessling nicht mehr erkennbar ist. Der Silbereffekt verunstaltet das Aussehen des Giesslings. Er ist „misslungen".

Um das zu vermeiden, müssen Sie beim Befüllen hoher Formen darauf achten, dass die Höhe der einzelnen Giessschichten nicht über 12 mm hinausgeht. Es besteht trotzdem die Möglichkeit, höhere Schichten auf einmal zu giessen. Dazu gehört allerdings viel Erfahrung, zumal die Umgebungstemperatur entsprechend kühl und die Giessharztemperatur angepasst gekühlt werden muss. Dadurch wird vermieden, dass in dem Giessling nicht an irgendeiner Stelle eine zu hohe Temperatur entsteht, die die erwähnten Spannungsrisse in dem Harzblock bewirkt.

Um das zu verwirklichen, ist es vorteilhaft, wenn Sie von allen Eingiessarbeiten die technischen Daten notieren und nachschlagbereit halten. Sie liefern Ihnen vor der Durchführung eines solchen Experiments wichtige Erfahrungswerte, die Sie in diese Arbeit mit einbeziehen können.

Noch ein Vorschlag:
Der Giessling wird mit einer geringen Härtermenge hergestellt:

1. Grundschicht	4 mm hoch	1,2 %	—
2. Mittelschicht	14 mm hoch	1,0 %	—
3. Mittelschicht	14 mm hoch	0,8 %	Wasserkühlung
4. Mittelschicht	14 mm hoch	0,6 %	Wasserkühlung
5. Mittelschicht	14 mm hoch	0,5 %	Wasserkühlung
6. Mittelschicht	14 mm hoch	0,4 %	Wasserkühlung
7. Schlussschicht	6 mm hoch	0,3 %	Wasserkühlung
Gesamthöhe	80 mm	—	—

Grosse Giessharzmengen lassen sich zu einer entsprechenden Schichthöhe verarbeiten, wenn das Harz eine Temperatur von 15–17 °C hat, die Umgebungstemperatur beispielsweise nur 15–16 °C beträgt und der Härteranteil zwischen 0,5 und 1 % dosiert wird.

Hinzu kommt das Kühlen des in der Form befindlichen Giesslings, was meistens viel Einfallsreichtum erfordert, damit er trotz geringer Härtermenge nicht zu heiss wird und langsam, aber sicher aushärtet.

Zum Kühlen wird die Giessform in ein mit kaltem Wasser gefülltes Gefäss gestellt. Dadurch wird die bei der Aushärtung entstehende Reaktionswärme etwas abgeleitet und heruntergekühlt. Wichtig ist ausserdem, dass durch konstant zulaufendes, kaltes Wasser oder das Einfüllen kleiner Eisstücke eine gleichbleibende Kühlung erzielt wird.

Zu diesem komplizierten Giessverfahren gehört neben der erwähnten Kühltechnik viel Erfahrung im Umgang mit Einbettungsharzen. Ziel dieser Arbeit ist die Herstellung eines grossen Giesslings mit einem dekorativen oder wissenschaftlichen (natürlichen) Eingiessobjekt, das nur mit wenigen Giessschichten hergestellt werden soll.

Diese komplizierte Eingiesstechnik kann auch vereinfacht werden: anstelle einer hohen Form wird eine längliche verwendet und der Giessling liegend darin eingegossen. Es entsteht letztlich das gleiche Giessteil, das nach der Fertigstellung auch hochkant aufgestellt werden kann.

Zu berücksichtigen ist lediglich, dass als Sichtseite die Ober- oder Unterseite des Giesslings verwendet wird. Hier befinden sich keine Trennlinien, weshalb das Einbettungsobjekt so ausgerichtet werden muss, dass Ober- oder Unterseite gleichzeitig auch die wichtigsten Sichtseiten sind.

Meistens müssen die mit wenig Härter hergestellten Giesslinge nochmals sorgfältig getempert werden. Darunter ist ein nachträgliches Erwärmen des Gegenstandes zu verstehen, durch den eine erneute chemische Reaktion (Nachhärtung) angestossen wird, die dann zu dem vollständigen Aushärten des Giesslings führt.

Um dabei Materialspannungen in dem Giessling zu vermeiden, wird er in einen Wärmeofen gelegt. Dafür eignet sich beispielsweise ein Backofen. Die Ofentemperatur beginnt bei 20 °C und steigt innerhalb von 80–120 Minuten langsam auf 40 °C, wird 10 Minuten so gehalten und steigert sich innerhalb weiterer 10–15 Minuten auf 50 °C. Diese Temperatur muss ungefähr 20 Minuten gehalten und der Ofen danach abgeschaltet werden. Der Giessling wird erst dann aus dem Ofen entnommen, wenn er vollständig abgekühlt ist (ca. 1 Stunde später).

Das langsame Abkühlen des Harzblocks ist wichtig und verhindert ein Verspröden, was bei einer sofortigen Entnahme aus dem Ofen passieren würde.

Giesslinge: Seiten- und Vorderansicht

Die Herstellung eines Giesslings ist ein wissenschaftliches Kunstwerk. Aber Ihr bisheriges Wissen reicht noch nicht ganz aus, um als Spezialist für die Eingiesstechnik wirklich allen Anforderungen gerecht zu werden.

Bei der Herstellung kommt es besonders auf die Optik an. Das bedeutet, dass Sie den Giessblock so gestalten müssen, dass das Eingiessobjekt von zwei Seiten aus ohne störende Eingiesslinien gut zu betrachten ist. Deshalb müssen Sie schon beim Giessen der Grundschicht den späteren Betrachtungswinkel des Giesslings berücksichtigen.

Wie Sie wissen, entsteht beim Giessen immer eine dünne „Giesslinie". Diese Linienbildung lässt sich nur vermeiden, wenn der Giessling in einem Guss hergestellt wird, was zumindest am Anfang und bei komplizierten Giesslingen kaum möglich ist. Das bedeutet, dass Sie beim Einbetten Ihres Objektes darauf achten müssen, dass dies so in die Form gelegt wird, dass als Sichtseite der Boden oder die Eingiessöffnung dafür eingeplant werden. Dementsprechend wird das Objekt in die Form gelegt.

Die einfachste Methode ein Giessharzbild ohne Giesslinien anzufertigen besteht darin, einen flachen Giessling herzustellen, der beispielsweise nur mit getrockneten Gräsern, Blumen und Blättern gestaltet wird. Das Bild besteht aus zwei Schichten: Grundschicht mit den sofort daraufgelegten Pflanzen, die durch den Schlussüberzug abgedeckt werden. Das Bild hat eine Giesslinie, die seitlich zu sehen ist, aber nicht stört. Der Giessling (Bild) kann beliebig gross – sollte aber nicht dicker – gemacht werden.

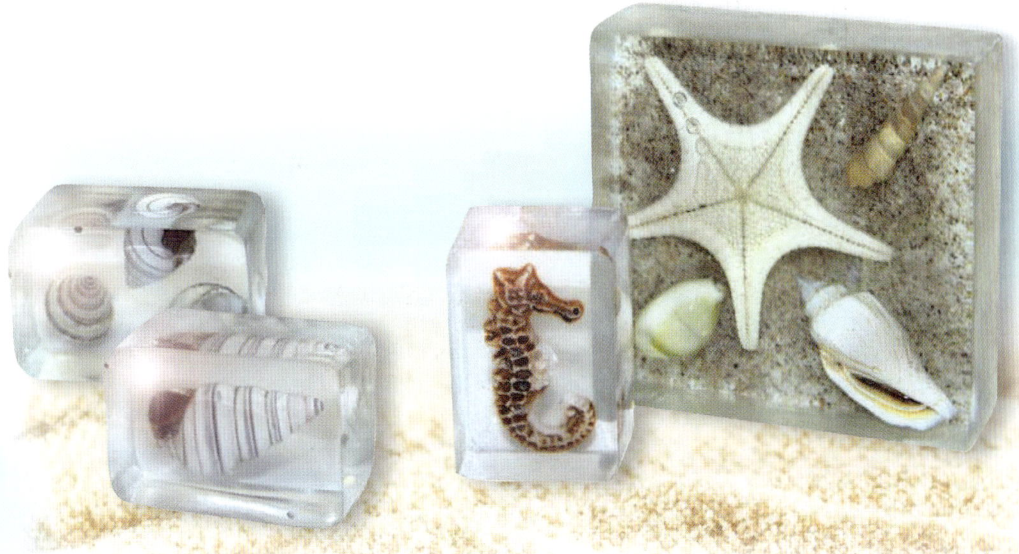

Blasenbildung

Ärgerlich ist es, wenn in einem fertigen Giessling kleine Luftblasen zu sehen sind. Um das zu vermeiden, müssen Sie wissen, wann solche Luftblasen entstehen können bzw. bei welchen Eingiessobjekten sie zu erwarten sind. Grundsätzlich muss das mit Härter vermischte Harz vor dem Eingiessen einige Minuten in dem Mischbecher stehen bleiben, damit die dabei eingerührten Luftblasen während dieser Wartezeit entweichen können.

Es gibt Eingiessteile, hergestellt aus porösem Material, z. B. Tonkugeln, Rohkeramikteile, Holzklötze, natürliche Blüten und Insekten. Bei diesen Teilen fliesst das Harz, das während der Reaktionsphase durch die Erwärmung dünnflüssig geworden ist, in die Objekte und verdrängt die dort befindliche Luft, die nach oben steigt. Ärgerlich ist, wenn der Giessling in diesem Moment geliert, die Luftblasen während des Aufsteigens auf halber Strecke in dem Giessling stecken bleiben…

Normalerweise kein Problem, doch manchmal gelingt es nicht mehr, die Blasen rechtzeitig zu beseitigen, weil sie nur langsam in der bereits dickflüssigen Harzmasse aufsteigen. Deshalb ist es wichtig, diese Luftblasenentwicklung von vornherein zu vermeiden.

Legen Sie die Einbettungsobjekte für 1–2 Tage in ungesättigtes Polyesterharz (Giessharz ohne Härter). Während dieser Zeit dringt eine geringe Giessharzmenge darin ein und verdrängt die darin enthaltene Luft. Bei sehr diffizilen Eingiessobjekten können Sie das Harz zusätzlich mit 10 % Styrol (Cinnamol) vermischen und noch flüssiger machen.

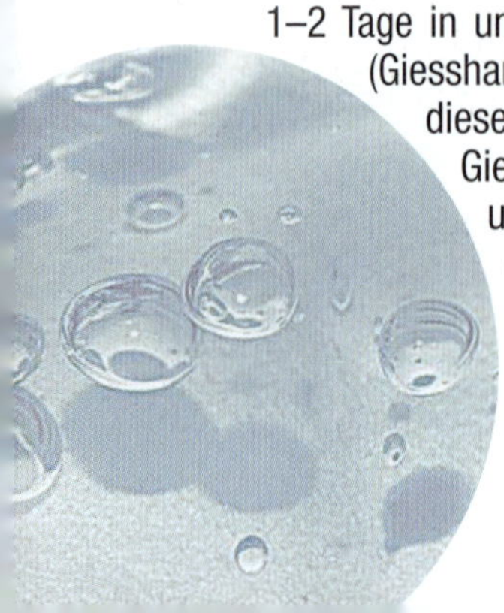

Diese Materialmischung (Harz ohne Härter, aber mit Cinnamol) eignet sich besonders gut zum Vorbehandeln offenporiger Gegenstände. Die Eingiessobjekte sollten ungefähr 1–2 Tage in dieser Harzmischung verbleiben. Wichtig: die damit befüllte Dose oder ein anderer Behälter muss während dieser Vorbehandlung wieder luftdicht verschlossen werden. Dadurch werden frei werdende Styroldämpfe (Geruch) vermieden.

Das mit Cinnamol vermischte Giessharz können Sie nach dem Entnehmen der Einbettungsgegenstände für weitere Imprägnierungen verwenden. Um es als Giessharz gebrauchen zu können, müssen Sie die etwas geöffnete Dose für 3–4 Stunden an einer geschützten Stelle im Freien lagern. Während dieser Zeit verdampft eine Teilmenge des darin enthaltenen Styrols. Danach kann das Harz zum Einbetten einfacher Gegenstände: Steine, Metallteile, Glasscherben etc. verwendet werden.

Zum Schluss noch ein interessanter Hinweis für professionelle Giessharzverarbeiter:
Luftblasen entweichen aus Giesslingen und Eingiessobjekten, wenn die mit dem Harz und dem Einbettungsobjekt befüllte Form zur Aushärtung und gleichzeitigem „Luftblasenentzug“ in ein Vakuumgerät* gestellt wird.

**Vakuumgerät: Gerät zum Absaugen der Luft aus einer in einem Behälter befindlichen Flüssigkeit. Darin können auch die mit Giessharz befüllten Formen eingestellt werden. Durch das Heraussaugen der Luft aus dem Behälter entsteht darin ein Unterdruck, der auch die Luft aus dem Giessharz herauszieht und bewirkt, dass der Harzblock luftblasenfrei aushärtet.*

Farbige Giesslinge

Schick und noch interessanter sieht ein Giessling aus, in dem beispielsweise ein Miniatur-Modell von einem Auto zu sehen ist. Der Giessling ist vollkommen transparent, lediglich die Standfläche (Sockel) ist schwarz und unterstreicht dadurch die Wertigkeit des Eingiessobjekts.

Es entsteht der Eindruck, als stände das in das Giessharz kopfüber eingebettete Modell auf einem kleinen Sockel, was eigentlich auch stimmt. Dazu wurde die letzte Giessharzschicht mit Harzabtönfarbe eingefärbt und als farbige Deckschicht in die Form gefüllt. Abtönfarben für Giessharze gibt es in transparenter, opaker und metallischer Ausführung. Dafür steht ein vielseitiges Farbspektrum zur Verfügung.

Mit diesen Spezialfarben bieten sich zusätzliche Möglichkeiten, die besonders bei der Gestaltung dekorativer Giesslinge gerne in Anspruch genommen werden. Transparentfarbig eingefärbte Harze werden u. a. für die Farbgestaltung von Türgriffen, Dekorationsobjekten und Leuchtkörpern verwendet.

Die Möglichkeit, aus einem flüssigen, beliebig formbaren Kunststoff farbige Dekorationsteile herzustellen, wird durch das Einfärben mit diesen Abtönfarben noch reizvoller und interessanter.

Dazu gehört beispielsweise auch die viel genutzte Variation der damit gefüllten Plastikbeutel. Die werden nach dem Befüllen mit unterschiedlich eingefärbten Harzen nach dem Verdrücken und Verdrehen zu eigenwilligen Strukturen verwandelt. Dabei kommt der gewünschte Effekt erst richtig durch das Zusammenspiel von Form und Farbe zur Geltung.

Eine weitere interessante Anwendung bietet das Herstellen modisch schicker Tischplatten. Selbstverständlich ganz aus Giessharz hergestellt und individuell eingefärbt. Durch das geschickte Nebeneinandergiessen verschiedenfarbiger Harze, z. B. blau und weiss in Form eines Streifen, entsteht ein Designermodell. Eine Kostbarkeit, die Mittelpunkt jeder modischen Einrichtung ist.

- Farbige Harze verwenden

Wenn Sie einen Giessling mit farbigem Sockel herstellen wollen, müssen Sie vorher entscheiden, welche Seite des Giesslings die Sichtseite sein soll. Üblicherweise wird die glatte Fläche des Formbodens als optische Betrachtungsseite genutzt.

In diesem Fall entsteht der Giessling in der bisher erfolgreich praktizierten Reihenfolge: also Grundschicht einfüllen. Darauf das Einbettungsobjekt so auflegen, dass es mit der schönen, also Sichtseite nach unten zeigt. Darauf wird die nächste Giessharzschicht aufgegossen, die beispielsweise das Objekt vollständig überdeckt. Für die letzte Schicht wird ein mit Abtönfarbe eingefärbtes Giessharz verwendet.

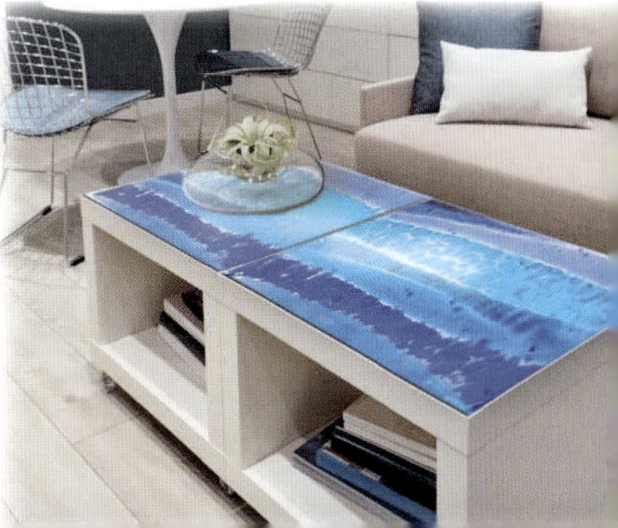

Aufgrund des eingefärbten Harzes könnte hier das sonst übliche Nachbearbeiten, also Schleifen und Hochglanzpolieren des Sockels vermieden werden. Selbstverständlich besteht auch die Möglichkeit, auf die farbige Harzschicht eine Abdeckfolie zu legen, damit ein spiegelglatter, eingefärbter Sockel entsteht.

Als weitere Variante bietet sich ein Spiel mit Farben an. Dazu kann ein Giessling hergestellt werden, der aus vielen Farbscheiben besteht. Durch das Giessen unterschiedlich eingefärbter Farbschichten ist das jederzeit schnell zu verwirklichen. Die so hergestellten Modelle zeigen eine einzigartige Wertigkeit.

Da bisher nur rechteckige oder quadratische Formen verwendet wurden, könnte hier auch das Herstellen kleiner und grosser Farbkugeln eine reizvolle Anregung sein. Als Formen eignen sich dafür alte, ausgediente Gummibälle. An einer Stelle wird daraus eine kleine Eingiessöffnung herausgeschnitten. Darin wird das zuvor farbig eingefärbte Giessharz als 1. Schicht in den Ball (Form) gefüllt. Nach dem Aushärten folgt das Aufgiessen der nächsten Farbschicht. Nach und nach entsteht darin Farbreihe um Farbreihe und ergibt insgesamt eine einzigartige, regenbogenfarbige Kugel.

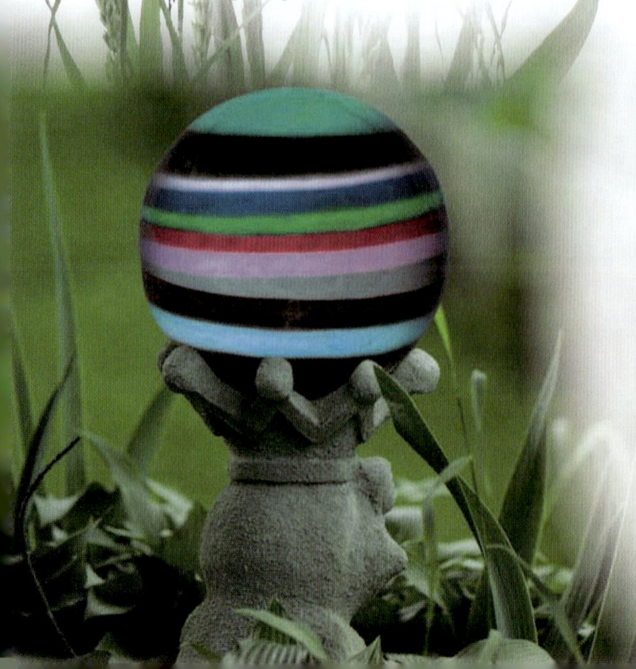

Die Idee, einen Ball als Form zu verwenden, eignet sich natürlich auch für andere Farbspielereien. Dazu wird er halbvoll mit transparentem, mit 0,8 % Härter vermischtem Harz befüllt. Als nächstes wird eine weitere Menge farbiges Giessharz dazugetan und der Ball so verdreht, dass sich beide Harze etwas miteinander vermischen. Danach folgt erneut das Zumischen einer weiteren farbigen Harzmenge, die ebenfalls in das vorhandene Material eingemischt wird.

Geben Sie zum Schluss, auch zum vollständigen Befüllen des Balls, noch transparentes glasklares Harz hinzu. Auch dieses Harz wird nur etwas in das vorhandene eingemischt, was auch wieder durch das ein- oder zweimalige, vorsichtige Verdrehen des Balls geschieht.

Der vollständig mit Harz befüllte Ball muss jetzt aushärten. Sie werden mit Spannung das Öffnen der „Form" erwarten, weil Sie verständlicherweise nicht wissen, welche Farbeffekte Ihnen dabei entgegenrollen.

Zu dieser Art der Giessharzverarbeitung stellt sich noch eine Frage: Entgegen jeglicher Regel wurde die Form hier in mehreren Ansätzen, trotzdem aber auf einmal vollständig mit Harz befüllt. Dadurch kann es passieren, dass die Harzmischung in dem Ball so heiss wird, dass die Kugel Spannungsrisse bekommt. Dadurch passiert hier bewusst das, was vorher zu vermeiden versucht wurde. Deshalb ist es empfehlenswert, den Ball während des Aushärtens in einen mit kaltem Wasser gefüllten Behälter zu legen, damit die darin befindliche Harzmischung nicht zu heiss wird und zu viel oder zu stark reisst.

Das Kühlen kann das Reissen in der Harzkugel allerdings nicht verhindern, kann es allenfalls nur abschwächen. Weil das Harz aber überwiegend transparentfarbig eingefärbt ist, sind die Risse nach dem Entnehmen der ausgehärteten Kugel aus der Ballform zumindest stellenweise sichtbar. Von einem Betrachter wird dieser Giessling nicht als Fehlerstück angesehen, vielmehr trägt der Riss mit den Farbeffekten zu dem gewünschten Aussehen dieser einzigartigen Kostbarkeit mit bei.

- Farbtabelle (Harz-Abtönfarben)

Transparente Farben:

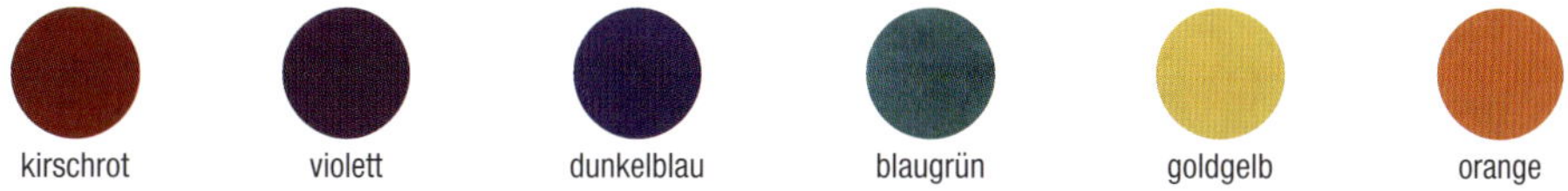

Harz-Abtönfarben opak

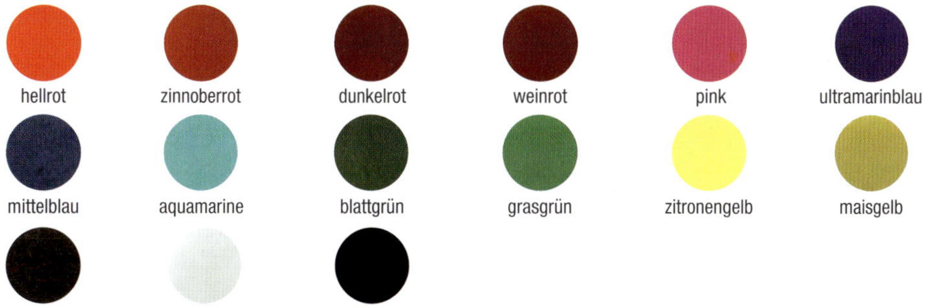

Harz-Abtönfarbe metallisch

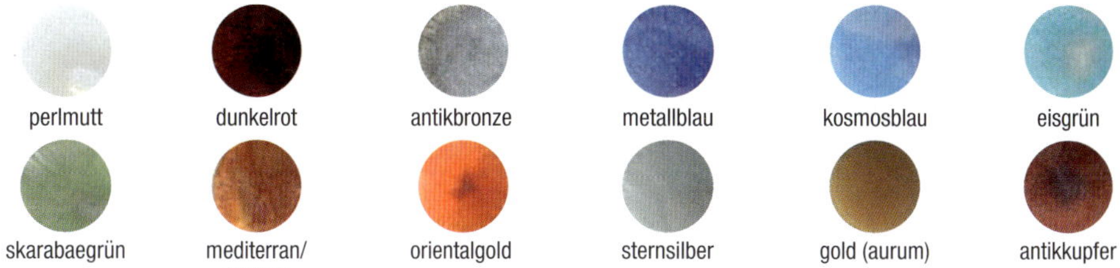

Leider müssen Sie den Ball zum Entnehmen der ausgehärteten Giessharzkugel aufschneiden, also zerstören. Trotzdem können Sie davon ausgehen, dass sich der Aufwand gelohnt hat, weil Sie als Entschädigung dafür eine einzigartige, fantastisch aussehende Farbkugel erhalten.

Verständlicherweise ist es nicht einfach, solche Farbeffekte gleich auf Anhieb hinzubekommen. Aber wenn Sie diese Technik beherrschen, können Sie sie in vielfältiger Form variieren und immer wieder anders aussehende, auf jeden Fall immer faszinierend erscheinende Kugeln selbst herstellen.

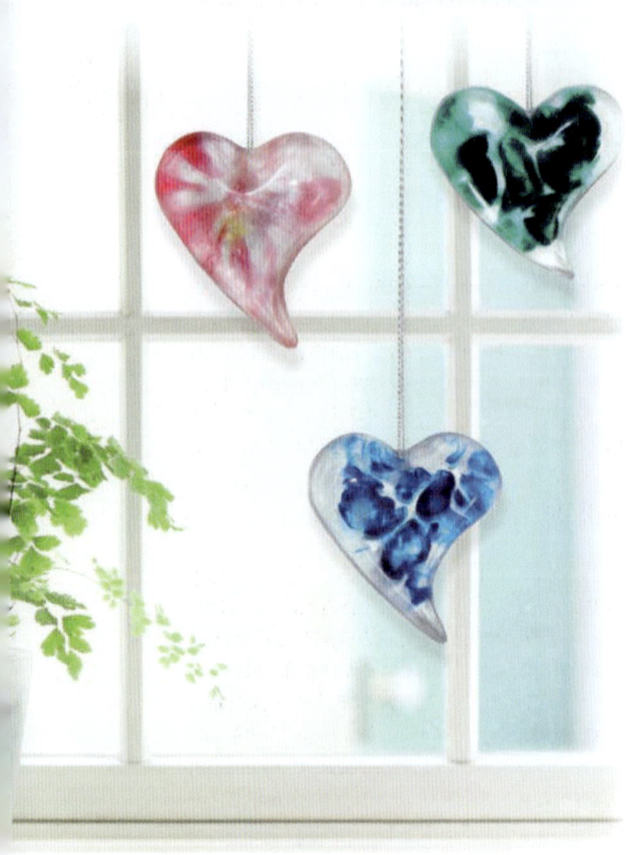

Es besteht auch die Möglichkeit, diese Kugeln in zwei fest miteinander verklebten Halbkugelformen herzustellen. Dazu muss lediglich eine dieser Formschalen zuvor mit zwei kleinen Löchern versehen werden: eine als Eingiessöffnung, die andere, etwas kleinere als Ausströmöffnung für die Luft. Während die etwas grössere Öffnung für das Einfüllen des Harzes verwendet wird, entweicht die in der Kugel enthaltene Luft während des Einfüllen des Harzes durch die kleine Öffnung aus der Kugelform.

Eine weitere Variante zum Herstellen wirkungsvoller Kugeln besteht darin, dass Sie zuerst in die Form einige etwas gebogene oder verformte Aluminiumstücke einbringen. Dazu können Sie beispielsweise auch die Rückwand einer Getränkedose oder eine in Streifen geschnittene Alufolie verwenden. Wichtig ist nur, dass diese Teile nicht gerade, sondern bewusst deformiert, verbeult und verbogen sind.

Ergänzend wird die Kugel mit farblosem und transparentfarbigem Harz befüllt. Ideal ist es, wenn Sie die transparentfarbigen Harze so auswählen, dass sie gut miteinander harmonieren, z. B. ein zartes Rosé, Violett, Weinrot oder Blau. Die Harze werden sich auf jeden Fall nach dem Einfüllen etwas miteinander verbinden und vermischen, wobei sich zusätzliche, schöne, gut zu dieser Farbharmonie passende Farbnuancen bilden. Die fertige Kugel zeigt dann unterschiedliche zarte Farbschlieren, die durch die silber- manchmal auch spiegelartigen Reflexe der Alufolien noch raffinierter aussehen.

- <u>Giessharz einfärben</u>

Für das Einfärben von Giessharz eignet sich keine der bisher von Ihnen verwendeten Farben oder Pigmente. Dafür sind nur die speziellen Harz-Abtönfarben geeignet, die es opak, transparent oder metallisch gibt. Alle Pigmente wirken sehr farbintensiv, d. h. es genügt oft schon die Menge von einem Stecknadelkopf, um das Harz damit intensiv einzufärben. Deshalb sind diese Farben auch nur in kleinen Mengen in Flaschen mit 8 oder 10 ml erhältlich. Diese Farbmenge reicht aus, um damit ungefähr 10 kg Giessharz einzufärben.

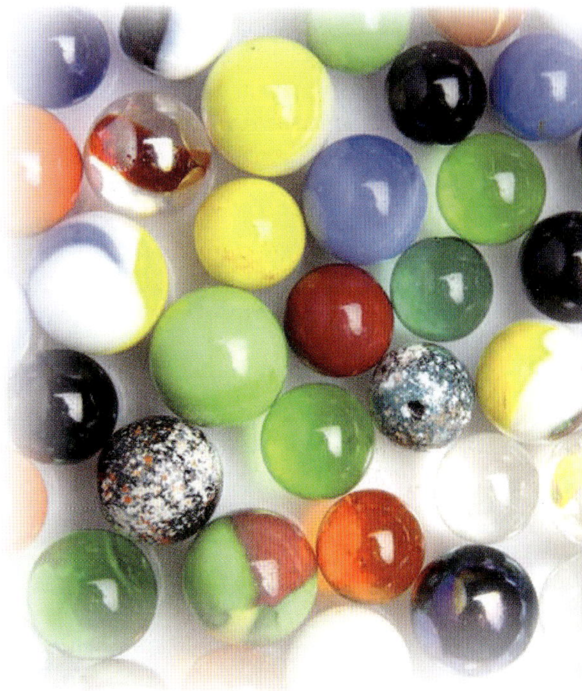

Verwenden Sie zum Entnehmen der Farben aus der Flasche einen Zahnstocher. Die daran haftende Farbmenge reicht meistens schon aus, um das vorbereitete Giessharz damit einzufärben. Dazu wird das Farbstäbchen in der Harzmischung etwas hin- und herbewegt. Dabei zeigt sich, ob die Farbmenge ausreicht. Wenn noch mehr Farbe benötigt wird, müssen Sie für die erneute Farbentnahme ein neues Farbstäbchen verwenden. Durch das nochmalige Eintauchen des Stäbchens in die Abtönfarbe könnte eine geringe Harzmenge in die Abtönfarbe gelangen. Das reicht aus, um die Farbe danach langsam aber sicher einzudicken (auszuhärten). Durch das Verwenden eines neuen Farbstäbchens wird das vermieden.

Leider können Sie mit dem runden Zahnstocher die Farbe nicht intensiv in das Harz einrühren. Deshalb benötigen Sie dafür zusätzlich ein flaches Rührstäbchen.

Während die opaken Harz-Abtönfarben sich hervorragend für das Färben der Sockel der Giesslinge eignen, erzielen Sie mit den Transparentfarben fantastische Effekte, die sich besonders gut für das vollständige Einfärben farbiger Giessobjekte (Würfel, Skulpturen, Griffe, Tafeln etc.) eignen. Die Farben können auch untereinander vermischt werden. Damit erzielen Sie Farbeffekte, die sich besonders gut für das Anfertigen von Schmuckarmbändern, Anhängern, Broschen und Gürtelschnallen eignen.

Ebenfalls für die Schmuckanfertigung, auch für Sockel und strukturierte Giessteile, z. B. Reliefs etc., werden die metallischen Abtönfarben verwendet. Hier ist auch ein Vermischen mit transparenten Farben zu empfehlen. Dabei entsteht beispielsweise durch das Zusammenmischen der transparent gelben mit der metallischen Perlmuttfarbe ein herrlicher Goldton.

Anstelle von Gold kann auch das transparente Kirschrot oder Orange etc. verwendet werden, was in Verbindung mit dem elfenbeinfarbigen Perlmutt-Farbton immer für einen metallischen Farbeffekt sorgt.

Beim Verarbeiten eingefärbter Giessharze ist Experimentierfreudigkeit gefragt! Durch das wirkungsvolle Zusammenmischen eingefärbter Transparentharze entstehen in dem Giessling aussergewöhnliche Farbeffekte.

Verwenden Sie dazu zwei Farben: beispielsweise ein zartes Blau und ein Rosé, die beim Zusammenfliessen eine helle Farbbrücke bilden, die vom hauchzarten Himmelblau über Lila bis hin zu einem wirkungsvollen Violettrosé reicht.

Und wenn Sie diese transparente Farbkomposition noch mit einem passenden Eingiessobjekt ergänzen, steht das im Mittelpunkt einer gekonnt ausgetüftelten Farbkulisse. Damit können Sie einfache Einbettungsgegenstände, die normalerweise sachlich und nüchtern wirken, z. B. eine Schraube, Feder oder ein Scharnier mit einem fantastischen Ambiente umhüllen und den Giessharzblock dadurch zu einem interessanten Anschauungsobjekt machen.

Das Spiel mit eingefärbten Giessharzen erfordert nicht immer ein Eingiessobjekt, da die verwendeten Farben in den damit gestalteten Giesslingen für sich wirken.

Denken Sie dabei an die schmucken Glasmurmeln von früher. Das intensive „Delfter Blau“ wurde mit Weiss kombiniert und inszenierte darin einen geheimnisvollen, harmonischen Farbeffekt. Die Kombination opak eingefärbter Harze, hart gegeneinander abgegrenzt, leicht verschwommen oder vermischt, zeigt einzigartige Optik, die Faszination ausübt. Nutzen Sie diese Effekte auch für das Anfertigen Ihrer Giesslinge, Broschen, Bilderrahmen und vielfältiger Gebrauchsgegenstände.

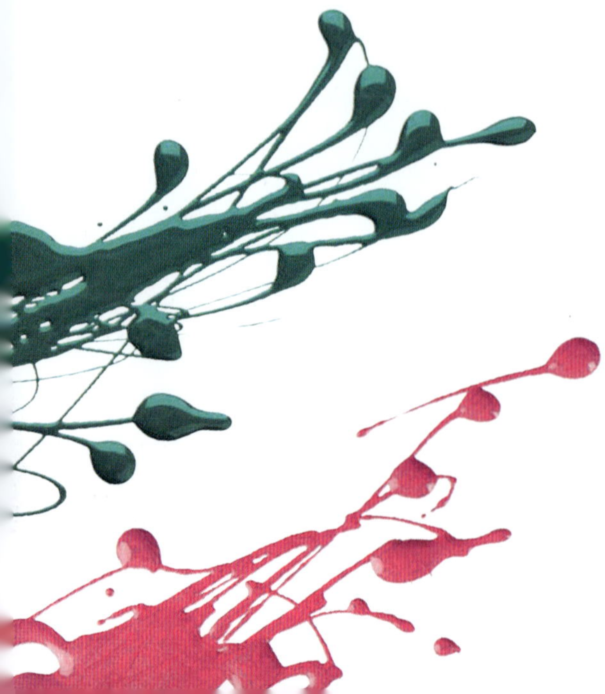

**Holzspatel = Um Flüssigkeiten miteinander zu vermischen, benötigen Sie einen flachen Holzstab. Den gibt es als preiswerten Rührstab in verschiedenen Breiten und Längen. Achten Sie darauf, dass dieses Werkzeug aus Holz ist. Holz ist neutral, d. h. es verfärbt das Harz nicht, löst sich darin auch nicht auf, wie beispielsweise die preiswerten, aus Kunststoff hergestellten Kaffeerührer. Auch die Form dieser Rührwerkzeuge ist wichtig. Während der flache Holzstab die verschiedenen Flüssigkeiten durcheinanderwirbelt und vermischt, erreicht das ein runder Stab (Schaschlikstab) nicht. Er schiebt sich durch die Flüssigkeit, die dadurch kaum verändert wird. Deshalb eignet sich für das Mischen aller Substanzen – gleich ob flüssig, pastös oder pulverförmig – nur ein flacher Rührstab.*

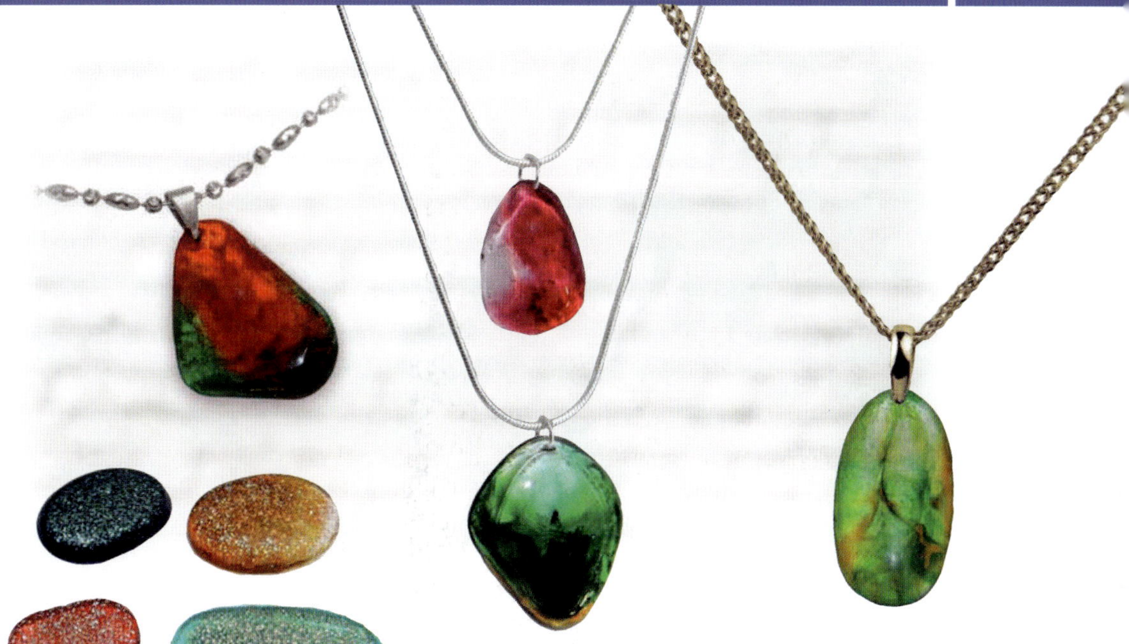

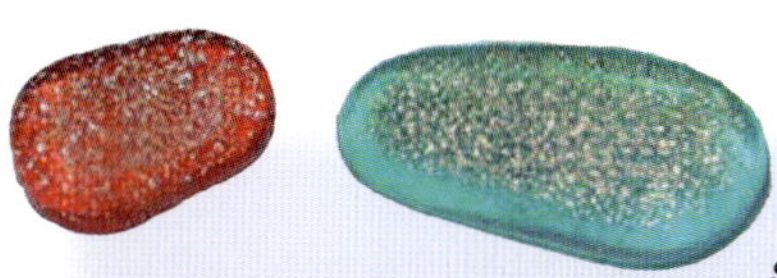

Beim ,Giessen der schicken, teilweise zierlichen Schmuckbroschen und Anhänger können Sie Ihrer Fantasie beim Mischen und Kombinieren der Farben freien Lauf lassen. Dazu gehört nur etwas Mut, um mal dieses oder jenes auszuprobieren. Verziehen Sie die in die Form gefüllten farbigen Harzmassen miteinander und staunen Sie nach dem Aushärten über die oft durch Zufall entstandenen Effekte.

Damit das gut gelingt, vermischen Sie beispielsweise 100 g Harz mit dem erforderlichen Härter und füllen es in kleine, z. B. 30 ml hohe Mischbecher. Danach färben Sie die einzelnen Harzmengen mit den ausgewählten Harzabtönfarben ein.

Wichtig: beim Mischen grosszügig mit den Rührstäbchen umgehen. Ein gebrauchtes, mit Harz vernetztes Holzstäbchen nicht ein zweites Mal in die Farbflasche der Abtönfarbe eintauchen, da die Farbe dadurch mit der Giessharzmischung konterminiert wird und in der Flasche aushärtet.

... und zum Schluss, wenn die Schmuckteile aus der Form entnommen und fast fertig sind, folgt das Schleifen. Sorgen Sie besonders dafür, dass die Ränder glatt geschliffen werden. Die weitere Schleifarbeit können Sie sich sparen, wenn Sie beispielsweise zuerst die Rückseite der Schmucksteine mit transparenter Kaltglasur überziehen. Die bekommen dadurch nicht nur eine hochglänzende Oberfläche, auch viel Brillanz. Und wenn ihnen das gefällt, können Sie die Steine umdrehen, auf eine Kunststofffolie legen und die Oberseite mit Kaltglasur überziehen. Das erspart nicht nur Schleif- und Polierarbeit, ergibt darüber hinaus Schmucksteine, deren Aussehen noch fantastischer ist, als ohne Glasurauftrag.

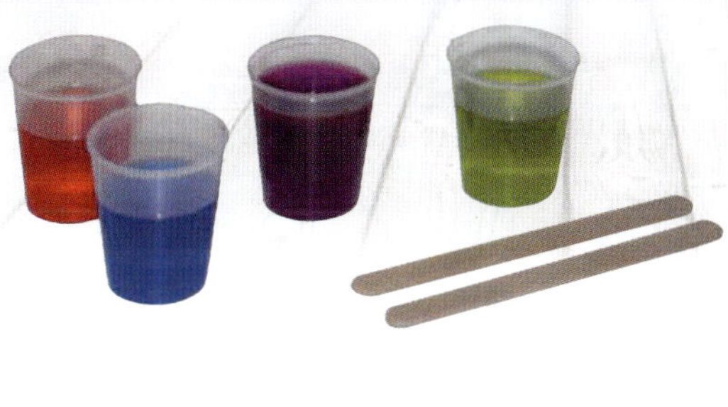

Bunte Schmucksteine

Das farblose, auch das bernsteinfarbige Giessharz eignen sich hervorragend für das Anfertigen einzigartiger Schmucksteine. Gewissermassen schicker Modeschmuck selbst gemacht. Die Gestaltungsbeispiele der fertigen Schmuckanhänger zeigen Brillanz und Kostbarkeit.

Wichtige Hinweise für das Fertigstellen: Beim Giessen der schicken, teilweise zierlichen Schmuckbroschen und Anhänger sollten Sie Ihrer Fantasie beim Mischen und Kombinieren der Farben freien Lauf lassen. Dazu gehört etwas Mut, um dieses oder jenes auszuprobieren. Verziehen Sie die in die Form gefüllten farbigen Harzmassen miteinander und staunen Sie nach dem Aushärten über die dadurch entstandenden teilweise Marmor-, Wisch- oder Zufallseffekte.

Damit das gut gelingt, vermischen Sie beispielsweise 100 g Harz mit dem erforderlichen Härter und füllen es in kleine, z. B. 30 ml hohe Mischbecher. Danach färben Sie die Harzmengen mit den ausgewählten Harzabtönfarben ein und giessen es in die bereitgelegten Schmuckförmchen.

... und zum Schluss, wenn die ausgehärteten Schmuckteile aus der Form entnommen und fast fertig sind, folgt das Schleifen. Sorgen Sie dafür, dass vor allem die Ränder glatt geschliffen werden. Verwenden Sie dafür Schleifpapier mit 120-er Körnung. Halten Sie die Steine senkrecht und schleifen Sie sie in kreisenden Bewegungen so ab, dass der auf der Unterseite befindliche Giessgrat beseitigt wird. Anschliessend werden die Steine auf der Bodenfläche nachgeschliffen (egalisiert).

Für den ersten Schleifgang sind die Steine dann fertig. Waschen Sie sie gründlich mit Wasser ab, damit auch evtl. Trennmittelreste davon entfernt werden.

Danach gibt es zwei Möglichkeiten: Sie schleifen die Steine mit immer feiner werdendem Schleifpapier so, dass sie nach dem Polieren ihren fantastischen Hochglanz zeigen. Diese Arbeit ist aufwendig, manchmal werden dabei auch die Fingerkuppen etwas ramponiert, weil nicht nur die Steine, auch die Finger mit dem Schleifpapier in Kontakt kommen.

Deshalb empfehlen wir Ihnen die zweite Methode, die noch einfacher ist: Vermischen Sie eine kleine Kaltglasurmenge, z. B. 5 g Harz und 5 g Härter. Diese Menge reicht aus, um damit 10 – 12 Steine zu überziehen. Verwenden Sie in diesem Fall einen Pinsel und lackieren Sie damit die Steinoberfläche, selbstverständlich auch den Rand. Achten Sie darauf, dass die Glasur wirklich nur ganz dünn aufgestrichen wird, da sie sonst an den Seiten abläuft und erneut Schleifarbeit für das Nacharbeiten anfällt.

Legen Sie die fertigen Steine auf eine Kunststofffolie, und zwar so, dass sich weder Insekten noch Staubpartikel darauf ablegen können. Lassen Sie die Steine einen Tag so liegen. Danach nehmen Sie sie vorsichtig von der Folie ab und drehen sie um, damit sie zusätzlich auch noch mit neu angemischter Kaltglasur auf der Rückseite bearbeitet werden können. Da viele der Steine durch den seitlich etwas hochstehenden Rand in der Mitte eine Einbuchtung haben, können Sie die auch mit der Glasur vollständig ausfüllen und erhalten dadurch einen Stein, der nach dem Aushärten auf beiden Seiten schön aussieht.

Durch das Auftragen der Glasur wird die Brillanz dieser Schmuckstücke noch verstärkt. Da die Kaltglasur ausserdem viel abriebfester als Giessharz ist, erhalten die Steine dadurch einen optimalen Kratz- und Gebrauchsschutz.

- <u>Anbringen einer Halterung</u>

Die fertigen Steine werden wahlweise auf der Stirnseite mit einer kleinen 2 mm dicken Bohrung versehen, in die eine Aufhängeöse mit Kaltglasur eingeklebt wird. Sie können auch seitlich eine Bohrung erhalten, um durch den Stein einen dünnen Nylonfaden oder Lederriemen zu ziehen. Oft genügt es auch, wenn der Stein auf der Oberseite vorne und hinten leicht angebohrt wird, um in den so entstandenen Löchern eine Klemmhalterung (Schmuckschlaufe) zu befestigen, durch die eine Kette hindurchgezogen werden kann.

Kleine Schmucksteine können Sie auch seitlich mit zwei Löchern durchbohren, durch die dann ein gummiartiges Halteband durchgefädelt wird, das mehrere Steine zu einem herrlichen Armband verbindet.

Die dafür notwendigen Aufhänger oder Verbindungselemente, auch Kettchen erhalten Sie beim Juwelier, in der Schmuck-Boutique oder im Versandhandel.

Wichtig: Verwenden Sie für das Bohren einen kleinen handlichen, elektrischen Bohrer, z. B. den „Gravidor“. Ein preiswertes Glasgravur-Schleifgerät (85 033), das mit einer Batterie und zwei Diamantschleifern geliefert wird. Dieses Gerät eignet sich hervorragend für diese Bohrarbeiten.

Das Bohren erfolgt mit wenig Druck. Dadurch vermeiden Sie, dass die fertigen Steine dadurch zum Schluss noch zerbrechen oder beschädigt werden.

- <u>Schmucksteine anfertigen</u>

Es besteht auch die Möglichkeit, Schmucksteine selbst zu modellieren und abzuformen. Damit Sie dafür nicht zu viel Zusatzmaterial anschaffen müssen, ist es am einfachsten, die fertigen Schmucksteine in das elastische, ebenfalls modellierbare Silicon-Compound (60 445) einzudrücken, bzw. damit zu umwickeln. Dieses Silicon erhärtet innerhalb von 4 – 5 Minuten, sodass die damit hergestellten Formen danach sofort mit einem Trennmittel und anschliessend mit Giessharz ausgefüllt werden können, um darin neue Schmucksteine zu giessen.

Die aus Silicon-Compound hergestellten Formen sind elastisch, deshalb auch für eine Serienherstellung von Schmucksteinen verwendbar.

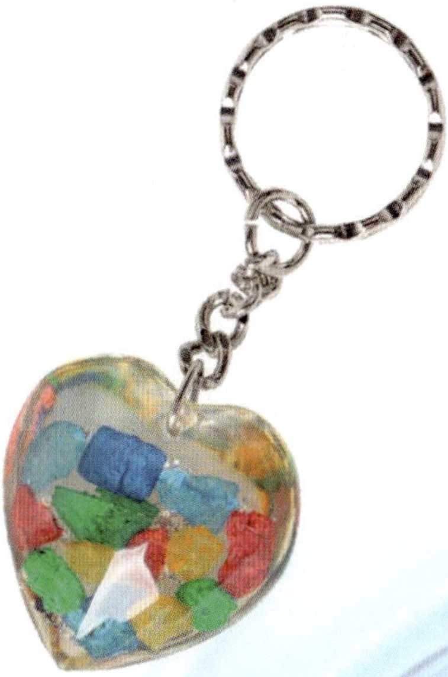

- Täuschende Farbgebung

Ein Paperweight hat die Form einer Halbkugel und dient als Briefbeschwerer. Dieses praktische Dekorationsstück kann auch aus Giessharz hergestellt werden. Dabei besteht die Möglichkeit, darin etwas einzubetten, z. B. ein Souvenir, ein Penny oder Quarter vom letzten USA-Urlaub, eine seltene Muschel oder ein faszinierend aussehender Edelstein. Selbstverständlich kann auch das Bild der geliebten Freundin, der Ehefrau oder der Kinder darin gezeigt werden. Möglich ist alles!

Ein solcher Briefbeschwerer muss nicht unbedingt glasklar sein. Er kann auch eingefärbt werden, was auch so gemacht werden kann, dass dabei eine optische Täuschung passiert.

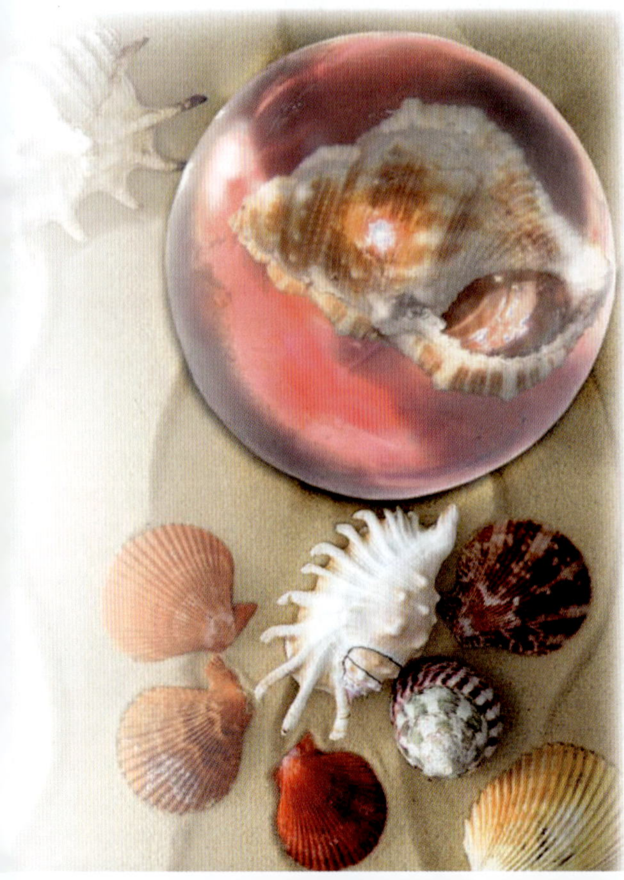

Dafür benötigen Sie eine Halbkugelform, die Sie wie üblich zunächst mit einer Grundschicht aus transparentem Giessharz befüllen. Nach dem Aushärten folgt noch eine weitere transparente Harzschicht, auf die nach dem Aushärten das bereits erwähnte Souvenir aufgelegt wird. Danach folgt das Aufgiessen weiterer transparenter Harze.

Die Form ist jetzt fast gefüllt, sodass nur noch eine Distanz von 2–3 mm bis zum Rand verbleibt. Für dieses Ausfüllen verwenden Sie ein mit transparenter Harz-Abtönfarbe zart eingefärbtes Giessharz, z. B. ein zartes Rose oder Rot.

Nach dem Erhärten des Harzes und dem Herauslösen des fertigen Giesslings aus der Form, folgt das Nachschleifen und Polieren. Fertig ist ein wunderschöner Briefbeschwerer. Wenn Sie ihn von oben betrachten, sieht er so aus, als wäre er aus rosafarbigem Harz hergestellt. Daraus erstrahlt die darin eingebettete Muschel. Wenn Sie den Giessling aber von der Seite ansehen, stellen Sie fest, dass er nicht vollständig rosafarbig eingefärbt ist, sondern nur der untere Steg diese Farbgebung zeigt.

Diese optische Täuschung funktioniert nur, wenn Sie für die letzte Deckschicht das erwähnte zart eingefärbte Harz verwenden. Würden Sie anstelle der transparenten eine opake Abtönfarbe wählen, würde diese Farbtäuschung nicht entstehen.

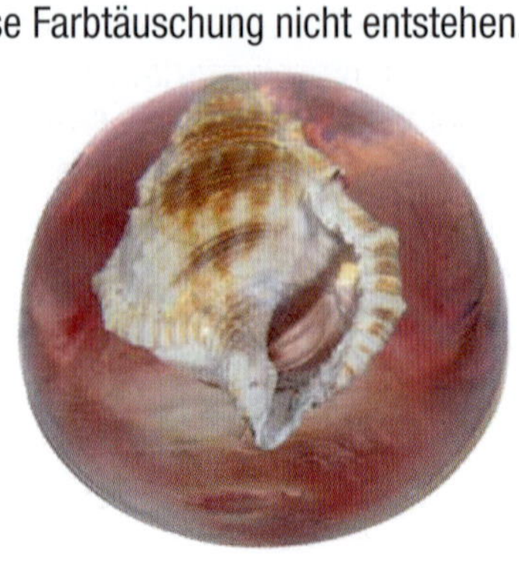

- Auflegen der Eingiessobjekte

Ideal wäre es, wenn jeder Giessling so hergestellt werden könnte, dass die Forminnenfläche zugleich die zukünftige Sichtfläche des Giesslings darstellt. Leider funktioniert das nicht bei jedem Objekt, weil es für das Eingiessen zu viele unterschiedliche Eingiesspräparate gibt: leichte (schwimmende), schwere oder zierliche und sehr zerbrechliche.

Deshalb ist mal die untere, ein anderes Mal die oberste Giessschicht die Sichtseite. Da es Möglichkeiten gibt, dass beide Sichtflächen spiegelglatt hergestellt werden, sollten Sie sich auf diese bei der Herstellung der Giesslinge konzentrieren.

Während eine Libelle mit ihren ausgeklappten Flügeln, nur auf ihren Beinchen stehend in die zweite, nur 2–3 mm dicke Giessharzschicht eingegossen werden kann, ist sie nach dem Aushärten fest damit verbunden, was beim weiteren Aufgiessen ein Aufschwimmen verhindert.

Anders ist das bei einer getrockneten Blüte, z. B. eine Ringelblume oder Nelke. Die wird direkt auf die in die Form gefüllte Grundschicht gelegt und ist nach dem Aushärten fest damit verbunden. Das Aufgiessen der folgenden Harzschicht erfolgt so, dass das Harz nicht direkt auf die Blüte rinnt, sondern daneben in die Form gefüllt wird. Dadurch steigt es in der Form an und fliesst automatisch in die Blüte ein, und zwar so, dass keines der Blütenblätter dadurch verdrückt, verdrängt oder sonst wie beschädigt wird.

Dabei muss allerdings das Blütenbild genau kontrolliert werden, weil sich beim Eingiessen Luftblasen in der Blüte festsetzen können, die mit einem Draht oder langen Nadel aufgestossen werden, dann an die Oberfläche treiben und zerplatzen.

Beim Aufgiessen der nächsten Harzmasse wird die Blüte vollständig damit überdeckt, und mit der letzten Harzschicht die Form komplett gefüllt.

Um eine wirkungsvolle Ansicht, also Optik des Giesslings zu erreichen, sind auch technische Belange zu berücksichtigen. Ein hoher Giessblock, in den eine lange Zange eingegossen werden soll, lässt sich in einer länglichen, flach auf dem Tisch liegenden Form leichter als in einer hohen herstellen.

Diese Eingiesstechnik erklärt sich fast schon von allein. Der fertige Giessling zeigt auf der optischen Schön- und der Rückseite nur die Zange, die ohne störende Schichtlinien zu sehen ist. Selbstverständlich kann der Giessling auch senkrecht hingestellt und so betrachtet werden.

Nach dem Aufgiessen der letzten Giessharzschicht härtet das Harz mit einer sogenannten Orangen- oder Elefantenhaut aus, die eine klebrige, gleichzeitig unebene Rückfläche hinterlässt. Während sich die Klebrigkeit nach 1–2 Tagen von allein verliert, wäre der Giessling dann endlich fertig.

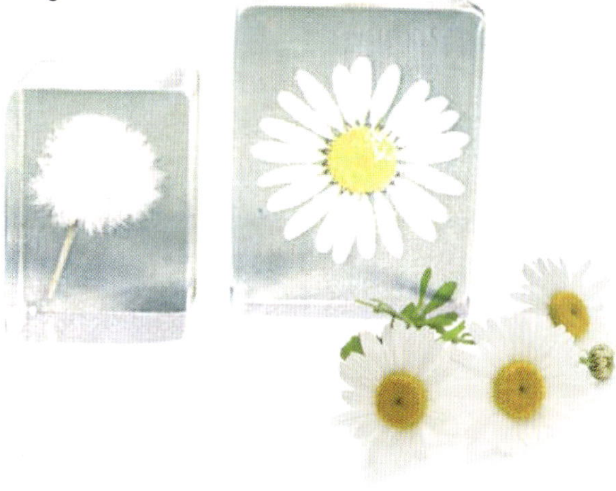

Die ungleichmässige Oberfläche kann aber störend sein. Um sie zu vermeiden, müsste auf die letzte Harzschicht eine Abdeckfolie gelegt werden. Die sorgt dafür, dass die Harzfläche spiegelglatt und klebefrei aushärtet. Natürlich besteht auch die Möglichkeit, diese Unebenheiten durch das Abschleifen mit Schleifpapier und dem nachfolgenden Polieren genauso glatt zu machen. Das ist allerdings eine zeitaufwändige Prozedur.

Eine unebene Fläche kann manchmal auch gewollt sein, beispielsweise um die Durchsicht durch den Giessling zu verhindern. Diese Technik wird bevorzugt für das Eingiessen technischer Teile angewendet, um sie auf Messen etc. auszustellen. Durch den teilweise matt oder verschwommen wirkenden Hintergrund wird das davor zu sehende Modell stärker betont und dadurch optisch noch mehr in den Vordergrund gerückt.

Deshalb gibt es auch Möglichkeiten, eine bewusst unruhige Fläche auf der Rückseite eines Giesslings zu inszenieren, was beispielsweise bei Blumenbildern gern angewendet wird. Auch hier beginnt die Giesstechnik auf der Schönseite mit dem Aufgiessen einer dünnen Grundschicht. Darauf werden die in einer Pflanzenpresse getrockneten, dabei gleichzeitig gepressten Blumen und Gräser zu dem gewünschten Bild zusammengelegt.

Nach dem Aushärten der Basisschicht folgt das Aufgiessen der zweiten Harzschicht, die so bemessen wird, dass die Pflanzen damit komplett überdeckt werden. Und damit das Bild noch mehr Natürlichkeit bekommt, wird die Harzfläche mit einer vorher bewusst zerknitterten Kunststofffolie, die hier wie eine Abdeckfolie verwendet wird, belegt. Dazu wird die Folie mit einem Pinsel fest auf die Harzfläche angerieben. Bedingt durch die darin befindlichen Knickstellen werden diese von der Harzmasse perfekt übernommen und so wiedergegeben.

Nach dem Erhärten des Harzes wird die Folie davon abgezogen. Der Giessling zeigt eine unregelmässige „Knitterstruktur". Sie ist gewollt, was das Bild auch zeigen soll. Deshalb wird die Harzfläche zum Schluss manchmal auch noch mit einer dünnen, eingefärbten Giessharzmasse übergossen, die wahlweise mit weisser, elfenbeinfarbig- oder sandfarbiger Abtönfarbe eingefärbt wurde.

In die letzte farbige Giessschicht werden ausserdem zwei kleine Drahtösen oder Kordeln (dünner Bindfaden) oder übliche Bildaufhänger mit eingegossen. Diese Hilfsmittel sorgen dafür, dass das fertige Bild an einer Wand aufgehängt werden kann.

Diese Technik eignet sich auch für grössere Giesslinge, die als Schaustücke in einer Vitrine oder einem Büfett präsentiert werden sollen. Darin können die im Präparier-Salz getrockneten Pflanzen vollplastisch, also in ihrem natürlichen Aussehen, perfekt gezeigt werden.

Recht dekorativ wirken solche Giesslinge, wenn dabei ein einzigartiges Blumenbild mit mehreren gut erhaltenen Pflanzen gezeigt wird. Das Auflegen einer etwas dickeren, ebenfalls zerknitterten Folie kann zusätzlich dazu beitragen, dass die Rückfläche des Giesslings den Abdruck eines Felsgesteins wiedergibt und dadurch die Natürlichkeit dieses einzigartigen Giesslings wirkungsvoll unterstreicht.

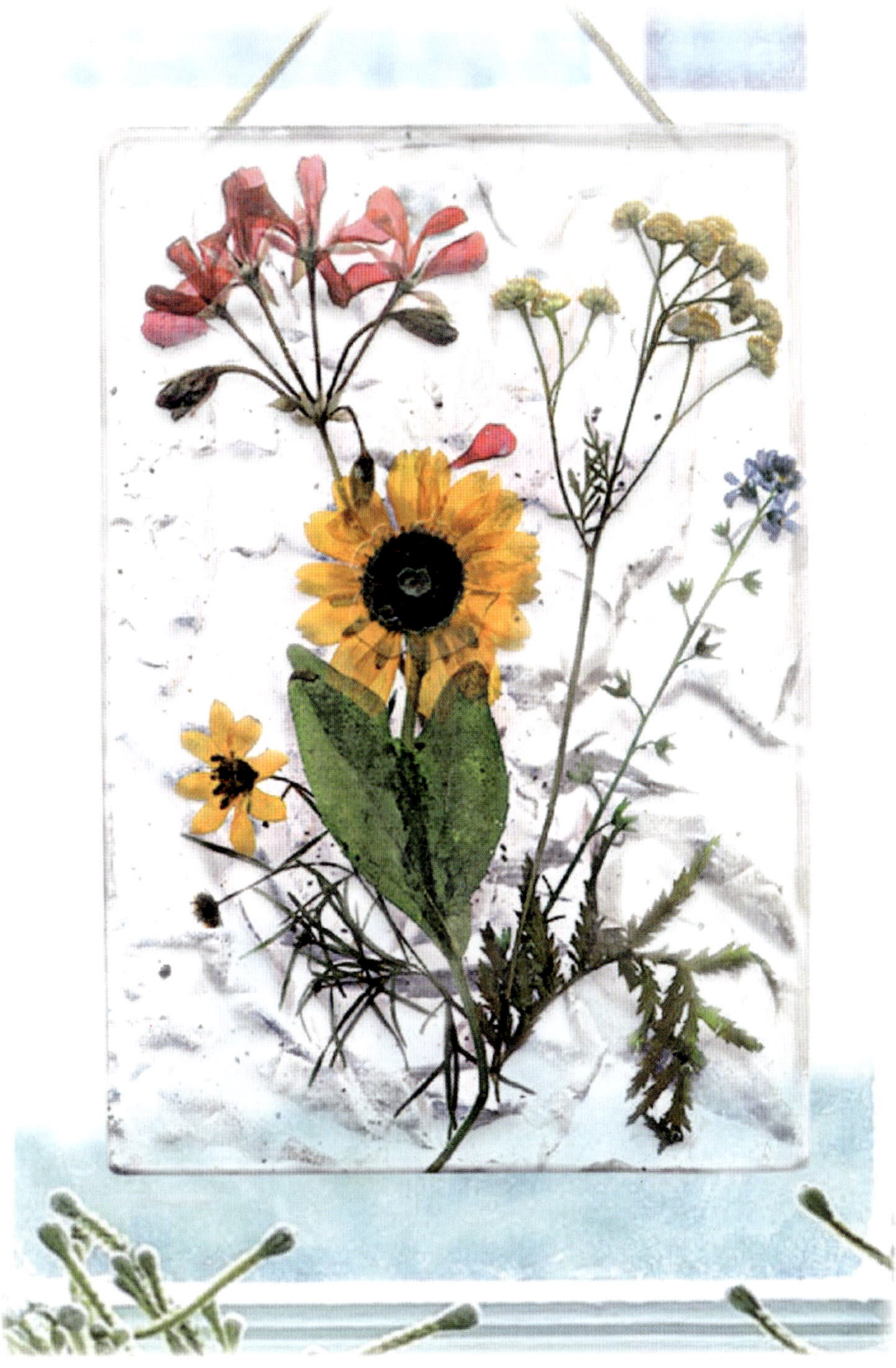

- <u>Glatte und ebene Flächen</u>

Wunsch eines jeden Giessharzverarbeiters ist die glatte Rückfläche der fertigen Giesslinge, was ohne mühevolles Schleifen und Polieren geschehen soll. Selbstverständlich ist das möglich. Der erste und wichtigste Schritt ist dazu das Auflegen einer Abdeckfolie auf die etwas überhöht (bombiert) aufgegossene, letzte Giessharzschicht.

Durch das Mehr an Giessharz kann die flexible Folie von einer Seite aus über den Rand der Form hinweg bis zum anderen Formrand so auf der Harzfläche abgerollt werden, dass eine spiegelglatte, luftblasenfreie Oberfläche entsteht. Dabei kann es passieren, dass eine kleine, überflüssige Harzmenge über den Formrand hinabläuft, was nicht problematisch ist, weil die Eingiesstechnik auf einer mit Folie und Zeitung abgedeckten Arbeitsfläche gemacht wird.

Das Auflegen der Folie hat noch eine zusätzliche Bewandtnis: dadurch wird der Luftkontakt zur Harzfläche verhindert, was den Vorteil bringt, dass die fertige Oberfläche des Giesslings klebefrei aushärtet. (Durch den Sauerstoffkontakt der Luft härtet das Giessharz klebrig aus. Wird die Sauerstoffzufuhr verhindert, eben durch die fest auf die Harzfläche aufgelegte Folie, entsteht diese Klebrigkeit nicht.)

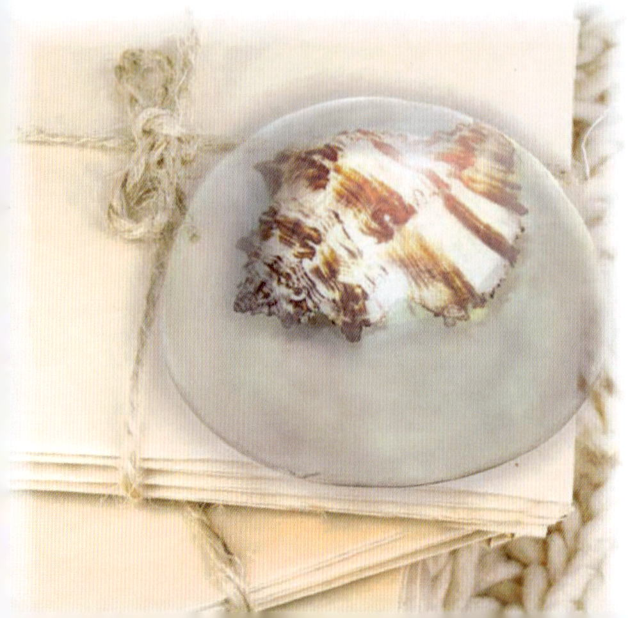

<u>Wichtig:</u> nach dem Auflegen der Folie sollte sie noch mit einem glatten, schweren Gegenstand bedeckt werden. Dadurch wird verhindert, dass sie während der Aushärtereaktion in dem Giessharz durch die dadurch entstehende Wärmeentwicklung angehoben bzw. verzogen wird. Der daraufgelegte Gegenstand verhindert das.

Nach dem vollständigen Aushärten des Harzes wird die Folie von dem fertigen Giessling abgezogen. Das sollte mit einem Ruck (Zug) gemacht werden, was soviel bedeutet, dass die Folie an einem Ende etwas von dem Giessharzblock abgelöst und dann auf einmal vollständig abgezogen wird. Wird sie dagegen stückchenweise, vorsichtig entfernt, zeigen sich auf der Oberfläche kleine Ansatzlinien, die später mit Schleifpapier und Poliercreme mühevoll entfernt werden müssen.

Manchmal passiert es, dass die Oberfläche nicht ganz eben geworden ist. Normalerweise folgt dann das Überarbeiten mit Schleifpapier etc. Es geht aber auch anders: der Giessharzblock wird mit transparenter Kaltglasur so überzogen, dass dadurch die gewünschte, ebene Fläche entsteht. Vorteilhaft ist dabei ausserdem, dass die Kaltglasur nicht schrumpft und spiegelglatt erhärtet. Das macht sich so bemerkbar, dass diese Korrektur auf dem fertigen Giessling auch nicht zu sehen bzw. zu erkennen ist.

- Aushärten des Giesslings

Das Aushärten des Giesslings dauert ungefähr 2–4 Stunden. Der Giessharzblock ist dann fest, aber noch nicht vollständig ausgehärtet. Deshalb sollte er noch nicht aus der Form entnommen werden, weil das zu evtl. Verletzungen des Giessblocks führen kann. Besser ist es, Form und Giessling noch weitere 2–3 Tage so liegen zu lassen. Danach ist er vollständig ausgehärtet, sehr fest geworden, ausserdem etwas geschrumpft*. Dadurch hat er sich bereits an einigen Stellen etwas von der Form gelöst, was für das folgende Entformen vorteilhaft ist.

Das Giessharz durchläuft während der Aushärtung verschiedene Phasen:

1. Harz wird mit Härter vermischt und verfärbt sich während der beginnenden Reaktionsphase grüngelb.
2. Die Harzmischung erwärmt sich etwas.
3. Das Ende der Reaktion zeigt sich durch das Gelieren der Giessharzmischung, die dadurch wieder ihre ursprüngliche, transparentklare Farbgebung erhält, fest wird und langsam abkühlt.

Als nächstes ist es wichtig, dass Sie evtl. noch vorhandene Trennmittelreste sowohl von der Form wie auch von dem Giessling entfernen, wozu beide Teile mit Leitungswasser abgewaschen und getrocknet werden.

Sollten nicht alle Seiten glatt geworden sein, müssen Sie diese nochmals mit Giessharz überdecken. Dazu wird der Giessling so hingestellt, dass auf die waagerecht Bearbeitungsfläche das neu angemischte Harz (Harz mit ca. 2,5 % Härter vermischen) aufgetragen werden kann. Manchmal muss dieser Vorgang auch an einer zweiten Seite wiederholt werden. Das kann aber erst geschehen, wenn das Harz auf der ersten Reparaturstelle vollständig erhärtet ist.

Was danach folgt, ist das Egalisieren des Giesslings, was durch das Schleifen und Polieren geschieht.

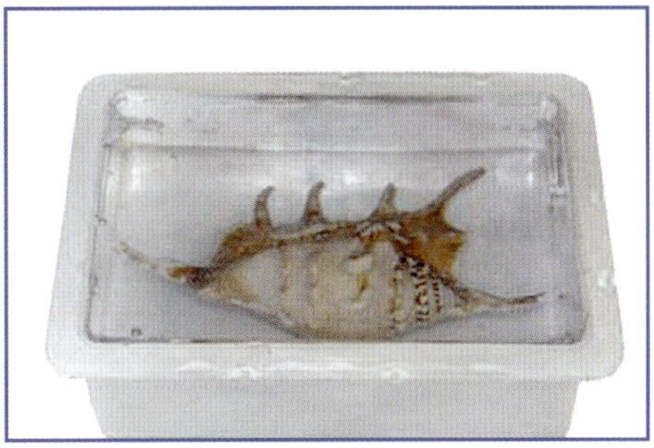

Der fertig ausgehärtete Giessling in der Form.

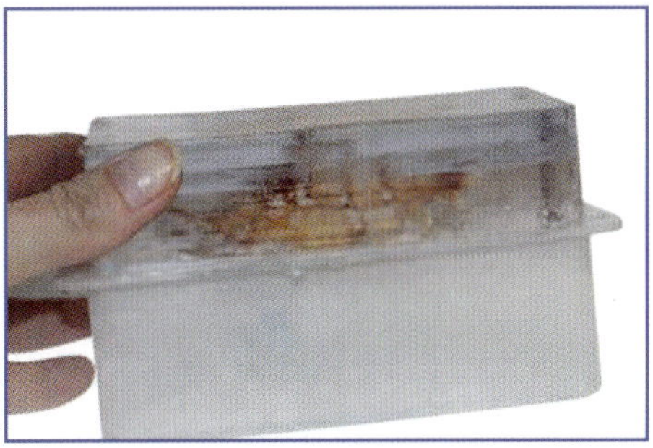

Schrittweises Herausdrücken und Entnehmen aus der Form.

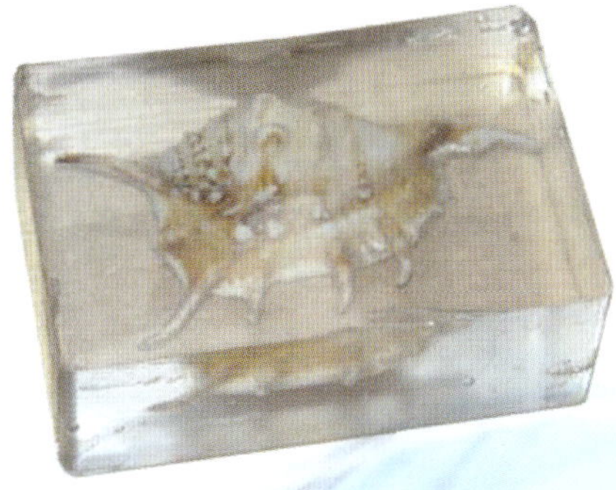

- Entformen

Nachdem Sie mehrere Stunden auf diesen aufregenden Moment warten mussten, können Sie den Giessling jetzt endlich aus der Form nehmen. Dazu müssen sie ihn zuerst von den Formwänden abziehen (lösen), was durch Ziehen und Wegdrücken der Formwand von dem Giessling geschieht. Da dadurch Luft zwischen Form und Giessling gelangt, ist dieser Vorgang durch eine Farbveränderung am Formrand gut erkennbar. War die Form vorher fast transparent, zeigt sie jetzt eine mattweisse Färbung, die die Durchsicht zu dem Giessling verhindert. Achten Sie darauf, dass alle Seiten diese „milchige" Farbgebung bekommen. Sollte das nicht der Fall sein, muss der Formrand an diesen Stellen nochmals vorsichtig etwas abgezogen werden.

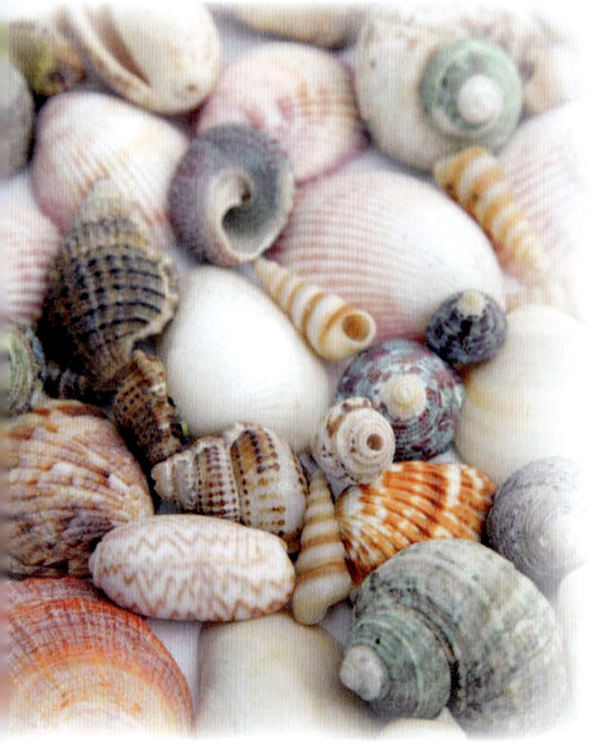

Drehen Sie die Form mit dem Giessling um, damit die Bodenseite nach oben zeigt. Drücken Sie mit den Daumen gegen den Formboden, während Sie gleichzeitig die Ränder der Formschale mit den Fingern so festhalten, dass dadurch ein Gegendruck zu den Daumen erfolgt. Als Resultat dieser Mühe schiebt sich der Giessling Millimeter um Millimeter aus der Form heraus.

Es gibt verschiedene Möglichkeiten, um ihn aus der Form herauszubekommen. Mit etwas Übung finden Sie dafür eine wirkungsvolle Technik. Dazu gehört beispielsweise auch das Herausschlagen des Giesslings aus der Form. Die wird dazu auf die gespreizten, hohlförmig gekrümmten Finger so aufgeschlagen, dass die Formränder genau auf die Fingerspitzen treffen. Durch das abrupte Abstoppen der Form rutscht der darin befindliche Giessling jeweils ein kleines Stück weiter heraus.

Wichtig ist dabei, dass sich besonders längliche Giesslinge nicht in der Form verkanten. Der Giessling muss überall gleich weit aus der Form herausragen, bis er mit den Fingern gefasst und stückweise aus der Form, die mit der anderen Hand festgehalten wird, herausgezogen werden kann. Das ist die einfachste und sicherste Methode zum Entformen und wird abwechselnd beidseitig gleichmässig wiederholt.

Das fertige Giessteil wird jetzt allseitig betrachtet. Wenn Sie die Hinweise für das Giessen einzelner Schichten genau befolgt und auch die Abdeckfolie richtig aufgelegt haben, sind alle Flächen gleichmässig glatt. Das erspart Ihnen das Nachschleifen, um sie zu egalisieren.

** Giessharze schrumpfen nach der Aushärtung ungefähr 0,6 - 1,0 %.*

Schleifen und Polieren

Um die nicht ganz eben gewordenen Flächen des Giesslings zu egalisieren, werden sie zunächst mit grobem Schleifpapier Körnung 80–120 so abgeschliffen, dass sie gerade sind. Das sollte allerdings erst dann geschehen, wenn der Giessling mindestens 3–4 Tage nachhärten konnte. Während dieser Zeitspanne wird er fester, weshalb das mechanische Bearbeiten dann wirkungsvoller ist.

Zum Schleifen wird das Schleifpapier auf der Arbeitsfläche so befestigt, dass eine gleichmässig glatte, fest darauf liegende Schleiffläche entsteht.Verwenden Sie dazu übliches Schleifpapier. Pressen Sie es mit der einen Hand auf die Arbeitsfläche, während Sie mit der anderen den Giessling in kreisenden Bewegungen darauf bewegen (abschleifen). Das muss so lange gemacht werden, bis die Fläche gleichmässig glatt geworden ist.

Ob das gelungen ist, können Sie leicht überprüfen: Stellen Sie den Giessling mit der nachgearbeiteten Fläche auf die glatte Arbeitsfläche und überprüfen Sie, ob sich dazwischen ein Lichtspalt zeigt oder nicht. Wenn nicht, ist die Giessharzfläche eben.

Darauf müssen Sie unbedingt achten: Beim Schleifen lösen sich zwischendurch kleine Korundkörner von dem Schleifpapier, die sofort mit einem Pinsel, feuchten Tuch oder einer Bürste von der Schleiffläche entfernt werden müssen. Sonst besteht die Gefahr, dass der Giessling davon zerkratzt wird, was bedeutet, dass der fast schon fertige Harzblock erneut so weit nachgeschliffen werden muss, dass dieser Kratzer nicht mehr zu sehen ist.

Der restliche Schleifstaub wird von der grob vorgeschliffenen Giessharzfläche mit einem weichen Tuch vorsichtig entfernt und der Vorgang mit feinerem Schleifpapier mit der Körnung 220 fortgesetzt. Wenn eine grosse Fläche egalisiert werden muss, sollte noch ein weiterer Zwischenschliff mit 300-er Körnung erfolgen.

Anschliessend wird der Giessblock mit fliessendem Wasser abgewaschen und alle Schleif- und Trennmittelreste sorgfältig entfernt. Das ist wichtig, weil das weitere Schleifen jetzt nur noch mit wasserfestem Nassschleifpapier gemacht wird.

Beginnen Sie mit der Körnung 400. Waschen Sie den Giessling zwischendurch immer wieder mit Leitungswasser ab, damit darauf keine Schleifreste zurückbleiben. Halten Sie auch das Schleifpapier unter fliessendes Wasser, damit es vom Schleifstaub befreit wird.

Danach folgt das Schleifen mit Körnung 600. Dadurch wird der Giessling bereits sehr glatt. Trotzdem sollte noch ein Schlussschliff mit sehr feinem Nassschleifpapier mit 1000-er Körnung erfolgen.

Je glatter und ebener die Giessharzfläche durch das Schleifen geworden ist, desto schneller lässt sich der gewünschte Hochglanz mit der speziell für das Polieren dieser kostbaren Giesslinge entwickelten Poliercreme verwirklichen.

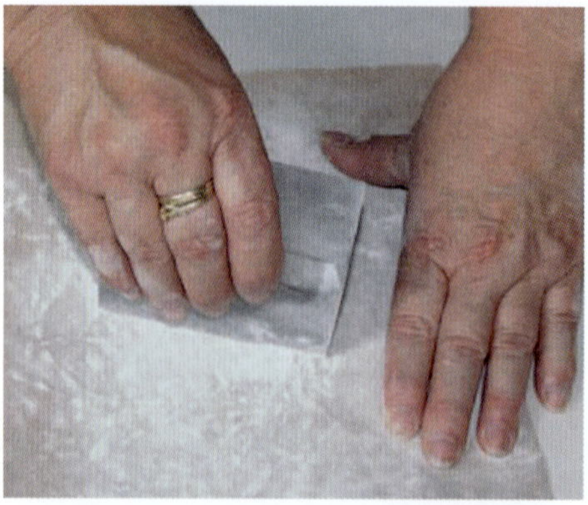

Befestigen Sie das Schleifpapier fest auf der Arbeitsplatte, z.B. mit kleinen Haftzwecken oder durch Verwendung eines Haftklebers (magnetisch).

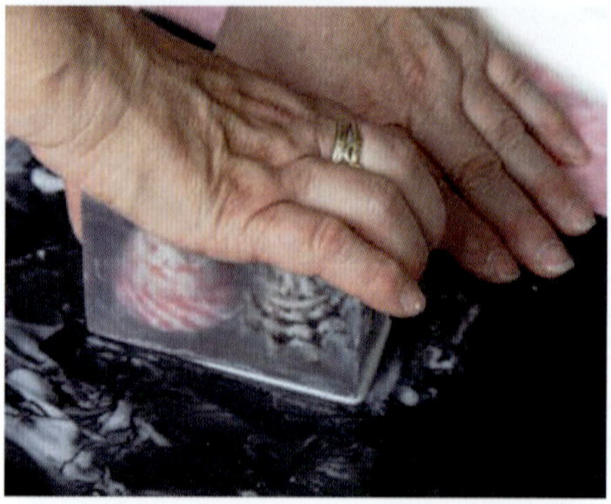

Das Nassschleifpapier wird am besten auf ein auf der Arbeitsfläche ausgebreitetes feuchtes Küchentuch gelegt. Dadurch haftet es fest darauf – ist gleichzeitig auch etwas abgepolstert.

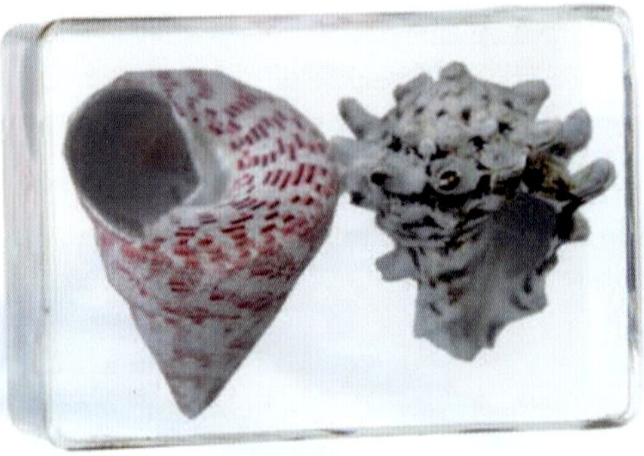

Vor dem Polieren wird der Giessling noch einmal gründlich mit Wasser abgewaschen und anschliessend mit einem weichen Tuch sorgfältig trocken gerieben. Da es viele unterschiedliche Polierpasten gibt, sollten für diese Arbeiten nur die speziell dafür hergestellten Poliermittel für „Kunstharze“ verwendet werden. Die Poliercreme ist an der speziellen Korund-Farbgebung*, also grün, blaugrün, manchmal auch blaugrau, erkennbar.

Dieses cremige Poliermaterial enthält kein Wachs, was in andere Poliermittel bewusst mit eingemischt wird. Das geschieht beispielsweise deshalb, weil damit opak eingefärbte Kunststoffteile schneller den gewünschten Glanzfilm erhalten. Das Wachs dient zum Kaschieren dünner Riefen etc. Bei der Giessharzpolitur ist Wachs hinderlich, da Wachsbestandteile die Durchsicht in dem glasklaren Giessling verhindern. Deshalb wird dieses wachsfreie Poliermittel auch generell zum Polieren von Acryl- und Kunststoffscheiben verwendet, auf denen sich kein Spektraleffekt* zeigen darf.

Der fertige Giessling wird zum Schluss noch einmal mit einem weichen, poliermittelfreien Wolltuch oder einem Nylonstrumpf so nachpoliert, dass er seinen einzigartigen Hochglanz zeigt. Fertig ist ein Stück moderne Kunststoffchemie!

** Korund = ist ein spezielles Schleifpulver, das die Poliercreme grün färbt, dabei entsteht sehr schonend „schleift“.*

** Poliercreme für Giessharze (Plexi-Acryl-Giessharz) sind mit der Kennung „PAG“ versehen.*

** Spektraleffekt: Das Licht, was den Giessling durchdringt, wird durch feine, transparente Wachsbestandteile zerlegt und erscheint wie ein Ölfilm in unterschiedlichen Farben. Dadurch wird die Durchsicht, damit auch die Transparenz, erheblich beeinträchtigt.*

- <u>Giesslinge mechanisch schleifen</u>

Während das manuelle Schleifen der Giesslinge nicht nur anstrengend, zusätzlich auch zeitraubend ist, empfiehlt sich für das Bearbeiten eine elektrische Bandschleifmaschine, die mit den unterschiedlichsten groben und feinen Schleifbändern ausgestattet werden kann. Dadurch wird diese Arbeit erheblich vereinfacht.

Beim Bearbeiten der Giesslinge entsteht feiner Kunststoffstaub. Deshalb ist es vorteilhaft, wenn dieser zwischendurch mit einem Staubsauger abgesaugt wird.

Mit diesem Gerät wird die trockene Schleifarbeit schnell und professionell erledigt. Während die grossen Voder- und Seitenfläche auf dem breiten Schleifband geglättet werden, erfolgt das Schleifen kleiner Flächen, beispielsweise von Schmucksteinen an der an der Frontseite des Gerätes rotierenden Schleifscheibe.

Wichtig: Während die senkrecht routierende Schleifscheibe sich besonders gut für das Ränderschleifen der Schmucksteine eignet und der Giessling dabei ständig einige Millimeter weiter verschoben werden muss, damit der Schliff gleichmässig erfolgt, wird der Giessharzblock auf dem Schleifband ständig hin- und herbewegt und gedreht. Dadurch wird vermieden, dass er an einer Seite zu stark, auf der anderen kaum abgeschliffen wird. Dann entsteht ein rechteckiger und nicht schräg verlaufender Giessling. Und damit die Fläche gleichmässig wird, wird der Giessling kreisförmig bewegt, damit das Schleifband ihn mal auf der linken, danach auf der rechten Seite bearbeitet.

Das Schleifen mit dem Bandgerät erfolgt mit einem Schleifband mit einer Körnung von 150 bis 180. Für diese Geräte gibt es weitere Schleifbänder mit anderen Korngrössen, die hier auch variabel verwendet werden können. Es wird immer mit einer groben Körnung begonnen und mit immer feineren nachgearbeitet. Reihenfolge: 120, 150 evtl. noch 180.

Das Nasschleifen muss per Hand gemacht werden und erfolgt mit Nassschleifpapier Körnung 320, 400, 600, 1000 evtl. noch 1200.

Zum Schluss folgt das bereits erwähnte Polieren mit der speziellen Poliercreme.

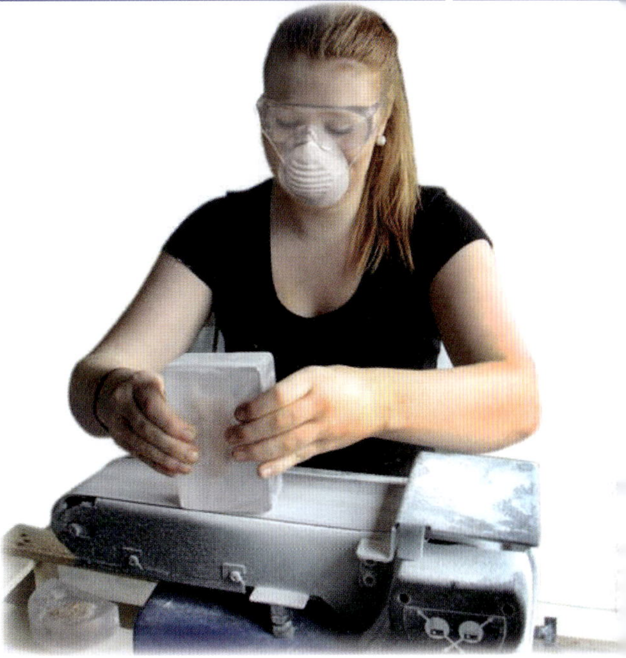

Diese Universalmaschine bietet zwei Schleifstellen:
- *waagrecht auf dem Bandschleifer*
- *senkrecht an der Schleifscheibe*

Beim Schleifen der Giesslinge muss eine Staubmaske und Schutzbrille getragen werden. Ausserdem empfiehlt sich der Anschluss an eine Absaugvorrichtung, mit der der Schleifstaub direkt von dem Gerät abgesaugt wird.

- <u>Die Seiten sind nicht glatt</u>

Das Aufgiessen der Harzschichten erfolgte teilweise zu spät. Die zuvor aufgegossene Harzschicht war schon so weit ausgehärtet, dass der Schrumpfungsprozess in dem Harz zu einem geringfügigen Zusammenziehen des Harzblockes führte. Dadurch werden physikalisch gesehen die Schwachstellen in dem Giessharzblock, also die Längsseiten, etwas eingezogen (geschrumpft). Beim Aufgiessen der neuen Harzmischung wurde der dadurch entstandene Spalt zwischen Form und Giessling nur teilweise damit ausgefüllt. Dadurch entstand ein ungleichmässiger Rand, der nach Fertigstellung des Giessblocks entweder mit Giessharz egalisiert, dann überschliffen oder sofort nach dem Herausholen aus der Form glattgeschliffen werden muss.

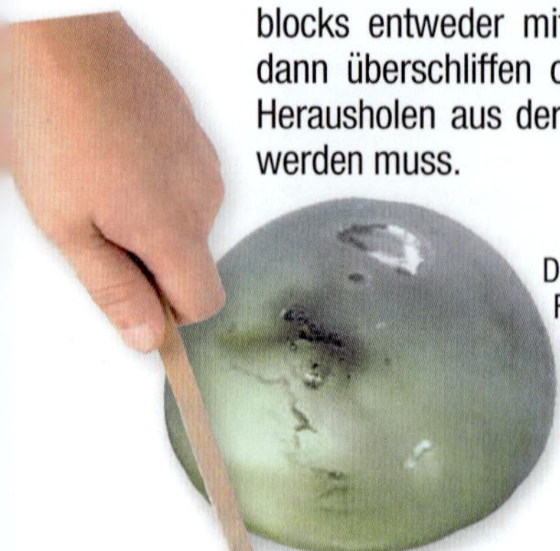

Der Giessling hat eine Fehlerstelle, in die Giessharz nachgefüllt werden muss.

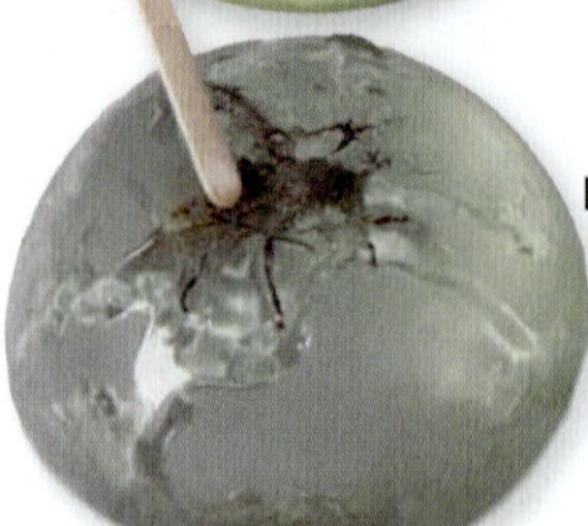

Eine kleine Menge einer neuen Giessharzmischung wird darauf verteilt.

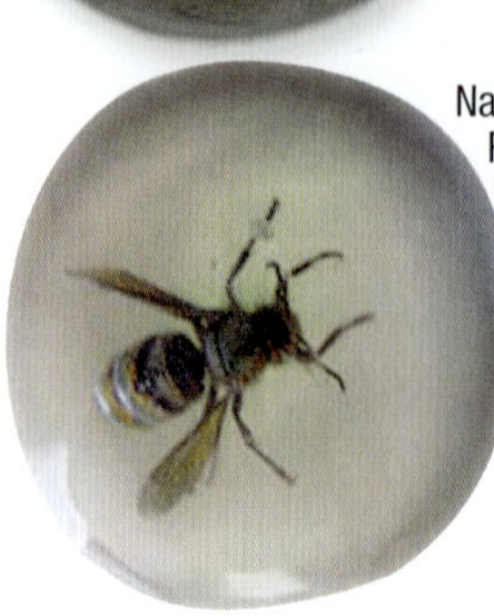

Nach dem Aushärten der Reparaturstelle folgt das bekannte Nachschleifen und zeigt als Resultat einen perfekten, fehlerfreien Giessling.

- <u>Die Oberfläche hat kleine Löcher</u>

Beim Auflegen der Folie wurden einige Luftblasen übersehen, die sich jetzt als störende Löcher in dem fertigen Giessling zeigen. Wenn die Löcher sehr klein sind, ist es notwendig, sie durch Aufbohren so zu erweitern, dass neues Giessharz darin eingefüllt werden kann. Grössere Fehlerstellen können sofort mit Giessharz befüllt werden. Dabei werden die Reparaturstellen mit dem Giessharz überhöht befüllt, damit die Fläche nach dem vollständigen Aushärten, also 3–4 Tage später, nochmals überschliffen und poliert werden kann. Von der Reparatur ist danach nichts mehr zu erkennen.

- <u>Unebene Giessharzoberfläche</u>

Die Rückfläche des Giesslings ist trotz aufgelegter Folie nicht ganz glatt geworden und zeigt Unebenheiten. Anstelle des Abschleifens dieser Fläche ist es einfacher, sie nochmals mit einer neuen, dünnen Harzschicht zu überdecken. Das Harz nivelliert die Oberfläche, sodass hinterher nur noch kleine Unebenheiten am Rand durch das Nachschleifen beseitigt werden müssen. Alternative: Unebene Giesslinge erhalten durch das Auftragen einer entsprechend hohen Kaltglasurschicht eine gleichmässig glatte Oberfläche. Ein Nachschleifen ist dann nicht mehr erforderlich.

- <u>Zerkratzter Formboden</u>

In der Sichtfläche des Giesslings befinden sich kleine Risse und Riefen. Wenn es sich nur um kleine Kratzer handelt, sollten diese durch das Abschleifen und Polieren beseitigt werden. Handelt es sich aber um grössere, vor allem um tiefe Kratzer, sollten Sie die Fläche vollständig mit dünner Kaltglasur überziehen. Nach dem Aushärten der Glasur muss sie weder überschliffen noch poliert werden, da sie bereits spiegelglatt geworden ist.

- <u>Giessling mit unschönen Luftblasen</u>

Unabhängig von dem darin eingebetteten Objekt besteht die Möglichkeit, den Giessling an dieser Stelle bis zu den Luftblasen vorsichtig aufzubohren. Das Bohrloch wird anschliessend mit neu gemischtem Harz ausgefüllt. Die Reparaturstelle ist hinterher nur noch schwach erkennbar. Durch die neu eingefüllte Harzmischung ist der darin „eingepasste" Giessharzstab wie eine Schichtlinie in dem Harzblock zu sehen. Deshalb werden solche Fehlerstellen gerne mit einem „Trick" korrigiert.

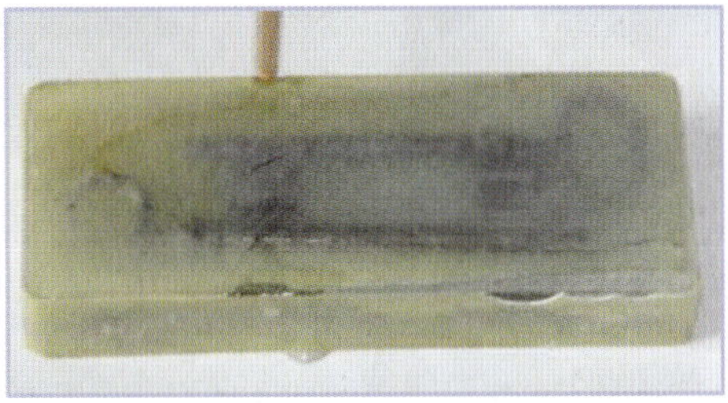

Der Giessling ist fast fertig. Beim Aufgiessen der farbigen Schlussschicht ist eine kleine Menge davon seitlich nach unten in die Form gelaufen und hat dadurch die Boden-Sichtfläche geringfügig verfärbt. Eigentlich war der Giessling verdorben.

Neben dem notwendigen Bohrloch wird noch ein zweites Loch in dem Giessharzblock angebracht, und zwar auf der gleichen Fläche, jedoch so entgegengesetzt, das auch der Abstand zu den Rändern des Giesslings gleich ist. Befindet sich die Luftblase beispielsweise 8 mm unterhalb der Giessharzoberfläche, ca. 1 cm vom linken Rand entfernt, wird ein zweites Bohrloch ebenfalls 8 mm tief und 1 cm von der rechten Seite des Giesslings entfernt angebracht. Beide Bohrlöcher werden mit transparentfarbig eingefärbtem Giessharz, z. B. einem kräftigen Orange, ausgefüllt. War es vorher ein Fehler, ist daraus jetzt eine schicke Gestaltungsvariante geworden, durch die der Giessling optisch noch interessanter wirkt.

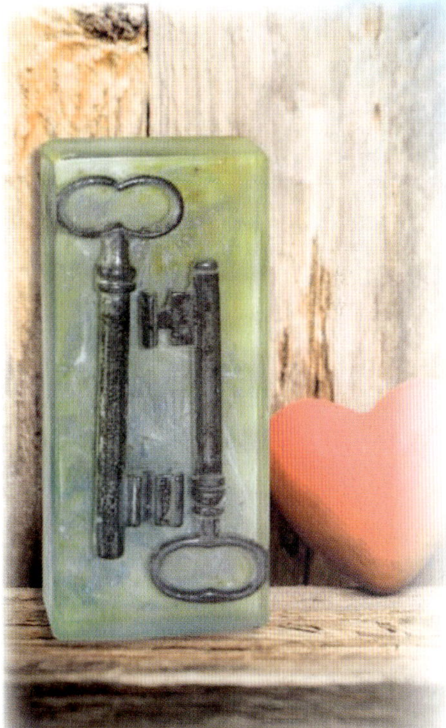

Durch das sorgfältige Abschleifen der Oberfläche wurde die farbige Harzschicht entfernt. Der Giessling zeigt sein optisch edles Aussehen.

Das Angebot der aus Kunststoff hergestellten Giessformen ist sehr umfangreich. Deshalb stehen dafür quadratische, rechteckige, halbrunde, runde und halbkugelförmige zur Verfügung. Neben stabilen Polyethylenformen gibt es auch preiswerte Tiefziehformen, in denen Schmuckanhänger, Broschenplatinen formschöne Dekorsteine, Christbaumschmuck etc. gegossen werden können.

Trotzdem ist dieses Angebot nicht ausreichend, weil es Eingiessobjekte gibt, die nicht in diese Formen hineinpassen. Dann gibt es nur noch eine Möglichkeit, eine passende Form selbst herzustellen. Die einfachste Möglichkeit zum Formenbau besteht darin, die Formteile aus lösungsmittelfesten Kunststoff (3 – 4 mm dick) selbst zuzuschneiden und zusammenzukleben.

Dafür verwenden Sie die im Handel erhältlichen PVC- oder Acrylscheiben, die in unterschiedlichen Grössen für das Malen von Glas- und Kunststoffbildern angeboten werden. Die lassen sich mit einer Laubsäge oder einem stabilen Cutter so zuschneiden, wie Sie sie brauchen. Für das Herstellen einer Form benötigen Sie eine Grundplatte und vier Seitenstreifen, die alle einheitlich lang zugeschnitten werden.

Alternativ besteht die Möglichkeit, Formen aus Glas herzustellen. Wenn Sie mit einem Glasschneider gut umgehen können, verwenden Sie dafür 4 mm dickes Bilder- oder Fensterglas, was genauso, wie die Acrylstreifen, zugeschnitten wird. Sie können sich die Formteile auch von einem Glaser anfertigen lassen.

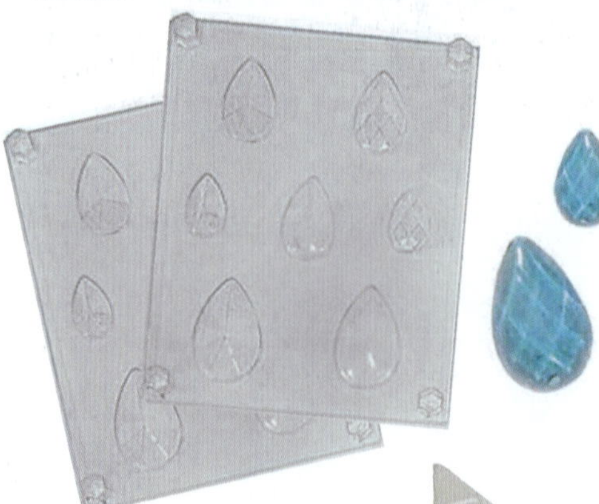

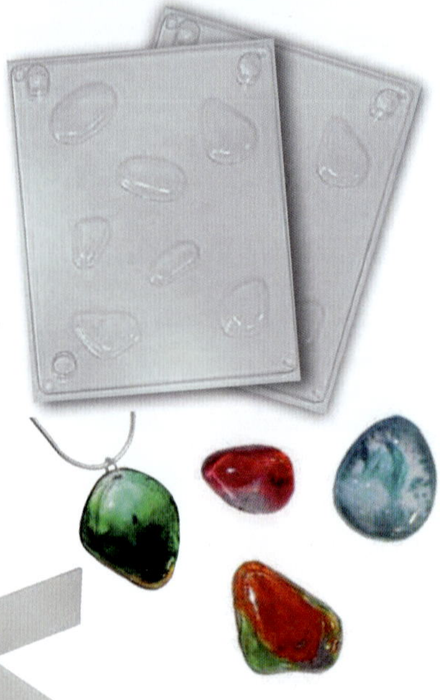

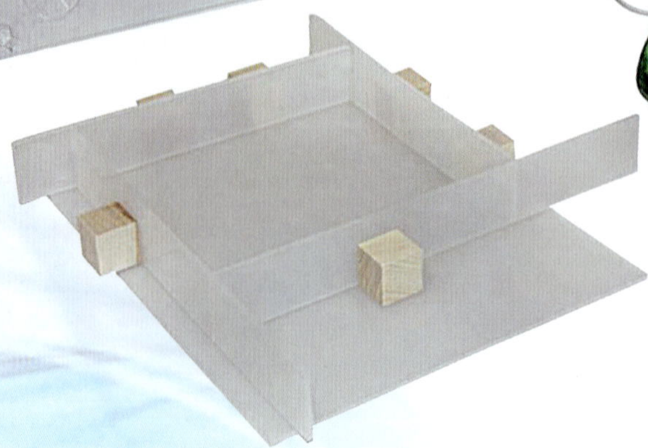

Zusätzlich benötigen Sie eine Grundplatte aus dem gleichen Material: ca. 20 x 30 cm oder grösser. Dann müssen Sie sich für eine Formhöhe entscheiden. Das ist wichtig, weil Sie die Form bzw. die darin eingefüllte Harzfläche für das Glattmachen mit einer Abdeckfolie vollständig überdecken müssen. Sollte eine einheitliche Harzoberfläche für Sie nicht wichtig sein, können Sie eine beliebige Formhöhe festlegen und die Formstreifen entsprechend hoch zuschneiden. Auf jeden Fall benötigen Sie immer vier einheitlich gleichhohe und gleichlange Streifen als Formränder.

- <u>Zusammenbau der Form</u>

Legen Sie die Grundplatte auf den Tisch. Darauf wird die 1. Randleiste gestellt und am unteren Rand mit einem wasserlöslichen Holzleim sorgfältig eingestrichen. Der Leim haftet auf dem Glas oder Kunststoff und dichtet die Form gleichzeitig an den Nahtstellen ab. Das ist wichtig, weil dann das später darin eingefüllte Giessharz nicht auslaufen kann. Damit der Rand stehen bleibt, benötigen Sie kleine Holzklötzchen, die grössenmässig auf die Randhöhe abgestimmt werden. Sie sorgen dafür, dass die Formränder stehen bleiben und nicht umfallen.

Es genügt, wenn Sie pro Randleiste zwei dieser Klötzchen jeweils auf der Unter- und einer Randseite mit dem Holzleim einstreichen und diese am oberen und unteren Ende der Formleiste befestigen (ankleben).

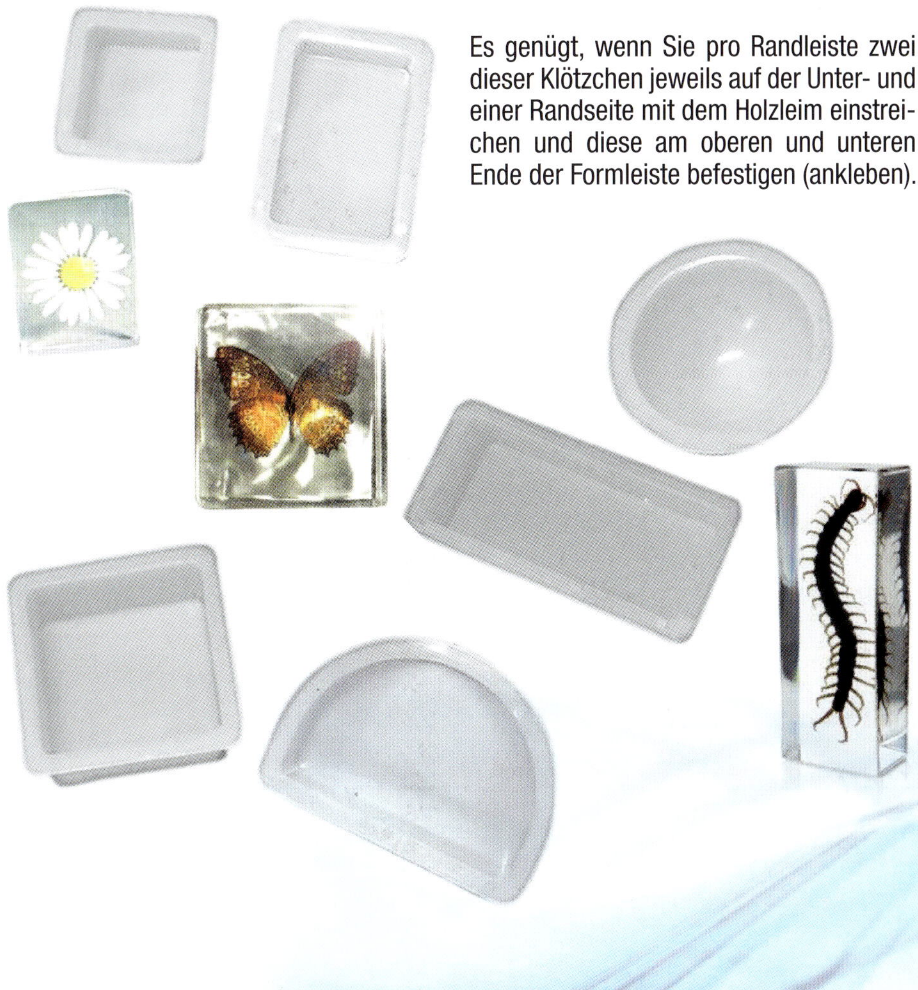

Danach folgt der nächste Formstreifen. Bevor Sie den an die bestehenden anpassen, noch ein Hinweis zu der Kastenkonstruktion. Berücksichtigen Sie dafür das Prinzip von Windmühlenflügeln, was ein versetztes Anbringen der Rahmenleisten erfordert. Stellen Sie den 2. Leistenrahmen dazu direkt an die Stirnseite der bereits angebrachten Leiste und messen Sie die Länge der Form ab, die damit entstehen soll. Befestigen Sie sie so auf die Grundplatte, dass beispielsweise das rechte Leistenende genau da endet, wo die nächste Rahmenleiste angesetzt werden muss.

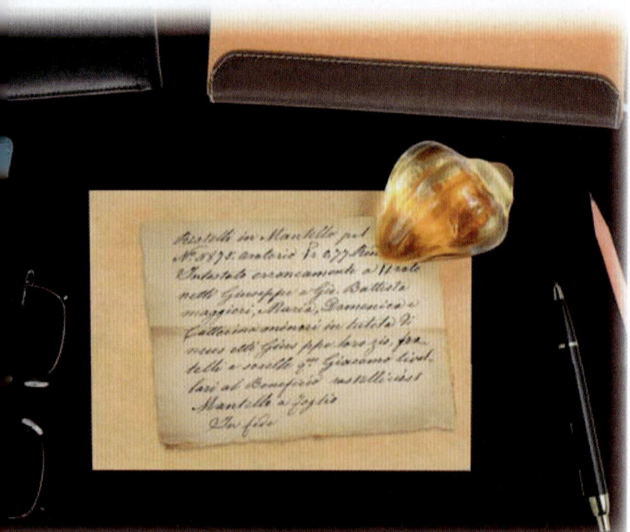

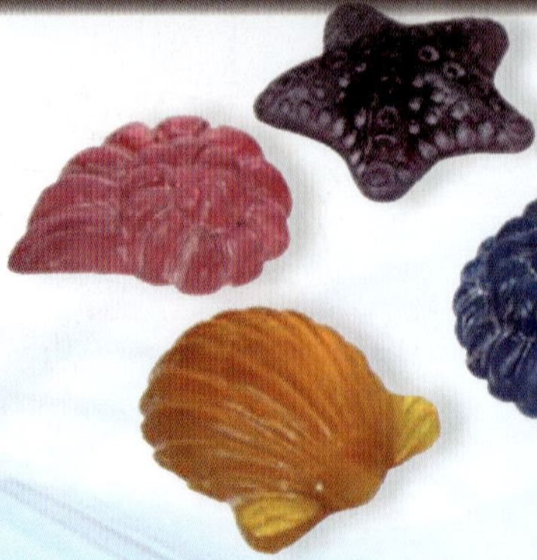

Bestreichen Sie beim folgenden Leimauftrag auch die Stirnfläche der 2. Leiste mit Holzleim, damit sie auch mit der neu anzubringenden (3. Leiste) verklebt. Es folgt die letzte (4.) Leiste, die Sie genauso gegen das Leistenende der zuletzt aufgesetzten anlegen. Auch hier ragt das Ende der Leiste nach aussen über den Formrand heraus. Es entsteht ein kastenförmiger Behälter, bei dem die Rahmenenden über den Formkasten hinausragen. Dadurch hat diese Konstruktion tatsächlich Ähnlichkeit mit vier zusammenhängenden Windmühlenflügeln.

Der Vorteil dieser Anordnung liegt darin, dass Sie die Leisten nach dem Gebrauch dieser Form wieder neu, für die unterschiedlichsten anderen Formformate verwenden können.

Das Verkleben der Rahmenelemente mit der Grundplatte benötigt ungefähr 3–4 Stunden. Danach werden die Innenkanten der Form zusätzlich mit Weissleim ausgefugt. Dadurch wird die Form wirkungsvoll abgedichtet, sodass kein Harz auslaufen kann.

Nach weiteren 3–4 Stunden, am besten einen Tag später, ist die Form gebrauchsfertig.

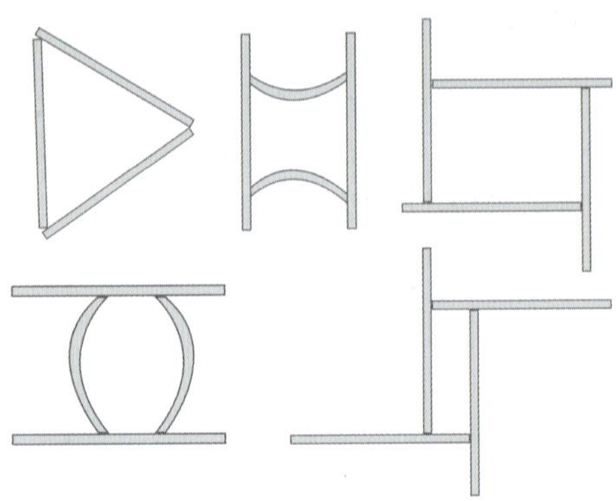

System: Windmühlenflügel

- Der Trennmittelauftrag

Jede Form, gleich ob aus Glas, Kunststoff, Silicon, Latex oder einem anderen Material, muss vor dem Gebrauch mit dem rosafarbigen Formentrennmittel dünn ausgestrichen werden. Das Trennmittel ist auf der Basis einer in Alkohol gelösten Cellulose aufgebaut, deshalb auch resistent gegen das im Giessharz enthaltene Styrol. Es ist wasserlöslich, was vorteilhaft ist, weil Trennmittelrückstände sowohl von dem fertigen Giessling als auch von der Form mit Wasser leicht wieder abgewaschen werden können.

Es trocknet innerhalb von 15–20 Minuten fest auf. Danach kann die Form sofort mit der vorbereiteten Harzmischung befüllt werden.

- Entfernen des Giesslings aus der Form

Nach Fertigstellung und vollständiger Aushärtung des Giessblocks (nach 2–3 Tagen) wird die Form zusammen mit dem Giessteil in ein entsprechend grosses, mit Wasser gefülltes Gefäss eingetaucht, um so den Weissleim, der die Form zusammenhält, aufzulösen. Das dauert ungefähr 2–3 Stunden. Danach entfernen Sie die Randleisten der Form, um den Giessling, der als Block oder dünnes Bild gefertigt wurde, von der Grundplatte abzunehmen.

Alle Formteile können danach für den Zusammenbau der nächsten Form wieder verwendet werden.

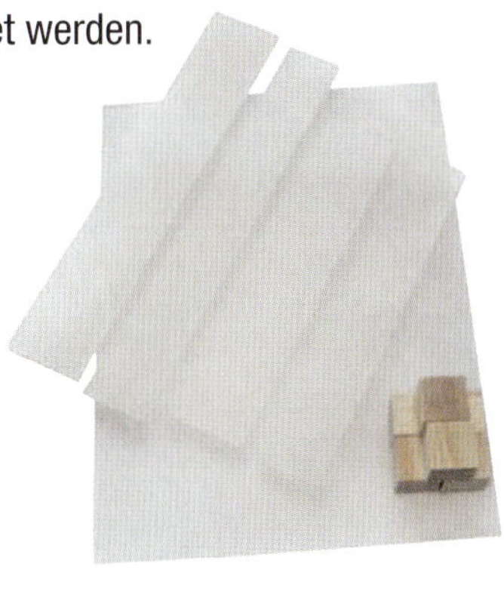

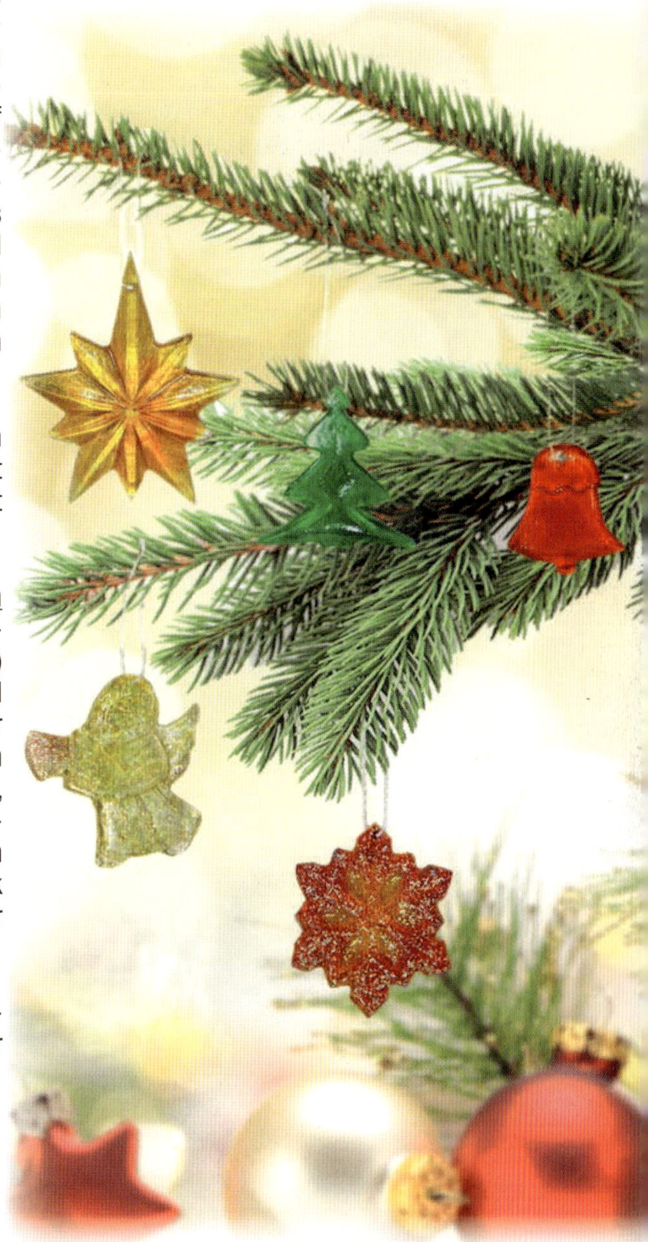

Selbst in Formen gegossene transparente Christbaumschmuck-Anhänger.

So verwenden Sie die Giesslinge

Der selbst hergestellte Giessling ist nicht nur schön, sondern auch wertvoll. Deshalb ist es wichtig, dass Sie entscheiden, was damit gemacht werden soll bzw. wofür er gebraucht werden kann. Und weil es unterschiedliche Giesslinge gibt, gibt es auch für die Aufbewahrung und den Gebrauch verschiedene Möglichkeiten.

Ein Giessharzgriff wird an eine dafür vorbereitete Tür befestigt. Eine selbst mit einem seltenen biologischen Einbettungsobjekt hergestellte Bio-Plastik wird in einen mit Samt oder Velour ausgeschlagenen Aufbewahrungskasten oder eine Schublade gelegt, damit er gegen das Sonnenlicht und die damit verbundenen UV-Strahlen und anderen möglichen Beschädigungen sicher geschützt ist. Die erwähnten UV-Strahlen bewirken bei allen Kunststoffen ein leichtes Vergilben, was durch das Einlagern in einem solchen „Versteck" vermieden bzw. verzögert wird.

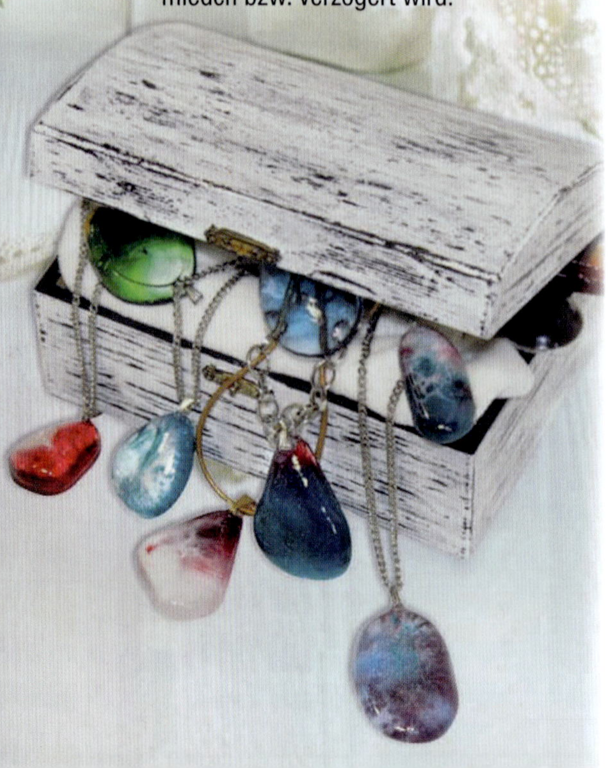

Andere Giesslinge werden in eine Ausstellungsvitrine gestellt und signalisieren Einzigartigkeit. Da auch Schmuckstücke, z. B. Broschen und Anhänger aus diesem Kunstharz gegossen werden können, ergibt sich für den Gebrauch dieser Kostbarkeiten eine einfache Lösung: sie werden von ihrem Besitzer getragen und zwischendurch in einer Schmuckkassette aufbewahrt.

Das sind einige der vielfältigen Möglichkeiten, die gleichzeitig den Verwendungszweck für diese hochwertigen Kunststoffteile definieren. Natürlich können aus dem Harz auch Bilderrahmen oder kostbare Bilder gefertigt werden, zumal ein so angefertigter, aussergewöhnlicher Wandschmuck zu einem einzigartigen Ambiente in einer Wohnung beiträgt.

Im Gegensatz dazu sind Paperweights Gebrauchsgegenstände. Damit sie nicht auf der Unterseite zerkratzt oder sonst wie beschädigt werden, werden sie mit selbstklebender Filzfolie beklebt.

Bedingt durch den täglichen Gebrauch als Briefbeschwerer und der gleichzeitigen Verwendung als Dekorationsgegenstand verlieren sie nach einiger Zeit ihren Hochglanz. Deshalb sollten sie alle 5–6 Monate erneut mit der grünen Poliercreme (PAG) überarbeitet werden. Danach sehen sie wieder wie neu aus. Die gleiche Nachbehandlung ist auch für alle anderen Giessharzteile zu empfehlen, die durch das Anfassen oder den täglichen Gebrauch matt und unansehnlich wurden. Durch das Nachpolieren sehen sie wieder wie neu aus.

Achten Sie darauf, dass die Hände beim Arbeiten nicht direkt mit dem Giessharz in Kontakt kommen. Verwenden Sie bei der Giessharzverarbeitung Schutzhandschuhe (Einmalhandschuhe). Wenn Sie kein Brillenträger sind, sollten Sie bei diesen Arbeiten eine Schutzbrille tragen, damit evtl. Härterspritzer nicht in die Augen kommen. Sollte das trotzdem einmal passieren, müssen Sie die Augen sofort mit fliessendem Wasser sorgfältig auswaschen und einen Arzt aufsuchen.

Wenn Giessharz auf die Kleidung gekommen ist, bitte die Kleidungsstücke sofort ausziehen und die Verunreinigung mit Harz-Reiniger (Lösungsmittel) entfernen. Das muss sorgfältig gemacht werden, weil das Material sonst in der Kleidung aushärtet. Harz-Reiniger gehört zur Grundausrüstung für das Verarbeiten von Giessharzen.

Bei der Giessharzverarbeitung gelten die gleichen Regeln, die allgemein beim Verarbeiten von Chemikalien beachtet werden müssen:

- Bei der Arbeit nicht rauchen und nicht essen.
- Hände nach dem Verarbeiten, auf jeden Fall nach einer Berührung mit dem Harz mit Harz-Reiniger säubern, danach mit fliessendem Leitungswasser und Seife sorgfältig waschen. Hände mit einer Fettcreme (Lanolin) einreiben.
- Auch wenn das Verarbeiten von Giessharzen die anderen Familienmitglieder fasziniert und begeistert, achten Sie darauf, dass kleine Kinder nicht mit dem Harz in Kontakt kommen. Wenn Kinder ab 8 Jahren Giessharz verarbeiten, sollte das immer unter Aufsicht von Erwachsenen geschehen.
- Der Härter darf nicht von Kindern, sondern nur von der Aufsichtsperson zum Harz zugemischt werden.
- Giessharz ist entzündlich. Deshalb während des Verarbeitens in dem Raum kein offenes Feuer verwenden.

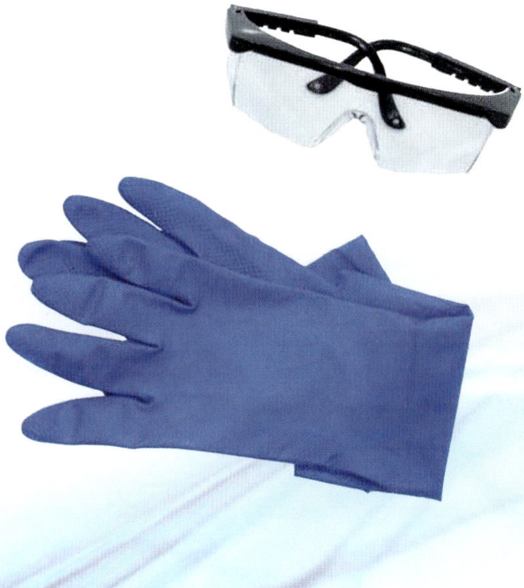

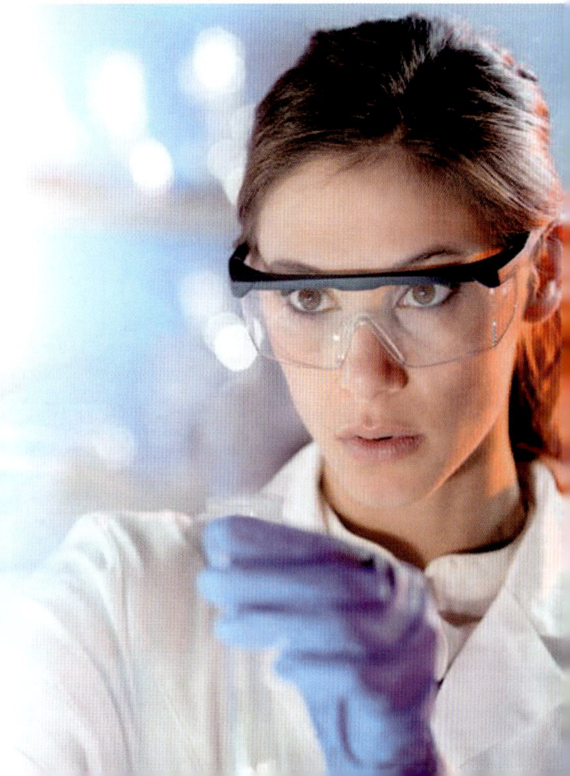

IX. Praktische Giessharzverarbeitung

Nach so viel Theorie wird es Zeit, dass Sie den ersten Giessling bewusst nach einer genauen Step-by-Step-Anleitung selbst herstellen. Dabei wird Ihnen vieles von dem, was Sie bisher erfahren haben, durch das praktische Tun verständlich. Andererseits tauchen dann auch Fragen auf, die beantwortet werden müssen.

Deshalb finden Sie im Anschluss an diese Kurzanleitung weitere wichtige Informationen. Schliesslich sollen Sie so viel wie möglich über die flüssigen Kunstharze und deren Anwendung erfahren. Auch deshalb, weil Sie dann bereits die unterschiedlichsten Giesslinge: Bilder, Blöcke, Gebrauchsgegenstände etc. selbstständig anfertigen können. Das wird Ihnen viel Spass, Freude, neues Wissen und Erfahrung bringen wird.

Danach kann es auch an das Experimentieren gehen, um selbst zu entdecken, was mit diesem fantastischen Flüssigkunststoff zusätzlich noch alles möglich und machbar ist.

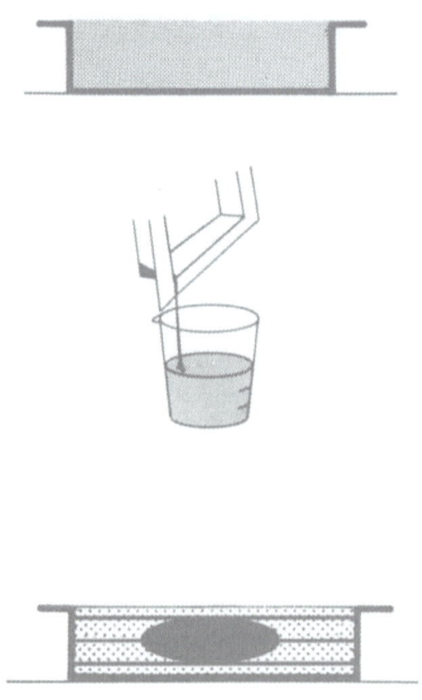

- Herstellen eines Giesslings

Arbeiten Sie mit einer kleinen Kunststoff-Giessform mit einem Fassungsinhalt von 160 ml – Format: 90 x 60 x 30 mm.

1. Form und Harzmenge bestimmen

- Form mit Wasser befüllen.
- Wasser in einen Messbecher füllen und an der Messskala den genauen Harzbedarf ablesen.
- Gesamtvolumen der Form z. B. 160 ml. Davon entfallen auf das Eingiessobjekt 40 ml. Restvolumen = 120 ml. Für jeweils 1 mm Formhöhe sind 4,0 ml Giessharz zu berücksichtigen.
- Der Giessling soll im 4-Schichten-Verfahren hergestellt werden.
- Für die Grund- und Deckschicht werden jeweils 6 mm eingeplant, weshalb für die Mittelschichten noch jeweils 9 mm verbleiben.
- Grund- und Schlussschicht benötigen Sie somit jeweils 24 ml Giessharz. Für die gesamte Mittelschicht verbleiben normalerweise 112 ml abzüglich dem Volumen für das Eingiessobjekt = 40 ml = gesamt 72 ml.

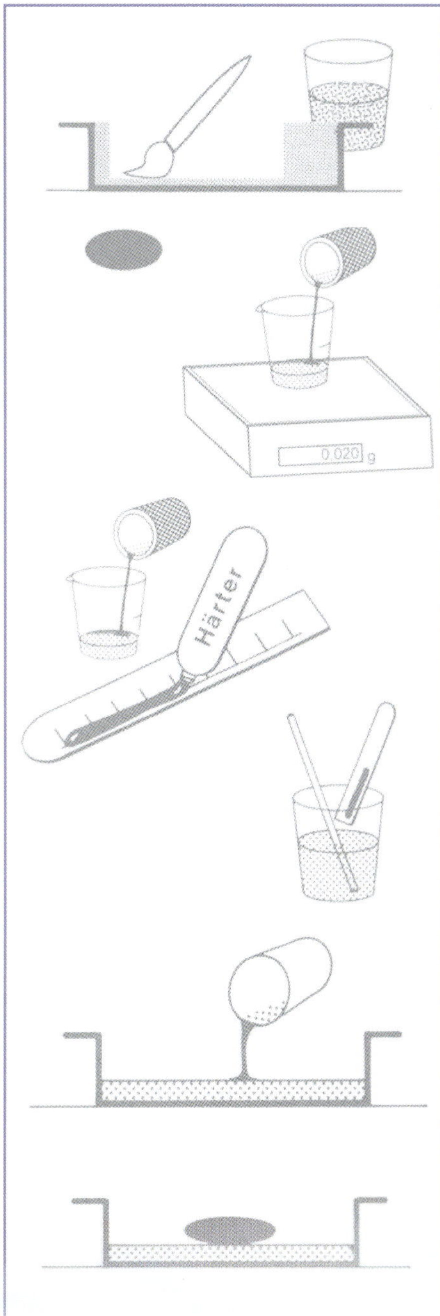

2. <u>Formentrennmittel:</u>
   Form mit dem rosafarbenen Formen-Trennmittel ausstreichen und trocknen lassen.

3. <u>Eingiessobjekt bereitlegen</u>

4. <u>Material für die 1. Grundschicht:</u>
   Harzmenge abwiegen (24 ml = ca. 25 g)

5. <u>Berechnen des benötigten Härters:</u>
   2 % Härter von 24 g = 0,5 g Härter.
   Die benötigte Härtermenge wird abgewogen oder durch Zählen der Tropfen ermittelt.
   1 Tropfen wiegt 0,04 g
   12 Tropfen = 0,48 g
   25 Tropfen = 1 g

6. <u>Mischen von Harz und Härter:</u>
   Der Härter wird immer in das Harz eingemischt. Danach werden die beiden Komponenten (Harz und Härter) sorgfältig miteinander vermischt.

7. <u>Einfüllen der Giessharzmischung:</u>
   Material für die 1. Schicht in die Form einfüllen.

8. <u>Auflegen des Einbettungsobjektes:</u>
   Leichte Gegenstände können sofort auf die flüssige Harzschicht gelegt werden. Schwere (sinkbare) Teile werden erst nach dem Gelieren der 1. Giessharz-Schicht aufgelegt.

9. <u>Aufgiessen der 2. Schicht:</u>
   Zuerst nur eine kleine Menge der Giessharzmischung in die Form einfüllen und teilweise auf dem Objekt verteilen, danach das restliche Material bis zur gewünschten Schichthöhe einfüllen.

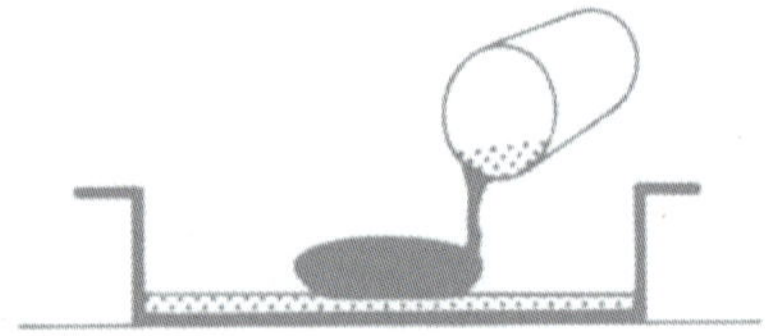

10. <u>Harzmischung einfärben:</u>
    Kleine Menge Harz-Abtönfarbe der Flasche entnehmen und in die Harzmischung einrühren.

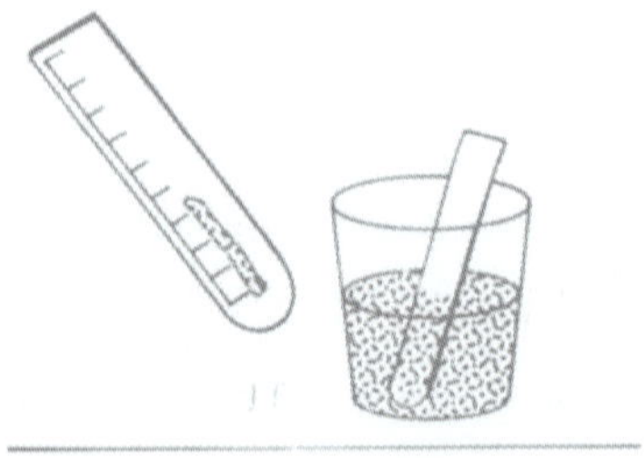

11. <u>Aufgiessen der Deckschicht:</u>
    Form so voll wie möglich mit Giessharz befüllen (bombiert). Das kann mit farblosem oder eingefärbtem Giessharz geschehen.

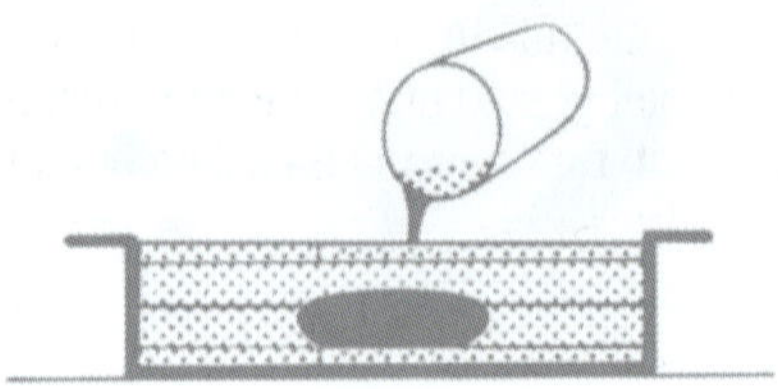

12. <u>Auflegen der Abdeckfolie:</u>
    Folie von einer Seite auf das Harz aufrollen. Darauf achten, dass keine Luftblasen im Harz verbleiben.

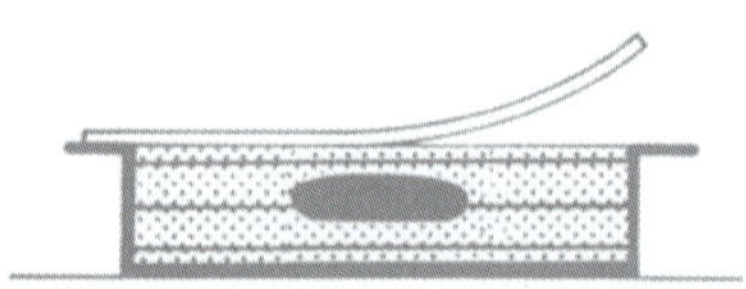

13. <u>Entformen:</u>
    Giessling 72 Stunden ungestört aushärten lassen. Beim folgenden Entformen werden Sie feststellen, dass er sich bereits stellenweise von der Form gelöst hat (geschrumpft ist). Durch Wegdrücken der Seitenränder der Form und Drücken gegen die Bodenplatte rutscht der Giessling immer weiter aus der Form und kann dann mit der Hand darausgezogen werden.

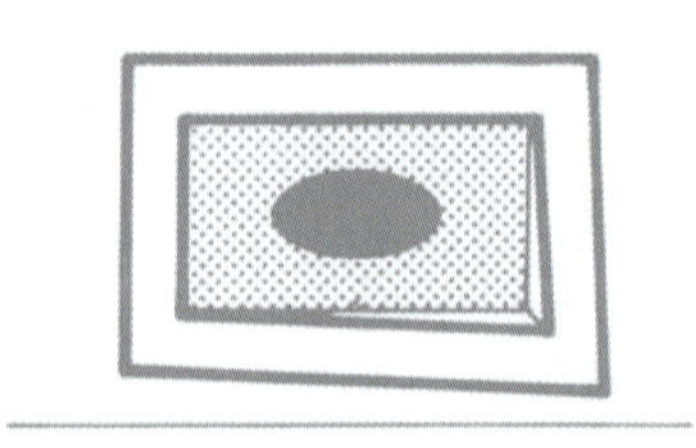

14. Giessling egalisieren/schleifen:
Giessling in kreisenden Bewegungen auf dem Schleifpapier bewegen, dabei etwas abschleifen und egalisieren. Dafür erst grobes, dann immer feineres, zum Schluss wasserfestes Feinschleifpapier verwenden. Schleifpapier zwischendurch vom Schleifstaub befreien.

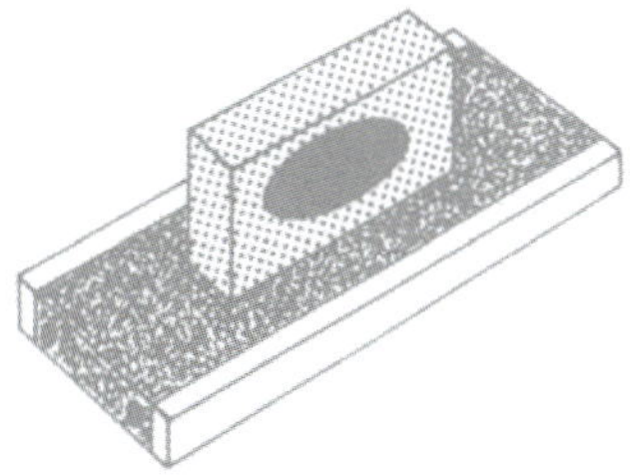

15. Giessling auf Hochglanz polieren:
Ein Wolltuch auf ein Brett heften, Poliercreme auftragen und den Giessling in kreisenden Bewegungen so lange darauf reiben, bis alle Schleifspuren beseitigt sind und er seinen Hochglanz zeigt. Den fertigen Giessling nochmals mit einem anderen sauberen, weichen Tuch oder einem Nylonstrumpf nachpolieren, dann ist der Giessharzblock fertig!

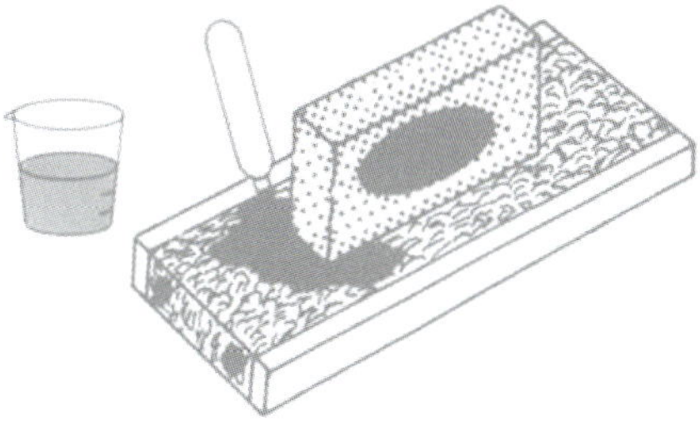

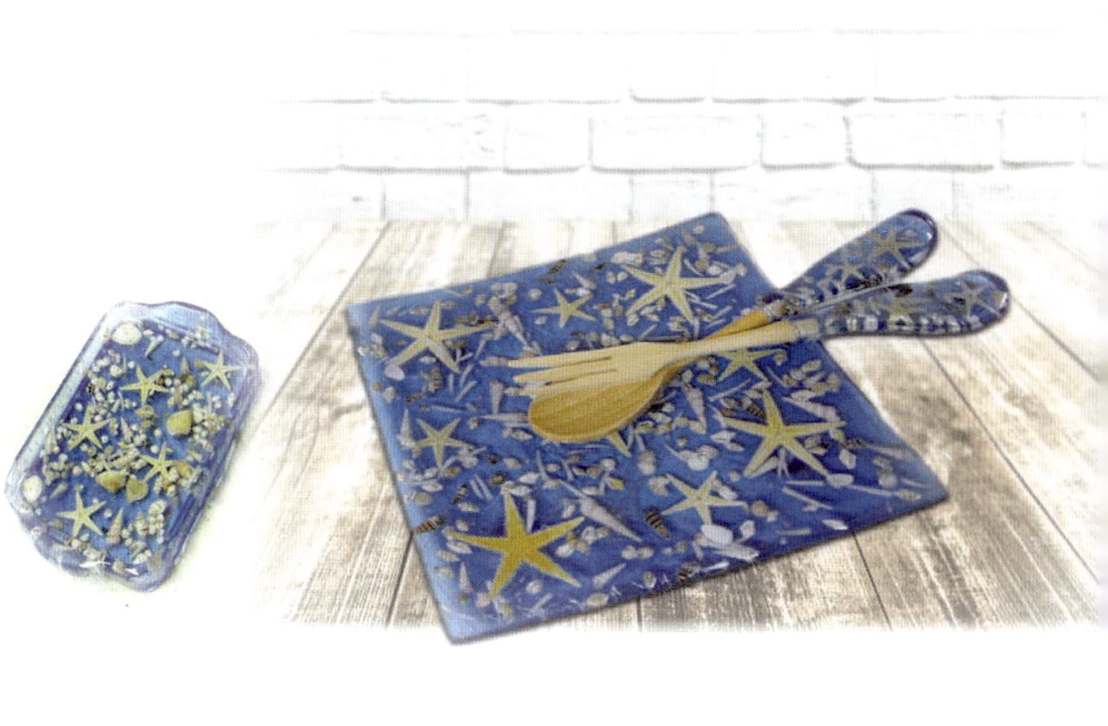

X. Glasklares Polyesterglas-Giessharz

Das ist der interessanteste Kunststoff, der auch in der häuslichen Heimwerkstatt vielfältig geformt und in jeder gewünschten Farbgebung verarbeitet werden kann. Verständlich deshalb, weil es keinen anderen Flüssigkunststoff gibt, der so viele unterschiedliche Gestaltungs- und Anwendungsmöglichkeiten bietet, wie dieses einzigartige, flüssige Kunstharz.

Polyesterglas-Giessharz ist dünnflüssig (mittelviskos) und kann individuell in Formen aus Kunststoff, Latex, Silicon sowie zahlreiche andere Behältnisse eingefüllt werden, u. a. auch in „verlorene Formen". Da es glasklar ist, bietet sich das Einfärben mit opaken, transparenten und metallischen Abtönfarben an, ausserdem mit pulverförmigen Metallpulver-Pigmenten sowie anderen Füllmaterialien wie kleinen Kugeln, Perlen, Steinen, Glasstücken, Holzstücken und Mosaiksteinen.

Aber dieser Kunststoff wird nicht nur zum Einbetten für Eingiessobjekte, z. B. Schrauben, elektronischen Bauteilen, Büroklammern, Leuchtdioden, Briefmarken, Fotos, Visitenkarten, Trockenblumen, Holz- oder Spielzeugfiguren verwendet. Aufgrund seiner hervorragenden Klebeeigenschaften eignet er sich auch für die Herstellung von Lampenschirmen, was in Verbindung mit Glasfasergewebe und -vlies, fantastische Leuchtkörper ermöglicht. Nach der gleichen Technik entstehen Collagen, Bucheinbände, Raumteiler etc.

Beim Miniatur-Landschaftsbau für Modell-Bahnanlagen wird es für Wassereffekte zum Imitieren von Flüssen und Seen verwendet. Die Schmuckindustrie gestaltet daraus wunderschöne Broschen und Anhänger oder „Fasssteine" für Fingerringe.

Ein weiterer wichtiger Anwendungsbereich ist das Giessen kristallklarer Schachfiguren, wobei diese in transparenter, glasartiger, alternativ auch in mattierter, gefrosteter Ausführung angefertigt werden können. Überhaupt gefällt das figürliche Gestalten vielen Anwendern, die daraus beispielsweise schwarze oder elfenbeinfarbige Dekorationsfiguren machen.

Eine andere moderne, deshalb gern angewandte Verarbeitungsmethode ist das Giessen aussergewöhnlich schön geformter Tütenskulpturen. Deren Formgebung so individuell und einzigartig ist, dass es nichts Vergleichbares gibt. Jedes fertige Stück ist ein nicht wiederholbares Unikat.

Die Möbelindustrie bedient sich der flüssigen Harze, um daraus glasartig aussehende Tischplatten zu giessen, in die getrocknete Blätter, alte Landkarten oder Schriftstücke eingebettet werden.

Damit ist die Zahl der Gestaltungstechniken verständlicherweise noch nicht vollständig aufgelistet, deshalb gibt es noch viel mehr Möglichkeiten, um aus diesem Kunststoff einzigartige Dekorationsmodelle oder praktische Gebrauchsgegenstände zu gestalten.

Lassen Sie sich daher durch die folgenden Beispielhinweise dazu inspirieren, die eine oder andere Bastelidee nachzumachen. Dabei sammeln Sie die notwendige Erfahrung, um aus diesem Werkstoff noch weitere, schön und interessant aussehende Dekorations- oder Gebrauchsgegenstände anzufertigen, auch solche, die bisher noch niemand kannte.

Bilder- und Spiegelrahmen

Gestalten Sie einen Bilderrahmen aus Giessharz. Dafür können Sie transparentes, also glasklares oder eingefärbtes Harz verwenden. Eine Bilderrahmenform bietet die Möglichkeit, die seitlichen Ränder zusätzlich mit kleinen Utensilien auszufüllen und einzugiessen. Z. B. schöne Erinnerungsstücke von einem gelungenen Urlaub, was auch das Motto des Bildes in diesem Rahmen sein könnte.

Nicht nur das Foto in dem Rahmen, sondern auch der so gestaltete Rahmen selbst ergänzt dieses kostbare Erinnerungsstück und macht daraus ein einzigartiges Souvenir.

Schick und modern sieht ein schlicht eingefärbter Bilderrahmen aus, der auch ohne eingegossene Objekte Wirkung verbreitet. Ein schwarz eingefärbter Rahmen grenzt das im Mittelpunkt gezeigte Foto oder die darin eingegossene Collage dekorativ ab, die so bewusst betont herausgestellt wird.

Die Herstellungsweise dieser Rahmen ist noch einfacher als das Gestalten eines Giesslings in einer Giessform.

Berücksichtigen Sie dabei zuerst das bekannte Vorbehandeln der Form mit dem Formen-Trennmittel. Danach vermischen

Sie eine kleine Menge Harz mit 4 % Härter, um damit eine dünne, nur 2 mm dicke Schicht in den Rahmen zu füllen. Die Harzmischung braucht für das Aushärten einige Stunden. Deshalb können Sie darauf auch gleich einige leichte Einbettungsobjekte auflegen, z. B. die erwähnten Blumen und Blüten. Schwere Objekte wie Steine und Muscheln könnten erst nach dem Gelieren dieser Grundschicht aufdekoriert und dann in die nächste Harzschicht mit eingegossen werden.

Achten Sie darauf, dass die Eingiessobjekte mit der Sichtseite nach unten in die Form gelegt werden. Das gilt auch für die rosafarbigen Blüten die den Rahmen geschmackvoll aufwerten.

Die Rahmenkonstruktion ist nach dem Aushärten der letzten Harzschicht fertig. Darauf wird dann die nächste Giessschicht, ebenfalls aus transparentem Harz, aufgegossen, und zwar so hoch, dass das Harz gleichzeitig die eigentliche Bildfläche im Rahmen mit einer dünnen Materialschicht überzieht.

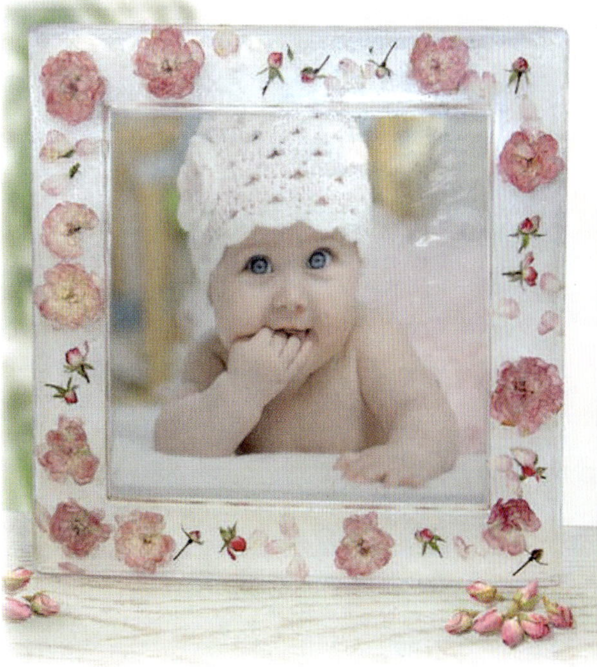

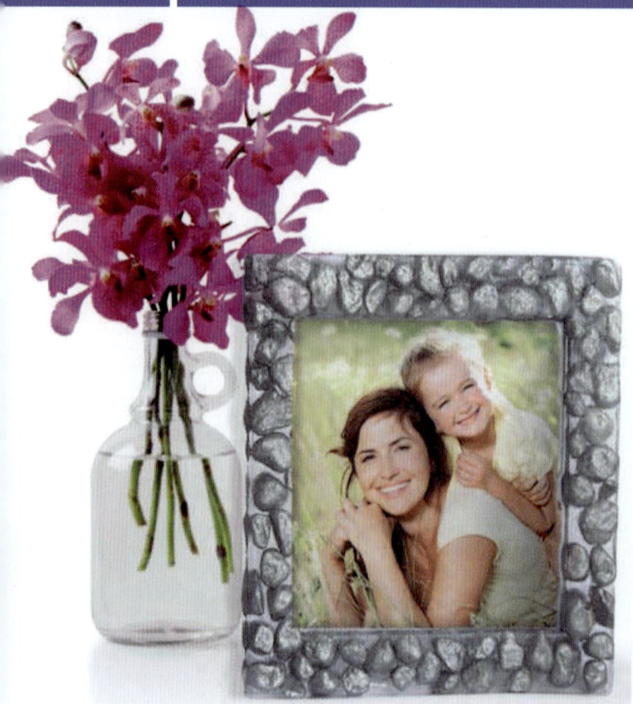

Für das Gestalten des Rahmens gibt es natürlich verschiedene Möglichkeiten: Sie können den Hintergrund mit weiss eingefärbtem Harz abdecken oder anstelle von Weiss ein zartes Rosa, alternativ auch ein Hellblau verwenden. Wählen Sie einfach die Farbe, die am besten zu dem dafür ausgewählten Bild und der damit verbreitenden Stimmung passt.

Da Sie den Bilderrahmen in dünnen Harzschichten aufbauen, sollten Sie für das Mischen der Grundschicht 2–3 % Härter verwenden. Für die Randharzmischung, mit der Sie gleichzeitig die Eingiessobjekte überdecken und die Grundschicht für den Bildmittelpunkt des Fotos herstellen, wird eine Härtermenge von 2 % verwendet. Und weil für die Schlussschicht auch nur eine dünne Harzschicht benötigt wird, reicht dafür ebenfalls ein 2 %iger Härterzusatz.

- <u>Bilderrahmen – modisch schick</u>

Ein besonders schicker, modern wirkender Bilderrahmen wird aus schwarz eingefärbtem Giessharz hergestellt. Vermischen Sie zuerst eine kleine Harzmenge mit schwarzer Harz-Abtönfarbe. Geben Sie danach den erforderlichen Härter hinzu. Da die Giessfläche des Rahmens nicht sehr hoch ist, reicht dafür eine Härtermenge von 2–3 % aus. Lassen Sie das Giessharz ungefähr fünf Minuten im Mischbecher vorreagieren. Füllen Sie dann das in der Zwischenzeit luftblasenfrei gewordene Material bis zum Innenrand in die vertiefte Rahmenfläche.

Nach dem Aushärten stellen Sie eine weitere, diesmal transparente Harzmischung her, die mit 2 % Härter vorbereitet wird. Befüllen Sie damit die eigentliche Bildfläche der Form, und zwar so, dass sie gleichmässig darauf verteilt wird, jedoch seitlich ca. 5–10 mm weit darüber hinaus in die Rahmenfläche hineinläuft.

Als nächstes rollen Sie das von Ihnen ausgewählte Foto auf der noch nicht ausgehärteten Harzfläche aus. Achten Sie darauf, dass zwischen Harz und Bild keine Luftblasen verbleiben. Sichern Sie das Geradeliegen des Fotos durch das Auflegen flacher Gegenstände, z. B. Metallscheiben, Muttern etc., damit es waagerecht liegen bleibt.

Nach dem Aushärten dieser Giessharzschicht wird nur die Bildfläche mit einer weiteren, diesmal weissen Harzschicht überdeckt. Das ist grundsätzlich zu empfehlen, wenn der Bilderrahmen zum Schluss mit schwarz eingefärbtem Giessharz ein gleichfarbiges, zu dem Rahmen passendes Schlussfinish erhalten soll.

Dadurch, dass das Giessharz das Foto etwas durchtränkt und es somit leicht transparentfarbig erscheint, würde eine dunkle Harzschicht das Bild farblich total verändern. Durch das Übergiessen des eigentlichen Bildbereichs mit der weiss eingefärbten Harzmischung bleibt die normale Bildwirkung voll erhalten.

Nach dem Aushärten der weissen Harzschicht (Härterzugabe 2,5 %), folgt das Aufgiessen der schwarzen Harzmischung, die ebenfalls mit 2,5 % Härter hergestellt wird.

In die letzte Harzschicht wird auch ein Bildaufhänger eingelegt. Dadurch verfügt der Rahmen auch über die übliche Bildaufhängung.

Wenn Sie wollen, können Sie die letzte Harzschicht ohne Abdeckfolie aushärten lassen. Dadurch entsteht eine leicht wellige Rückseite, die aber nicht stört. Nachteilig ist nur eine etwas längere Aushärtezeit, weil das Harz klebrig aushärtet. Wenn Sie das vermeiden wollen, legen Sie auf die letzte Harzschicht einfach eine beliebige Kunststofffolie. Die Rückfläche wird dadurch zwar nicht ganz so glatt wie bei der Abdeckfolie, härtet aber klebefrei aus.

Auch wenn bei dieser Bildherstellung keine Schleifarbeit anfällt, sollten Sie darauf achten, dass der Rahmen ohne scharfe Giesskanten angefertigt wird. Wenn nicht, müssen scharfkantige Seitenränder danach noch sorgfältig mit Schleifpapier nachgearbeitet (überschliffen) werden.

Reinigen Sie den fertigen Bilderrahmen zum Schluss mit Wasser. Dadurch werden auch Trennmittelrückstände, die evtl. noch darauf haften können, entfernt.

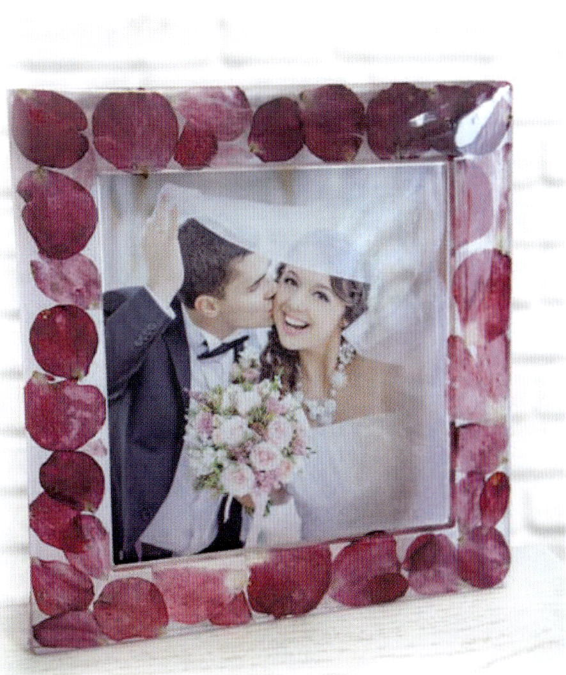

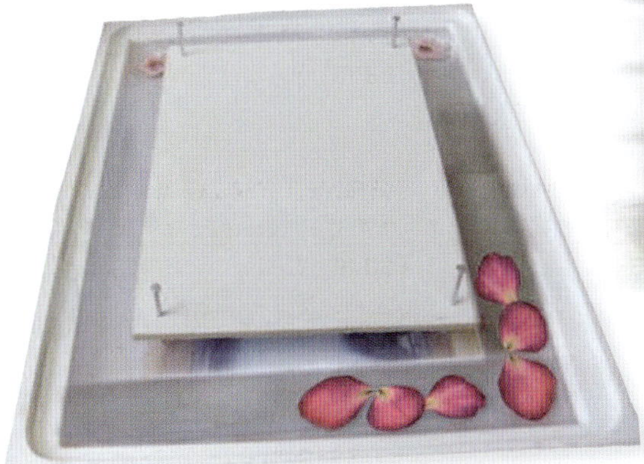

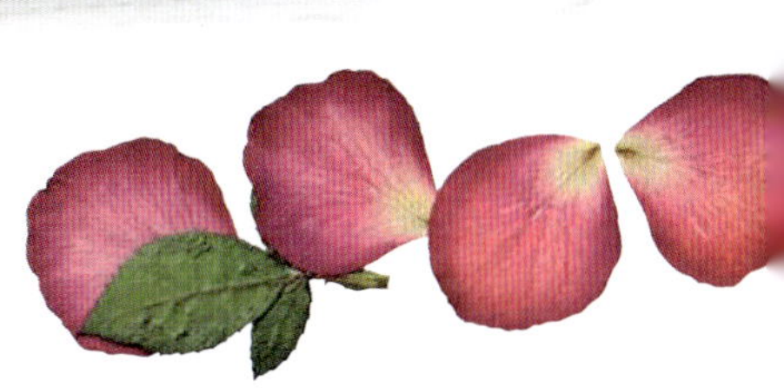

Giessen eines Blumenbildes

Eine weitere interessante Variante einer Giessharzgestaltung bietet sich dadurch an, ein schön arrangiertes Blumenbild selbst herzustellen. Die dafür erforderlichen Blumen und Gräser werden in einer Pflanzen- oder Blumenpresse gepresst und gleichzeitig getrocknet. Danach eignen sie sich vorzüglich für die Ausgestaltung dieses Bildes.

• Blumen in der Pflanzenpresse trocknen

Vielleicht erinnert Sie das Sammeln von Pflanzen noch an die vergangene Schulzeit. Früher wurden Blumen, Blätter, Farnkräuter und Gräser zwischen die Seiten eines dicken Buches gelegt und durch das Beschweren mit zusätzlichen Büchern gepresst. Diese Art der Pflanzentrocknung war zwar nicht ganz perfekt, aber auf diese Weise trotzdem erfolgreich. Die grünen Blätter verfärbten sich gelblich, ein Teil der Blütenfarbe ging verloren. Zartrosafarbene Blüten sahen hinterher weiss aus. Damals kannte man keine Alternative zu dieser Trocknungstechnik und war deshalb mit den erzielten Ergebnissen zufrieden...

Praktiziert wurde das Pflanzensammeln von angehenden Pharmazeutikern, Drogisten, Apothekern und Ärzten, die das im Rahmen ihrer beruflichen Ausbildung machen mussten.

Dafür werden die gepflückten Pflanzen sorgfältig getrocknet und nach erprobten und bewährten Regeln in ein Pflanzensammelbuch (Herbarium) eingeklebt. Ergänzt mit speziellen Daten zu der Herkunft, Bodenart und Beschaffenheit, Nennung der Pflanzen aus dem unmittelbaren Lebensumfeld etc.

Eine Pflichtdisziplin, schliesslich wurden nicht nur damals, sondern auch heute noch viele Arzneimittel aus heimischen Pflanzen gewonnen und hergestellt.

In den letzten Jahren hat sich das Pflanzensammeln in vielen Schulen wieder zu einem interessanten Thema im Biologieunterricht entwickelt. Nicht nur als Teil des Lehrplans, auch deshalb, weil dieses Sammeln wieder eine bewusste, deshalb auch wichtige Verbundenheit mit der Natur vermittelt.

Heute werden Pflanzen in der erwähnten Pflanzen- oder Blumenpresse gepresst und gleichzeitig so getrocknet, dass sie 6–8 Tage später wieder daraus entnommen werden können. Anschliessend folgt das Einkleben in ein Herbarium oder das Eingiessen in Giessharz.

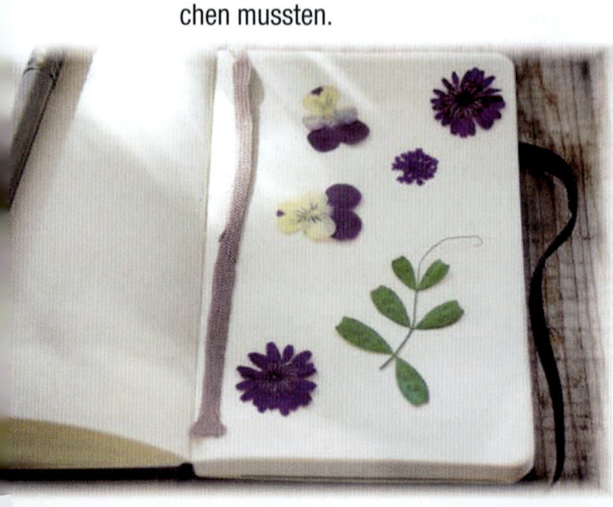

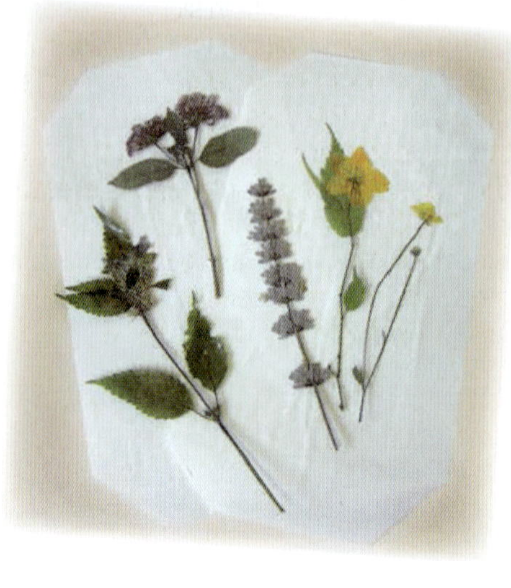

Zum Pressen eignen sich Gräser, kleine Feldblumen wie Hahnenfuss, Klee, Zier- und Wildgräser. Eigentlich können Sie alle Blüten pressen, wenn diese nicht zu dick sind. Geeignet sind dafür beispielsweise Margeriten, Kapuzinerkresse, Mohn, Mittagsblumen und Astern, Vergissmeinnicht, Stiefmütterchen, Geissbart und Azaleen. Darüber hinaus ist es auch möglich Blätter, auch die von Sträuchern und Bäumen, zu trocknen und glatt zu pressen.

Nicht zum Pressen geeignet sind Nelken, Rosen, Tulpen, Gladiolen und Lilien, weil deren Blüten zu gross, dick oder buschig sind, deshalb nach dieser Prozedur nicht mehr schön aussehen.

Trotzdem müssen Sie auf diese Blumen beim Trocknen und Eingiessen nicht verzichten. Sie können sie im Präparier-Salz trocknen. Das Besondere daran ist, dass die Blüten bei dieser Trocknungsmethode nicht gepresst werden, dafür in ihrer natürlichen Form- und Farbgebung erhalten bleiben und so auch in das Giessharz eingegossen werden können.

Pflücken Sie die Pflanzen am frühen Morgen. Am besten dann, wenn der Nachttau durch die ersten Sonnenstrahlen verdunstet ist und die Blüten sich voll geöffnet haben. Dafür ist allerdings der Ausdruck „pflücken" nicht mehr zeitgemäss. Schneiden Sie die Pflanzen mit einem Messer oder einer Schere ab. Dadurch verhindern Sie, dass sie beschädigt werden. Bewahren Sie diese natürlichen Kostbarkeiten in einem grossen Korb auf oder halten Sie sie, wenn Sie nur wenige brauchen, solange fest in der Hand, bis Sie wieder zu Hause sind.

Die Pflanzen werden zum Pressen und Trocknen auf das Saugpapier in der Pflanzenpresse gelegt. „Saugpapier" (auch Gel-Papier genannt) ist ein hygroskopisch* wirkendes Spezialpapier, vergleichbar mit Löschpapier.

Achten Sie darauf, dass jede Pflanze für sich auf ein Gel-Blatt gelegt wird und alle Blütenteile frei liegen, also nicht von Blättern oder anderen Pflanzenteilen überdeckt werden.

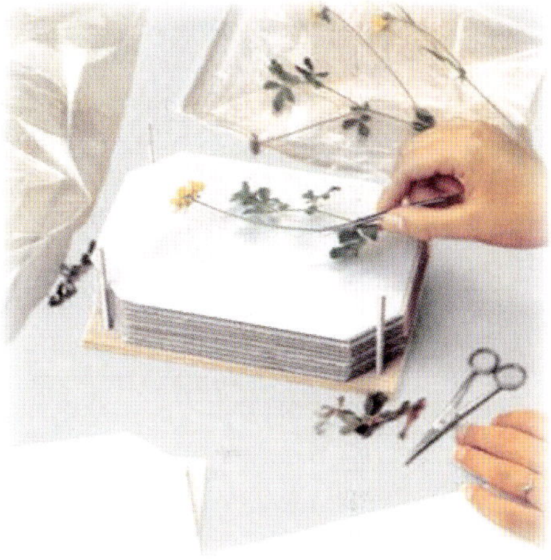

** hygroskop (von griech.: hygrós = feucht, nass), bezeichnet in der Chemie und Physik die Eigenschaft, Feuchtigkeit (meist in Form von Wasserdampf) von einem Gegenstand oder aus der Umgebung aufzunehmen und zu binden. Die aufzunehmenden Stoffe – in diesem Fall das Gel-Papier – binden das Wasser in den kleinen Kanälen des zellularen Papiergewebes und geben es sukzessive an die vorbeiströmende trockene Luft ab. Damit werden die darüber gezogenen Papierbahnen so stabilisiert, dass sie beim Zusammendrücken (Pressen) flacher werden und beim Nachlassen des Pressdrucks, beispielsweise beim Herausnehmen aus der Pflanzenpresse, sofort wieder in ihre ursprüngliche Form zurückfedern. Durch diese Elastizität bleiben auch beim Zusammendrücken kleine Luftschlitze in der Presse, durch die die Luft während des Trocknungsvorgangs zirkulieren kann.*

Legen Sie die Pflanze mit der geöffneten Blütenseite auf das Gel-Papier und überdecken Sie sie mit einem weiteren Blatt Saugpapier. Drücken Sie mit den Fingern auf die Stelle, an der sich die Blüte befindet, damit diese vorsichtig gepresst wird. Heben Sie das Gel-Papier danach wieder von der Pflanze ab, um zu überprüfen, ob sich die Blütenblätter durch das Aufdrücken sternförmig zu einem Kreis ausrichten liessen. Achten Sie auf umgeknickte Blätter, die Sie zurückbiegen und glätten. Korrigieren Sie die Lage der Pflanze, damit diese natürlich aussieht und so getrocknet werden kann.

Dabei müssen Sie sorgfältig arbeiten, weil Sie die Pflanze nach dem Trocknen nicht mehr verändern können. Vermeiden Sie auch das Überlagern von Pflanzenteilen. Das ist nicht immer einfach, da Stängel und Blätter oft dicht zusammenhängen. Deshalb sollten Sie auch überlegen, ob nicht das eine oder andere Blatt entfernt werden kann, um dadurch mehr Optik von der Blüte zu erhalten.

Rollen Sie das Gel-Papier danach erneut über die Pflanze und legen Sie es so darauf, dass die Blüte dabei in die gewünschte Position gerückt wird, wie Sie sie hinterher als „Eingiessobjekt“ verwenden wollen. Legen Sie über das Gel-Papier einen Bogen Air-Wellpappe. Darüber wieder einen Bogen Gel-Papier, dann die nächste Blume und darauf wieder einen Bogen Gel-Papier. Anschliessend folgt als Zwischenpolster ein weiterer Bogen Air-Wellpappe.

Air-Wellpappe erfüllt eine Doppelfunktion. Einerseits ist sie ein Druckpolster, damit die Pflanzen nicht zerquetscht, sondern „nur“ gepresst werden. Durch das Zusammenpressen der Pflanzen wird die darin enthaltene Feuchtigkeit herausgedrückt und von dem saugfähigen Gel-Papier aufgenommen. Danach ist es wichtig, dass die Feuchtigkeit nicht in der Presse bleibt, weil die Pflanzen sonst schimmeln oder faulen, ausserdem einen Teil ihrer Farbe verlieren würden. Deshalb sind die im seitlichen Rand in der Wellpappe sichtbaren, kleinen Luftröhren wichtig, durch die die Luft hindurchzirkulieren kann. Der Luftstrom vermischt sich mit der in der Presse enthaltenen Feuchtigkeit und führt diese nach aussen.

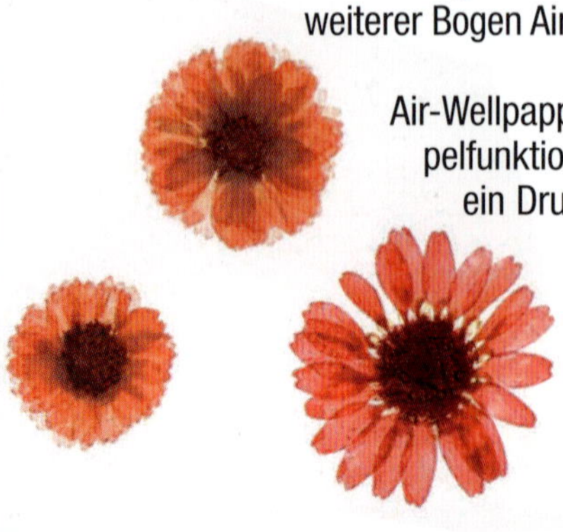

Zusammengefasst hat die Pflanzenpresse folgende Funktion: die Pflanzen werden darin so zusammengedrückt, dass die darin enthaltene Feuchtigkeit ausfliesst, vom Gel-Papier aufgesogen und durch die durch die Air- Wellpappe durchströmende Luft nach aussen gebracht wird. Zurück bleiben die gepressten Pflanzen, die durch den ständig steigenden Pressdruck immer mehr Feuchtigkeit abgeben und nicht nur dünner, sondern auch trockener werden. Die schnelle Trocknungsmethode bewirkt zusätzlich ein Schonen der empfindlichen Pflanzenfarbstoffe. Deshalb behalten die in der Pflanzenpresse getrockneten Blumen grösstenteils auch ihre natürliche Farbgebung.

Air-Wellpappe ist eine speziell für diese Technik entwickelte Wellpappe, in deren Mitte eine besondere elastische, wellenförmige Papiereinlage eingeklebt ist.

Beim Pressen und Trocknen der Pflanzen gilt eine wichtige Regel: je schneller die

Feuchtigkeit aus den Pflanzen herausgepresst wird, desto farbenfroher und natürlicher wirken sie hinterher. Deshalb ist die Trocknungsmethode mit der Pflanzenpresse ideal.

Die in der Pflanzenpresse eingeordneten Gel-Blätter, mit den dazwischen liegenden Pflanzen und den daraufgelegten Air-Wellpappen werden zwischen zwei stabile Holzbretter eingepasst und mit Hilfe von vier Arretierungsschrauben zu dieser speziellen Presse zusammengeschraubt. Es genügt, wenn Sie die Schrauben anfangs nur so weit anziehen, dass sie die Presse damit fest zusammenhalten.

Allein durch diesen Pressvorgang wird so viel Druck auf die eingelegten Pflanzen ausgeübt, dass die darin enthaltene Feuchtigkeit heraussickert. Deshalb kann der Pressdruck bereits kurze Zeit später gesteigert werden, um das Platzvolumen, das durch die ausgetretene Feuchtigkeit frei geworden ist, wieder auszugleichen. Das „Nachziehen" geschieht durch das Zuschrauben der kleinen Flügelmuttern, was Sie mehrmals wiederholen müssen, um den Pressdruck konstant zu erhöhen.

Da die Pressung je nach Füllmenge und Dicke der Pflanzen unterschiedlich gross sein kann, müssen Sie diese überprüfen. Halten Sie die Pflanzenpresse waagerecht und versuchen Sie, durch die Presseinlage hindurchzusehen. Wenn Ihnen das gelingt und Sie darin kleine Lichtfugen sehen, ist der Anpressdruck richtig. Sollte das nicht der Fall sein, müssen Sie den Pressdruck etwas reduzieren. Dadurch erreichen Sie, dass die Luftkanäle in der Presse wieder ihre Funktion erfüllen und das Ergebnis dieser Arbeit farbschöne, natürlich aussehende, getrocknete Pflanzen ergibt.

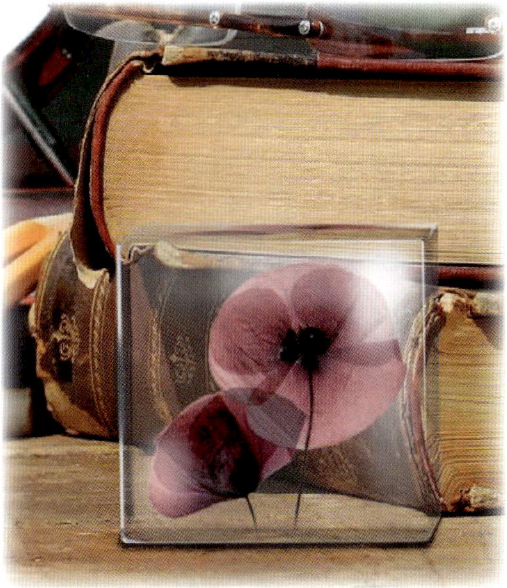

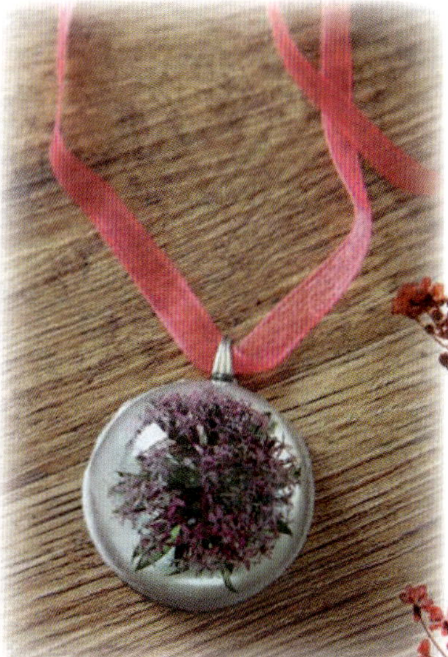

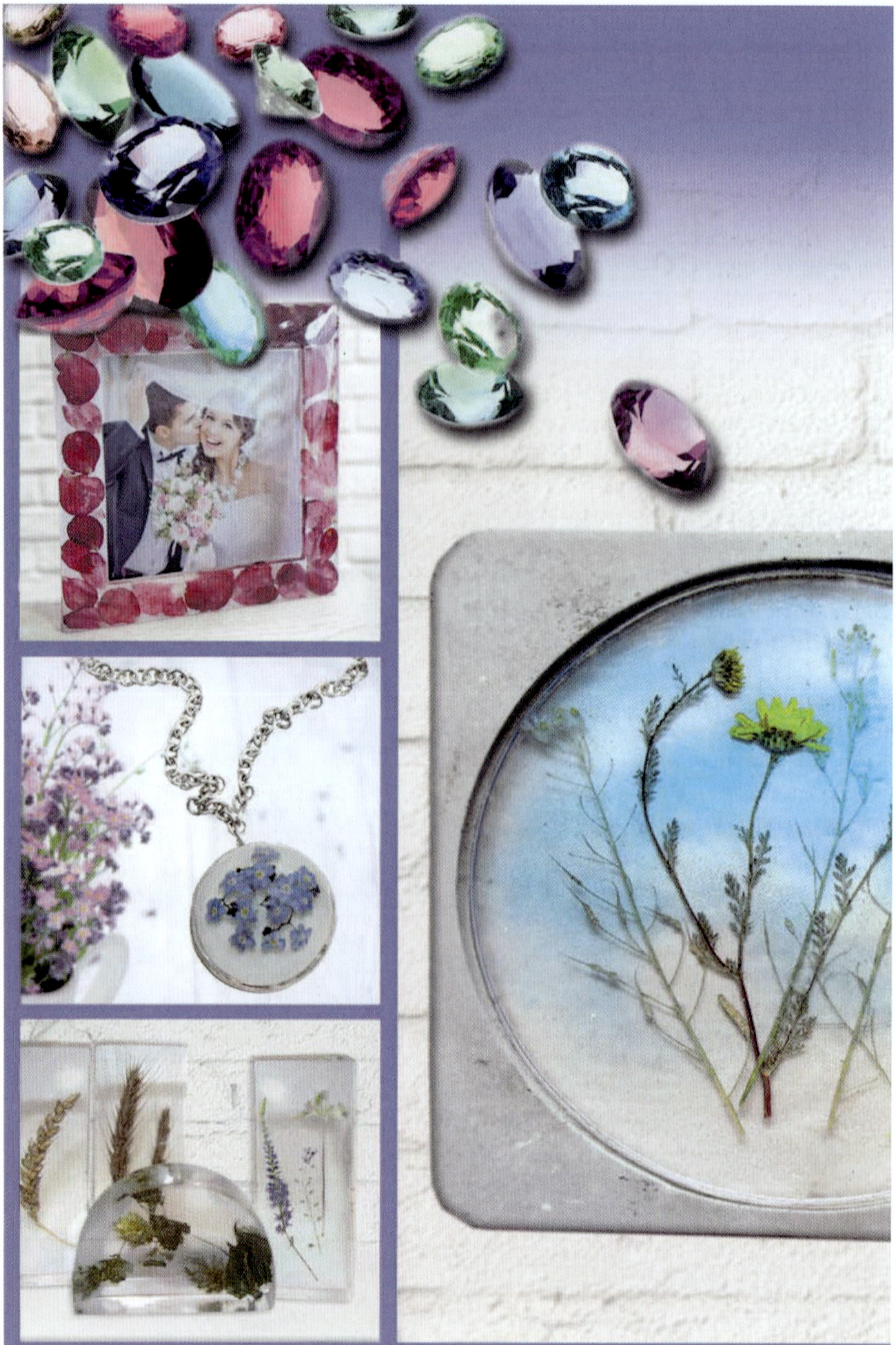

Legen Sie die Presse waagerecht hin, damit die Luft gut hindurchzirkulieren kann. Sie können sie auch senkrecht auf einen warmen Heizkörper stellen, damit die aufsteigende Luft die in der Presse befindliche feuchte Luft nach oben abführt.

Zum Herausnehmen der getrockneten Pflanzen verwenden Sie eine Pinzette mit breiter Griffplatte (Spitze), mit der Sie die flachgepressten Objekte vorsichtig von dem Gel-Papier abziehen. Arbeiten Sie behutsam und mit viel Sorgfalt. Durch das Pressen verklebt die aus der Pflanze ausgetretene Feuchtigkeit mit dem Gel-Papier, weshalb diese Arbeit professionell gemacht werden muss.

Mit dieser Methode ist es möglich, Pflanzen zu sammeln und über Wochen aufzubewahren, bis Sie genügend Eingiessmaterial für das Zusammenstellen eines herrlichen Blumenbildes haben.

Bevor Sie die Pflanzen in das Harz einbetten, sollten Sie diese vor dem im Giessharz enthaltenen, aggressiven Styrol schützen. Das geschieht durch das gleichmässig dünne Einsprühen mit Pflanzenimprägnier-/Präparier-Spray.

Halten Sie die Pflanzen während des Einsprühens mit der Pinzette über eine Zeitungsunterlage und achten Sie darauf, dass der mikrofeine Spraylack alle Flächen der Pflanze gleichmässig bedeckt. Dazu muss die Spraydose in einem Abstand von etwa 20–30 cm von der Pflanze entfernt gehalten werden, damit der Sprühlack die empfindlichen Blüten nicht beschädigt.

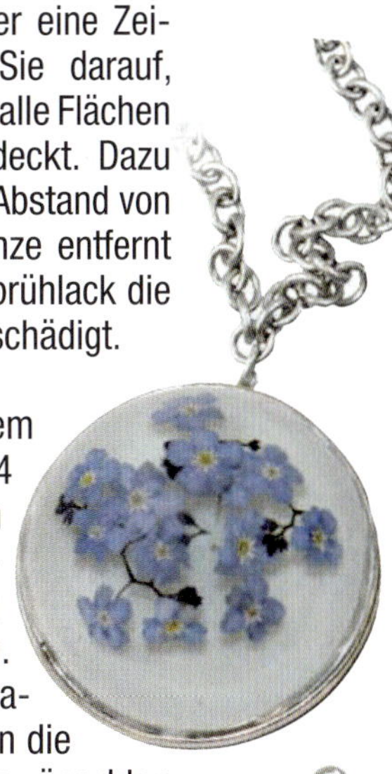

Wenn Sie die Pflanze nach dem Einsprühen zusätzlich noch 3–4 Sekunden in der Hand halten und erst dann auf das Zeitungspapier legen, verhindern Sie ein mögliches Ankleben. Damit ist die Pflanzenpräparation abgeschlossen. Sie können die Blüten und Gräser zu dem gewünschten Blumenbild auf einem separaten Blatt Papier arrangieren und anschliessend in das Harz eingiessen.

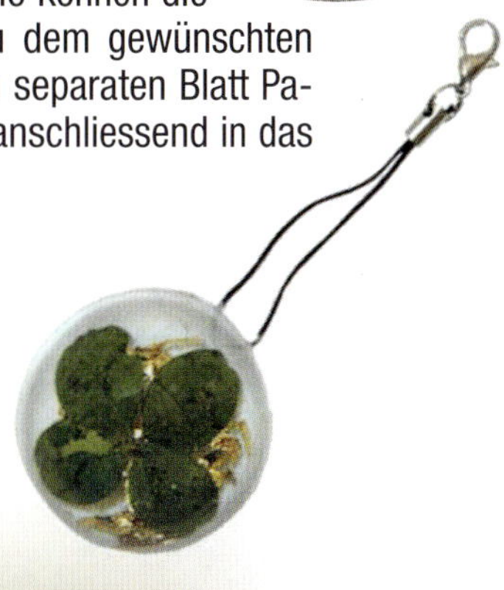

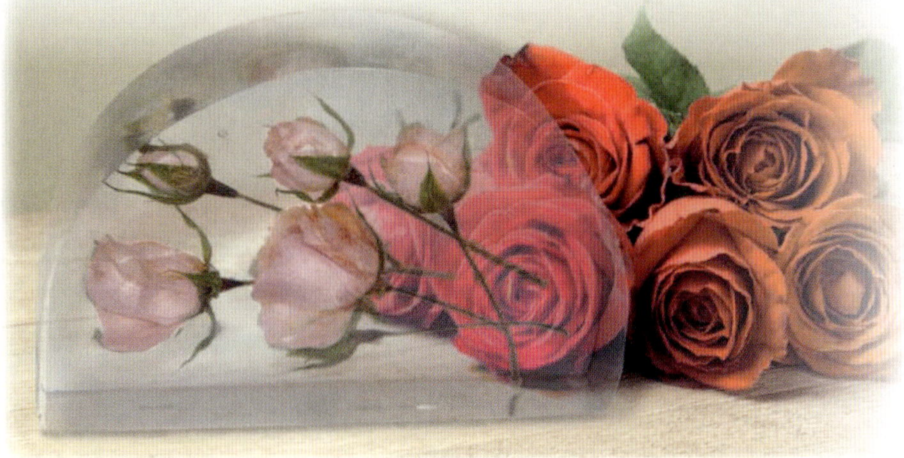

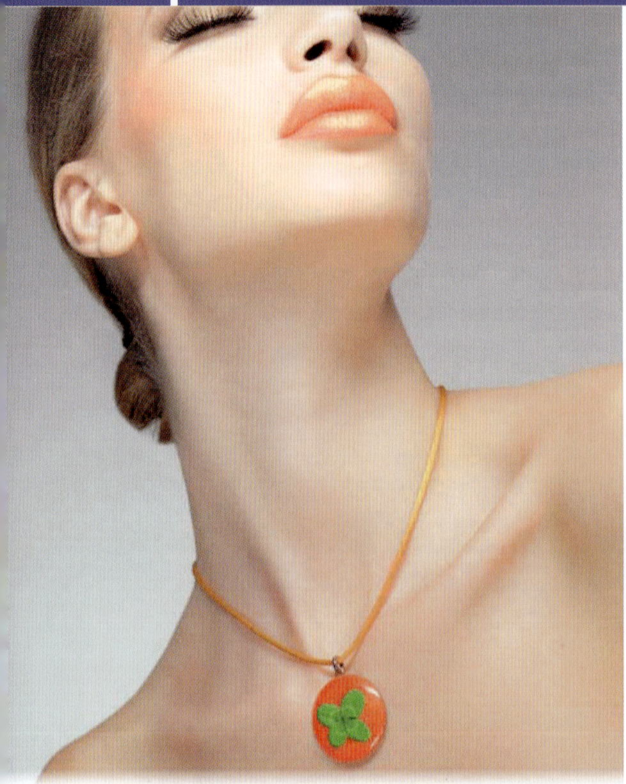

• Blumenbilder aus getrockneten Pflanzen

Dafür benötigen Sie eine flache Form, die Sie am besten aus den schmalen Kunststoffstreifen des Formen-Sets zusammenbauen. Stellen Sie die Kunststoffstreifen auf den Formboden, verkleben Sie diese wie bereits beschrieben mit Formleim (Weissleim) und stützen sie seitlich mit kleinen Holzleisten. Wählen Sie dafür ein schönes Bildformat, z. B. 140 x 180 mm.

Streichen Sie die Form von innen dünn mit dem Formen-Trennmittel ein. Vermischen Sie das Harz mit dem Härter für die Grundschicht, die 4 mm dick sein darf. Dafür benötigen Sie eine Giessharzmenge von 111 g (Materialberechnung: 140 x 180 x 4 = 100,8 ml x Harzgewicht (g) 1,1 = 111 g). Damit die Aushärtung der 1. Schicht nicht zu lange dauert, können Sie die dafür benötige Härtermenge etwas höher dosieren, z. B. mit 2,5–3 %, was einem Härterbedarf von 3–4,5 g entspricht.

Lassen Sie die Giessharzmischung ungefähr fünf Minuten in dem Mischbecher vorreagieren, damit Luftblasen daraus entweichen können. In der Zwischenzeit ist auch das Trennmittel in der Form getrocknet, sodass das Giessharz in die Form eingefüllt werden kann.

Während des Aushärtens der Grundschicht arrangieren Sie die Gräser und Pflanzen für das Blumenbild. Verwenden Sie dafür ein Blatt Papier, auf dem Sie die Umrisslinien des Bildformats markieren. Legen Sie die von Ihnen ausgewählten Pflanzen darauf.

Beginnen Sie mit den Pflanzen für die Bildmitte. Verwenden Sie dafür eine der schönsten bzw. grössten Blumen, reihen Sie die anderen dazu seitlich – rechts und links – daran.

Die Bildgestaltung auf dem Papier bietet den Vorteil, dass Sie die Pflanzen so anordnen können, wie Sie sich die Gestaltung vorgestellt haben. Achten Sie darauf, dass ein solches Bild nicht zu voll gepackt wird.

Fassen Sie die Blumen nicht mit den Fingern an. Damit sie nicht beschädigt werden, verwenden Sie dafür eine Pinzette. Damit können Sie die Pflanzen auch leichter hin- und herbewegen.

Am besten eignet sich dafür eine Pinzette mit abgeflachter Griffplatte. Schon nach wenigen Minuten werden Sie feststellen, dass es gar nicht so schwer ist, die unterschiedlichen Blumen und Gräser so zu ordnen, dass daraus ein dekoratives Bild entsteht.

Wenn Sie mit Ihrer Bildvorbereitung und -gestaltung fertig sind, legen Sie die Pflanzen mit der schönen, nach unten zeigenden Seite auf das noch flüssige, nicht ausgehärtete Giessharz.

Zum Schluss können Sie das Bild noch durch das Auflegen kleiner Steine bereichern. Dabei ist aber zu beachten, dass das erst nach dem Gelieren der Grundschicht gemacht werden darf, weil die Steine sonst in der flüssigen Harzmischung „absacken".

Für das Aufgiessen der zweiten Schicht reduzieren Sie die Giessharzmenge. Das Harz soll die Pflanzen komplett überdecken, wofür eine Schichtdicke von 2–3 mm ausreicht. Dafür benötigen Sie ungefähr 85 g Giessharz, das mit 2,5 % Härter = ca. 2 g, vermischt wird.

Die bisherige Harzmenge reicht fast schon aus, um daraus ein schönes Fensterbild zu giessen. Nach dem Aushärten der zweiten Schicht würde nur noch eine weitere – entweder glasklar transparente oder leicht transparentfarbig eingefärbte – folgen, die eine Dicke von 2 mm hat.

Damit das Bild eine glatte Rückfläche bekommt, wird die letzte Giessharzschicht mit einer Abdeckfolie überdeckt. Alternativ könnten Sie diese Harzschicht auch mit einer zerknitterten Folie belegen, was die Durchsicht (Transparenz) vermindert, dafür eine sehr interessante Effekt- und Bildgestaltung ermöglicht. Dazu müssen Sie die Folie genau auf das Formformat zuschneiden und mehrmals kräftig „zusammenknautschen" (faltig machen).

Legen Sie die Folie in die Form und drücken bzw. reiben Sie sie mit einem Pinsel auf die flüssige Harzmischung an. Achten Sie darauf, dass sie die Fläche vollständig bedeckt. Dadurch erhalten Sie einen dekorativ gestalteten Bildhintergrund, der einmalig ist.

Diese Technik bietet noch einen weiteren Vorteil: Sie erhalten nicht nur eine faszinierende Struktur, die am Fenster für wunderbare Lichtreflexe sorgt. Die Bildfläche ist auch vollkommen luftblasen- und klebefrei!

Zum Schluss wird das fertige Blumenbild in den oberen Seitenecken jeweils rechts und links mit einer 3 mm grossen Bohrung versehen. Daran befestigen Sie zwei passende Aufhängeösen, an die Sie eine Zierkette anbringen. Damit können Sie es im Fenster aufhängen.

Aus Giessharz lassen sich auch praktische Gebrauchsgegenstände herstellen, in die Sie ebenfalls getrocknete Pflanzen einbetten können, z. B. Kerzenständer, Türgriffe, Haustürschilder zusätzlich mit eingraviertem Namen, Untersetzer, dekorative Schalen, Deckel für Glasbehälter, Tabletts.

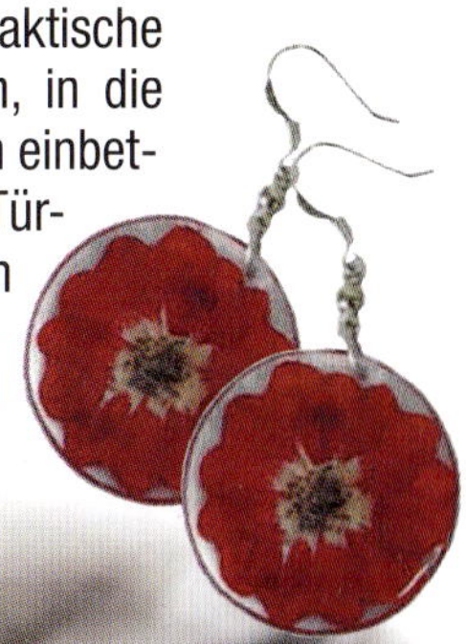

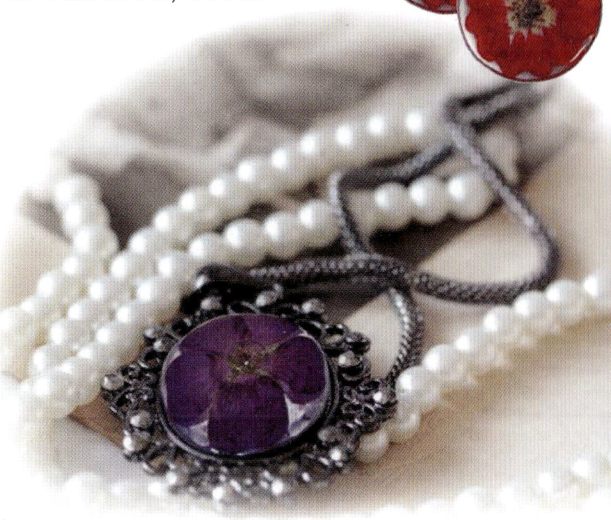

Experimente

Die Form, in diesem Fall eine aus Kunststoff, die vor dem Gebrauch mit dem Trennmittel sorgfältig ausgeschwenkt wurde, wird bis zum oberen Rand vollständig mit der Giessharz-Mischung (Harz mit 0,8 % Härter) befüllt. Oben auf das Rohr wird der Deckel aufgesetzt und der Rand mit Klebeband fest verklebt (umwickelt). Das gleiche geschieht auch mit dem Deckel der Unterseite.

Danach wird das Rohr auf den Arbeitstisch gestellt und durch einen dünnen, entsprechend langen Schlauch Luft in das zuvor in den Deckel angebrachte Loch in die Giessharzmischung eingepresst. Damit das funktioniert, wird zusätzlich noch ein zweites Loch in den Deckel gebohrt, durch das die Giessharzmenge, die durch das Einpressen der Luft in das Rohr überflüssig geworden ist, daraus auslaufen kann.

Schieben Sie den Schlauch soweit wie möglich in das Rohr und bringen Sie die Luft langsam in die Giessharzmischung ein.

Entfernen Sie danach den Schlauch. Als nächstes folgt das Abdichten der Löcher in dem Deckel mit Klebeband. Anschliessend wird das Formrohr mehrmals kräftig geschüttelt und verdreht, damit sich die Luftblasen überall in dem Giessharz verteilen.

Lassen Sie das Rohr einige Minuten so stehen. Wiederholen Sie diesen Vorgang danach erneut. Dadurch erreichen Sie, dass sich die Luftblasen auch während der Polymerisationsphase (Aushärtung) ungleichmässig in dem Harz verteilen.

<u>Wichtig:</u> dieser Vorgang muss mehrmals wiederholt werden, damit die Blasen auch zu dem Zeitpunkt, da das Harz geliert, in dem gesamten Giessharzblock verteilt sind.

Lassen Sie den Giessling einige Tage in dem Rohr. Das erhärtete Harz schrumpft während dieser Zeit, weshalb sich das fertige Giessharzteil dann nach dem Entfernen der Deckel einfach aus dem Rohr herausziehen lässt.

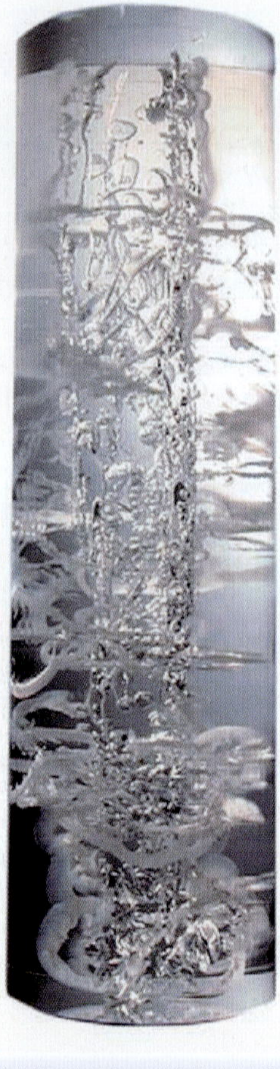

** bombiert = etwas erhöht aufgiessen, nicht überlaufen lassen.*

• Tütenskulpturen

Raffiniert sehen Giessharzteile aus, die in schmalen Polyethylentüten gegossen werden. Wichtig ist, dass Sie bei diesen Plastikbehältern vorher darauf achten, dass sie stabil sind. Das in die Tüten gefüllte Harz hat ein gutes Gewicht, was dazu beitragen kann, dass eine solche „Form" an irgendeiner Stelle aufplatzt und die darin eingefüllte Harzmenge sich auf den Arbeitstisch ergiesst. Deshalb ist es sicherer, zwei dieser Tüten ineinander zu schieben und erst dann zu befüllen.

Wichtig: Schwenken Sie die Tüten (Handschuhe, Luftballons etc.) vorher mit dem Trennmittel aus. Durch das Schräg- und wieder Geradehalten sorgen Sie dafür dass die Innenfläche der Tüte vollständig damit benetzt wird. Damit das leicht gemacht werden kann, wird die Tüte aufgeblasen. Übriggebliebenes Trennmittel muss danach aus der Tüte auslaufen und diese dann vollständig trocknen.

Das in die Tüten eingefüllte Harz wird von aussen durch beliebiges Zusammendrücken, auch durch das Umlegen von Gummibändern und Klebestreifen so verformt, dass daraus eine bizarre Skulptur entsteht. Nach dem Aushärten des Harzes lässt sich diese „verlorene Form" von dem fertigen Modell leicht ablösen.

Anstelle der Tüten können auch Gummihandschuhe verwendet werden. Interessant sieht dieser Handschuh aus, wenn die Finger nach dem Befüllen noch unterschiedlich gebogen werden. Das trägt dazu bei, dass aus dieser Idee ein einzigartiges Kunstwerk wird.

Dazu gehört auch das Ausgiessen von Luftballons, die ebenfalls zweilagig verwendet werden und durch das Zusammendrücken und Umwickeln mit Klebebändern für eine bizarre Formgebung sorgen. Dadurch entstehen fantastische Gebilde, die durch ihr aussergewöhnliches Aussehen Einzigartigkeit erlangen.

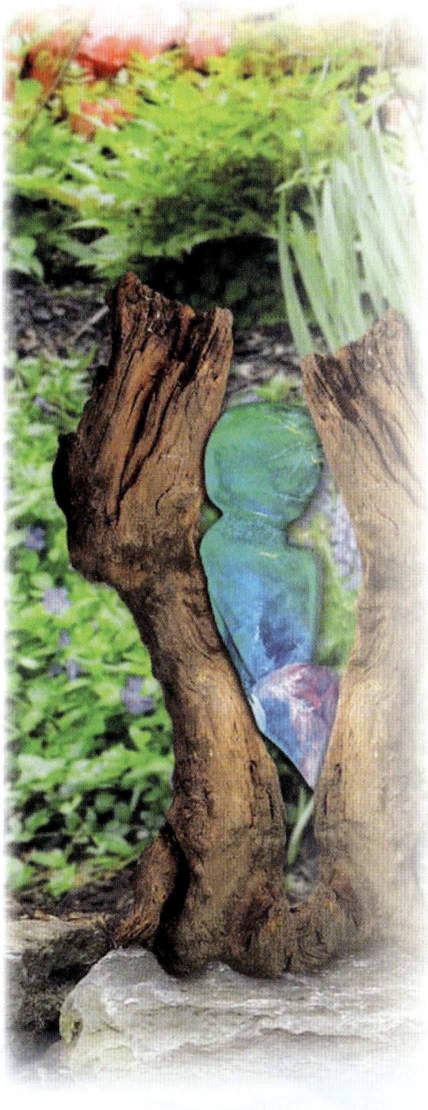

... entstanden ist eine bizarre, glasartig aussehende Skulptur.

Giessen in Siliconformen

Schicke Dekorationsstücke sind meistens 3-dimensional geformt und lassen sich deshalb nur in 2-teiligen Siliconformen herstellen. Das bedeutet, dass Sie vorab entweder ein fertiges Modell für die Abformung besitzen oder dieses selbst anfertigen, z. B. durch das Modellieren mit Ton oder einer lufthärtenden Modelliermasse.

Von diesem Original stellen Sie eine Siliconform her. Das ist nicht so einfach, kann aber schnell erlernt werden. Ausführliche Hinweise zum Verarbeiten von Silicon und dem Anfertigen einer Form entnehmen Sie dem Anleitungsbuch „Formen selbst gemacht" (Verlag Creartec).

Die Bildserie in diesem Buch baut auf einer bereits fertigen Glasschale auf, von der eine zweiteilige Form angefertigt wird.

Dafür wird ein entsprechend grosser Formgiesskasten gebaut, mit Modelliermasse befüllt und die vorhandene Schale fest darin einmodelliert. Wichtig ist, dass die Oberfläche der Modelliermasse glatt und gleichmässig verläuft, die Schale darin fest integriert ist. Zusätzlich werden an den Ecken der Modelliermasseneinlage kleine, ca. 8 – 10 mm grosse und 6 mm tiefe Löcher mit einem Holzstab oder Pinselstiel eingedrückt.

Danach wird die Gesamtfläche, also Schale und Modelliermasse, mit Silicon übergossen. Einige Stunden später ist das Silicon ausgehärtet, die gewünschte Form kann von dem Modell abgenommen und aus dem Formgiesskasten entnommen werden.

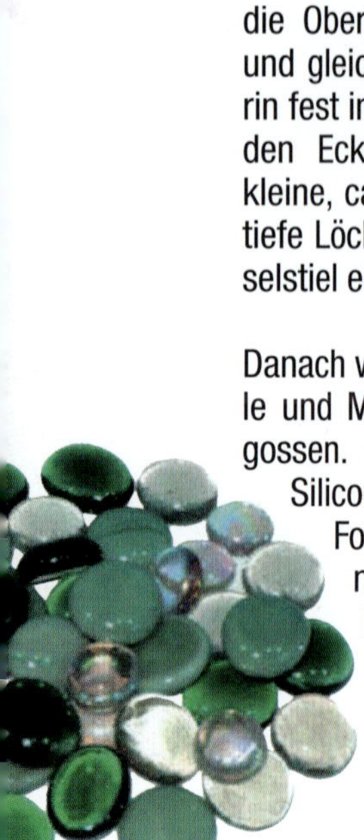

Als nächstes wird der Giesskasten auseinandergebaut und die darin enthaltene Modelliermasse entfernt. Dafür wird die fertige Siliconformhälfte in den Formgiesskasten eingelegt, und zwar so, dass die nach aussen gewölbte Schalenform mitsamt den an den Seiten befindlichen Noppen nach oben zeigt.

Auf die Wölbung der Form wird die Glasschale gelegt und alle Flächen, sowohl von dem Silicon, wie auch von der Schale mit Formen-Trennwachs eingestrichen. Nach dem Trocknen folgt das Aufgiessen des Silicons. Wiederum einige Stunden später ist die zweite Siliconform fertig und kann zusammen mit der anderen und der Glasschale aus dem Formgiesskasten entnommen werden.

Danach werden beide Siliconformen im eigentlichen Bereich der Giessfläche, also Schale, mit dem Formen-Trennmittel sorgfältig eingestrichen und nach dem Trocknen so zusammengelegt, dass eine fest geschlossene Form entsteht. Die wird jetzt wieder in den Formgiesskasten gelegt.

Es folgt das Einbohren der Löcher in die obere Stirnfläche (Seitenbrett) des Giesskastens und der darin befindlichen Siliconform. Dafür werden zwei Löcher benötigt: das Eingiessloch hat einen Durchmesser von 6, das Entlüftungsloch eine Öffnung von 3 mm.

Zum Schluss wird der Deckel des Giesskastens aufgelegt und mit Schrauben und Gummibändern so befestigt, dass die darin enthaltenen Formen fest zusammengedrückt werden.

Jetzt könnte das Eingiessen des Giessharzes folgen, um eine transparente Giessharzschale herzustellen. Reizvoller ist es natürlich, wenn die Schale mit Dekomaterial geschmückt ist. Da die Schalenwandung nur 6 mm beträgt, eignen sich zum Eingiessen nur dünne Eingiesspräparate, z. B. gepresste, getrocknete Blumen und Gräser, Geldscheine, Münzen, Glaskugeln, kleine bunte Steine, Schrauben, Briefklammern, Fotos etc.

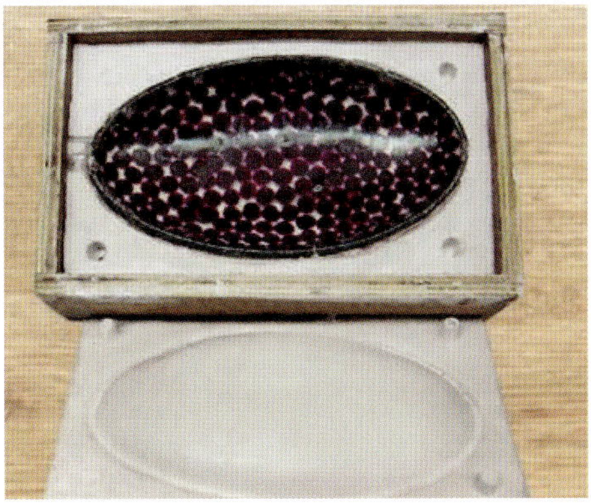

Nach dem Öffnen der Form ist die darin hergestellte Giessharzschale zu sehen.

Dazu muss der Deckel des Giesskastens wieder abgenommen und die obere Formhälfte daraus entnommen werden. Beide Formflächen werden dann mit dem mit Härter vermischten Giessharz eingestrichen. Auf diese dünne Materialschicht wird das Einbettungsmaterial gelegt. Es verklebt etwas mit dem Giessharz ...

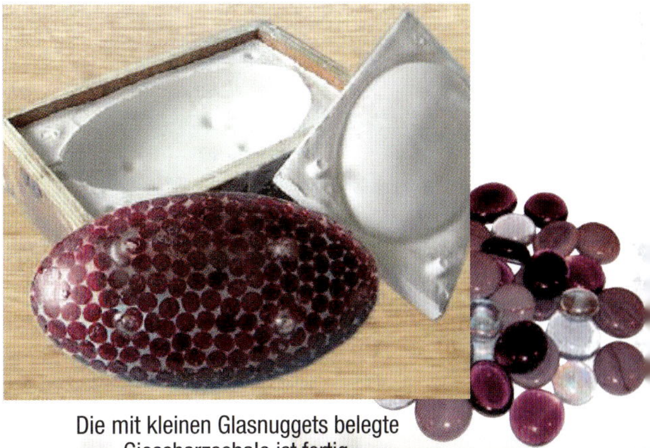

Die mit kleinen Glasnuggets belegte Giessharzschale ist fertig.

Da die Giessharzschicht nur sehr dünn ist, dauert dieser Vorgang einige Stunden, sodass das Giessen der Schale erst einige Stunden danach gemacht wird. Auch wenn die Giessharzfläche dann noch nicht ganz fest geworden, deshalb noch klebrig ist, werden beide Formhälften, wie schon beschrieben, erneut zusammengelegt und der Formgiesskasten wieder zusammengebaut. Danach folgt das Einfüllen des Harzes in die Form.

Dabei ist es wichtig, dass das Harz sofort nach dem Vermischen mit dem Härter durch die Eingiessöffnung in die Form gefüllt wird. Zwischendurch muss der Giesskasten mehrmals auf die Arbeitsplatte aufgestossen werden, damit das Giessharz nach unten läuft und die Form blasenfrei ausfüllt.

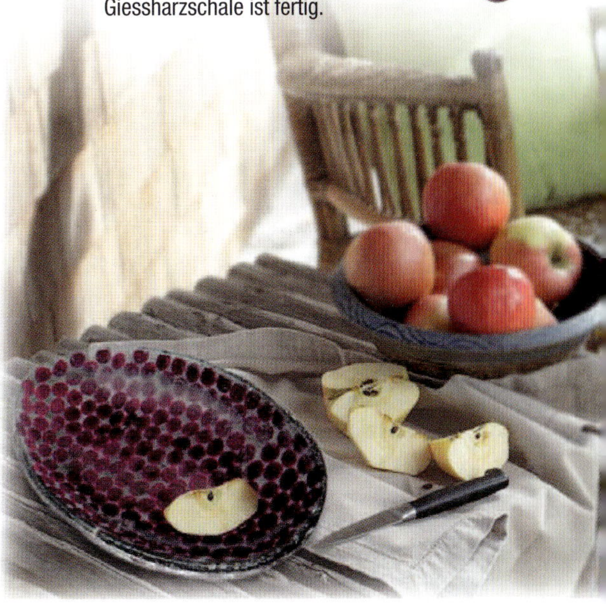

Das Nachfüllen des Harzes erfolgt solange, bis eine kleine Harzmenge aus dem Entlüftungsloch herausfliesst. Das ist das Zeichen dafür, dass die in der Form befindliche Luft durch das Einfüllen des Harzes so verdrängt wurde, dass sich keine Luft mehr darin befindet, deshalb das Harz auch aus dem Entlüftungsloch etwas herausläuft.

Die mit dem Harz gefüllte Form muss jetzt 2 – 3 Tage so stehen bleiben, damit das Giessharz darin erhärtet.

Da in hohen Giessharzflächen die durch die Aushärtung entstehende Reaktionstemperatur noch oben steigt und zu einer Verstärkung bzw. zu einem erhöhten Erwärmen des dort befindlichen Harzes beiträgt, ist es vorteilhaft, beide Löcher von aussen mit Modelliermasse, Kitt oder Klebstoff abzudichten. Danach wird die Form waagerecht hingelegt, wodurch das übermässige Erwärmen während dieser Aushärtungsphase verhindert wird.

Zum Entformen wird der Deckel von dem Giesskasten entfernt und die erste Formhälfte von dem Giessteil abgenommen. Danach folgt das vorsichtige Herauslösen der fertigen Giessharzschale aus der Form, die jetzt mit Wasser sorgfältig abgewaschen wird. Dabei werden evtl. Trennmittelreste, die noch an der Schale haften, entfernt.

Sie muss jetzt 2 Tage an der Luft nachhärten. Danach wird die am Schalenrand befindliche, erhabene Trennlinie vorsichtig abgeschliffen, und zwar in der bekannten Reihenfolge mit immer feinerem Schleifpapier. Auch hier folgt zum Schluss das Hochglanzpolieren mit Polierpaste. Bei 2-teiligen Formen entsteht nach dem Ausgiessen und Erhärten immer ein dünner, erhabener Formenrand, und zwar genau an der Stelle, an der die beiden Formhälften zusammenkommen. Diese dünne Linie muss durch das Abschleifen und Polieren sorgfältig von dem fertigen Giessteil entfernt werden.

Danach ist die Schale fertig. Sie wird mit lauwarmem Seifenwasser abgespült und kann normal verwendet werden. Sie ist auch zum Aufbewahren von Lebensmitteln geeignet.

Diese Abgiesstechnik eignet sich auch für das Herstellen von einem Tablett. Das Anfertigen der dafür benötigten Form und das Abgiessen ist identisch mit der hier beschriebenen Vorgehensweise.

So können auch technische Formteile, z. B. Zangen abgeformt und mit Giessharz vielfältig gestaltet und nachgegossen werden. Das ist beispielsweise eine Methode, die für das Anfertigen von Modellen angewendet wird, um sie dann als Messemuster verwenden zu können.

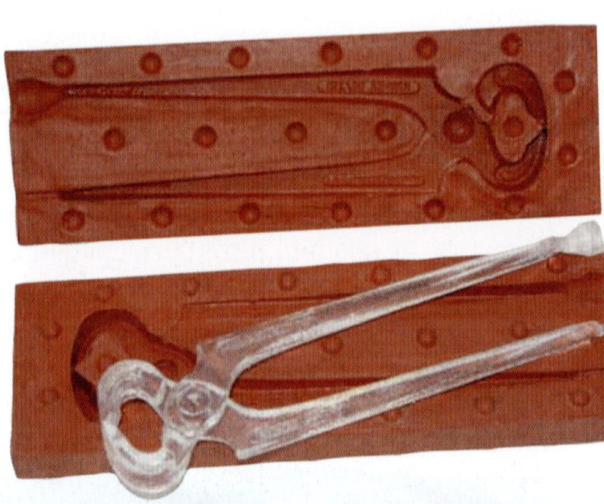

Von der Kneifzange wird eine 2-teilige Siliconform hergestellt und darin mit Polyesterharz ein sehr dekorativ aussehendes Zangenreplikat gegossen.

• Fehlerkorrektur

Sollten nicht alle Flächen des Tabletts gleichmässig glatt geworden sein oder hat trotz aller Sorgfalt eine Luftblase ein Loch hinterlassen, kann die Fehlerstelle durch das Auftragen einer kleinen Giessharzmenge korrigiert werden. Befinden sich in der Tablettfläche mehrere Löcher, wird die gesamte Fläche mit dünnflüssiger Kaltglasur überzogen. Die Kaltglasur verbindet sich mit dem Giessharz und verleiht der Auflagefläche ein festes, hochglänzendes Oberflächenfinish.

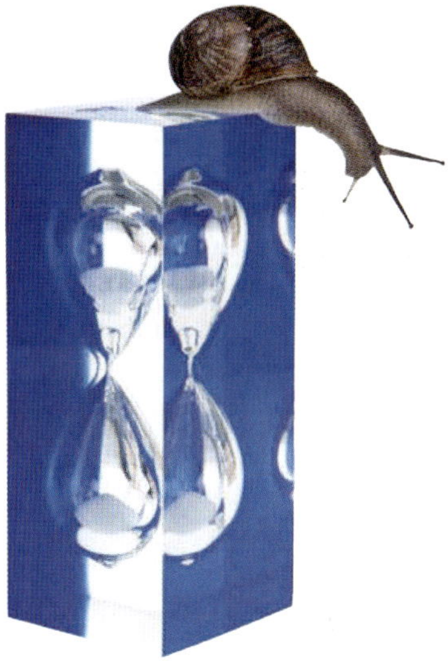

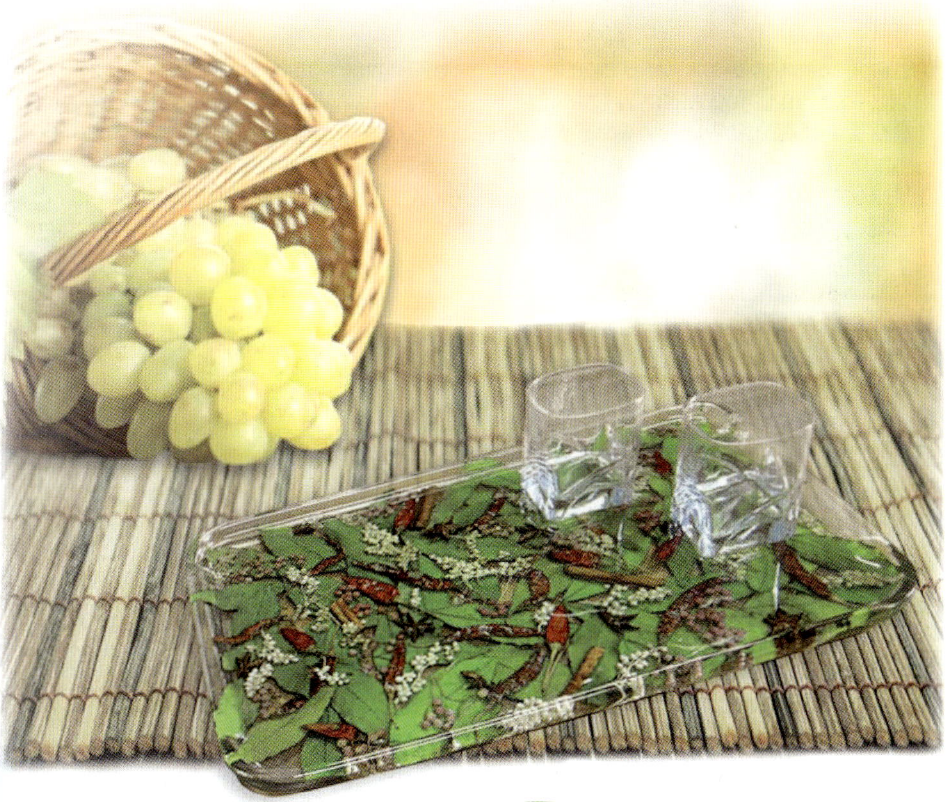

Untersetzer und Tischplatten

Neben Bilderrahmen, Dekorationsstücken und Briefbeschwerern zählt die Herstellung einer Giessharzplatte für eine Blumenbank oder eine Tischfläche zu den grossartigen Kostbarkeiten, die aus Giessharz hergestellt werden können.

Dafür wird als Form eine stabile, mit Kunststoff beschichtete Spanplatte, seitlich mit vier ebenfalls mit Kunststoff überzogenen Rahmenleisten zum Aufkleben oder Anschrauben an der Platte, verwendet. Fugen zwischen den Leisten und der Bodenplatte werden mit Weissleim abgedichtet. Nach dem Trocknen des Leims wird die Form auf der Innenseite gleichmässig dünn mit dem Formen-Trennmittel ausgestrichen.

Anstelle dieser Konstruktion ist auch eine Glasplatte geeignet, auf die dafür zugeschnittene Glasstreifen kastenförmig aufgestellt werden. Daraus entsteht die bekannte Formkonstruktion, die Sie schon von der Beschreibung der aus Kunststoff hergestellten Giesskästen kennen.

Wenn Sie eine Glasplatte als Grundform verwenden, sollten Sie entscheiden, ob Sie sie nicht generell als Abdeckung für die herzustellende Giessharzfläche verwenden wollen. Dann wäre die Glasplattenkonstruktion in Verbindung mit den Rahmenleisten nicht nur Form, sondern auch Bestandteil der herzustellenden Tischplatte, was den Vorteil hätte, dass diese eine abriebfeste Oberfläche hat, in der die in das Giessharz eingebetteten Objekte gut zu erkennen sind.

Dafür würden Sie die Glasplatte mit den dazugehörigen Rahmenleisten in einer Stärke von 4 mm benötigen. Ausserdem sollten die Kanten der Glasplatte leicht überschliffen sein, damit sich niemand daran verletzen (schneiden) kann. In diesem Fall entfällt selbstverständlich das Vorbehandeln mit einem Trennmittel, weil die Glasplatte direkt mit dem Harz verkleben soll. Auf jeden Fall wird die gläserne Tischplatte oder Form danach mit einer 3–4 mm dicken Giessharzschicht ausgegossen und in der bereits bekannten Technik mit den ausgewählten Eingiessteilen dekoriert.

Dafür werden zuerst nur leichte, schwimmfähige Eingiessobjekte mit der Sichtseite nach unten zeigend, aufgelegt. Nach dem Gelieren dieser Harzschicht folgt das Auflegen schwerer Eingiessobjekte.

Danach wird die nächste gemischte Giessharzschicht aufgegossen. Abhängig von der Höhe der herzustellenden Giessharzplatte können noch ein oder zwei weitere Harzaufgüsse folgen.

Die letzte Giessschicht können Sie wie beim Blumenbild transparent glatt, strukturiert, farblich transparent oder vollkommen opak einfärben. Abhängig von der Höhe der Tischplatte können Sie die Einbettungsgegenstände auf mehreren Schichtebenen einlegen. Dadurch haben Sie die Möglichkeit, die Optik dieser Giessharzarbeit 3-dimensional zu gestalten.

Dazu werden beispielsweise auf die Grundschicht die getrockneten Blätter oder Blüten gelegt, während die nachfolgende Mittelschicht für besonders schöne Steine geeignet ist.

Durch das in verschiedenen Ebenen angeordnete Einbettungsmaterial wirkt das Bild noch natürlicher, sodass beim Betrachten der Tischplatte der Eindruck einer authentischen Blumenlandschaft entsteht. Dazu kann auch ein zart eingefärbter Hintergrund wirkungsvoll beitragen.

Für das Abdecken der letzten Giessharzschicht verwenden Sie eine grosse Abdeckfolie, die Sie auf das Format der Tischplatte zuschneiden und darauflegen.

Um eine vollkommen aus Giessharz hergestellte Tischplatte dauerhaft verwenden zu können, sollten Sie die Oberseite der Platte zusätzlich mit Kaltglasur überdecken. Wie Sie bereits erfahren haben, verbindet sich diese Glasur mit dem Giessharz und verleiht der Tischplatte dadurch hervorragende Oberflächeneigenschaften: hohe Abriebfestigkeit, kratzfeste, chemikalienbeständige, spiegelglatte Glasurfläche, insgesamt also eine sehr strapazierfähige Oberfläche.

Für das Anfertigen kleiner Untersetzer oder eines Blumensockels können Sie die gleiche Technik anwenden. Um quadratischen oder rechteckigen Untersetzern verwenden Sie am besten ein Formen-Set, das neben einer Grundplatte auch die Rahmenstreifen, Halteklötze und den Leim für den Zusammenbau der Form enthält.

Die Herstellung von runden Untersetzern kann auch in den aus Blech hergestellten Dosendeckeln, die allerdings vor dem Ausfüllen mit Giessharz gründlich gereinigt und mit dem Formen-Trennmittel vorbehandelt werden müssen, – erfolgen.

Um so einen dekorativen Tisch selbst herstellen zu können, muss viel Vorbereitungszeit eingeplant werden. Zuerst müssen die unterschiedlichen Blätter und Farne gesucht und gepflückt, danach in der Pflanzenpresse gepresst und getrocknet werden. Danach beginnt das etappenweise Giessen der Tischplatte und das Einlegen der Pflanzen. Zum Schluss wird die fertige Tischplatte mit opak eingefärbtem Giessharz übergossen, wodurch der Kontrast – Blätter und Farne zu dem gewünschten, beispielsweise hellen Hintergrund steht.

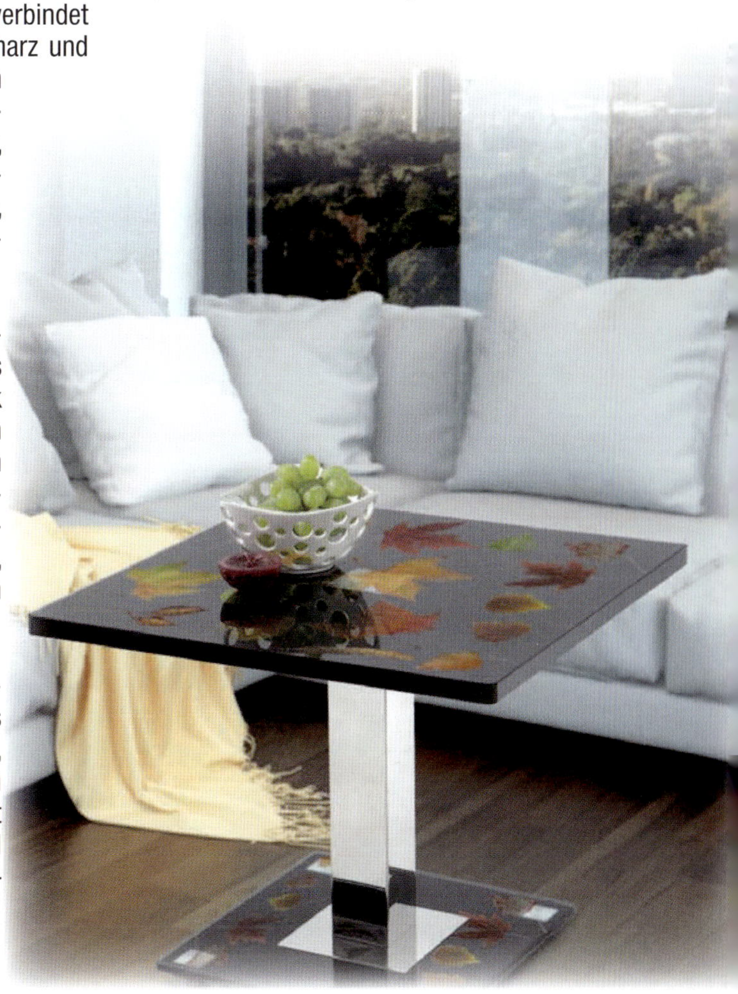

Glasartige Tischdekoration

Aus Giessharz lassen sich herrliche Dekorteile herstellen. Favorit sind glasartige Formteile, die für eine gekonnt arrangierte Fensterdekoration gut geeignet sind.

Anstelle des Befüllens der Giessharzformen erfolgt hier das Eingiessen der transparentfarbigen Harzmischung in spezielle Tiefziehformen, die es in vielfältiger Formgebung in den Bastelgeschäften und im Versandhandel gibt. Auch diese Formen müssen vorher mit dem Formentrennmittel vorbehandelt werden.

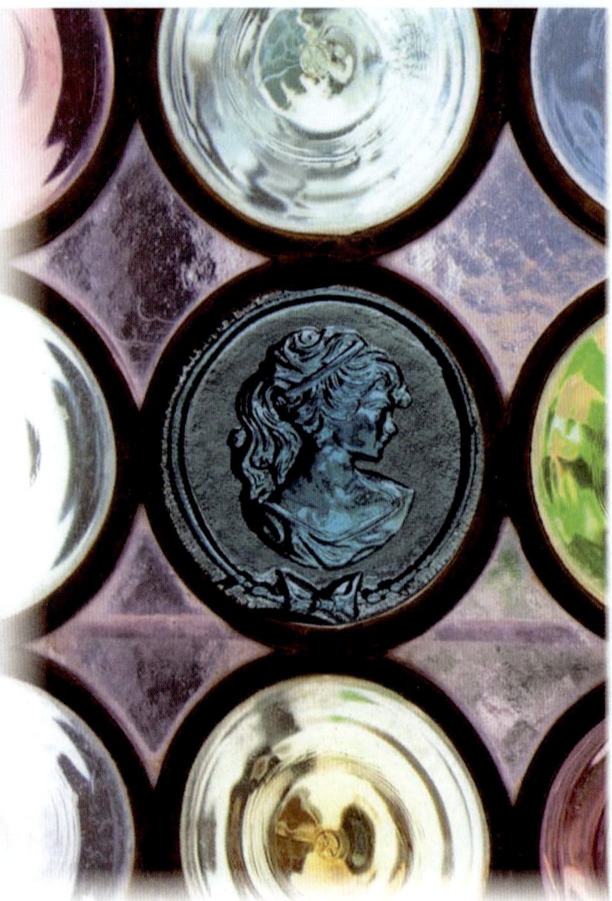

Lassen Sie beim Einfärben der Harze Ihrer Fantasie freien Lauf. Spielen Sie mit den unterschiedlichen Abtönfarben, die dazu nur in einer kleinen Menge zum Giessharz zugegeben werden, damit zarte Farbtönungen entstehen und die fertigen Dekorationsstücke glasartig aussehen.

Während diese Formen nur 8 – 10 mm hoch mit Giessharz ausgegossen werden, gibt es Motivformen, die noch dicker gegossen werden müssen, weil dann eine glasartige Muschel oder eine reliefartige Tierfigur, z. B. Bär, Elefant, Vogel etc. entsteht.

Dekorativ sehen Jugendstilgemmen aus, besonders dann, wenn sie zweifarbig gegossen werden. Dazu wird das Bildporträt mit dem einzigartigen Mädchenkopf transparentfarbig in der Form ausgegossen. Nach dem Aushärten folgt ein weiterer Aufguss, der ebenfalls transparentfarbig oder aus einem opak eingefärbtem Harz besteht.

Die fertigen Dekorteile dienen nicht nur der Fensterdekoration, sie können auch für das Herstellen einzigartiger Fensterbilder verwendet werden.

Da die Rückfläche dieser Giessteile sinnvollerweise am besten rubbelig aushärtet, müssen sie 2 – 3 Tage aushärten, um dann evtl. noch etwas mit Nassschleifpapier (z. B. Körnung 1000) überschliffen zu werden. Die Rückfläche ist dann leicht milchig, was kaum stört. Ansonsten besteht die Möglichkeit, sie noch mit Poliercreme nachzuarbeiten und auf Hochglanz zu bringen. Das ist vorteilhaft, weil sie bei Lichteinfall noch schöner aussieht.

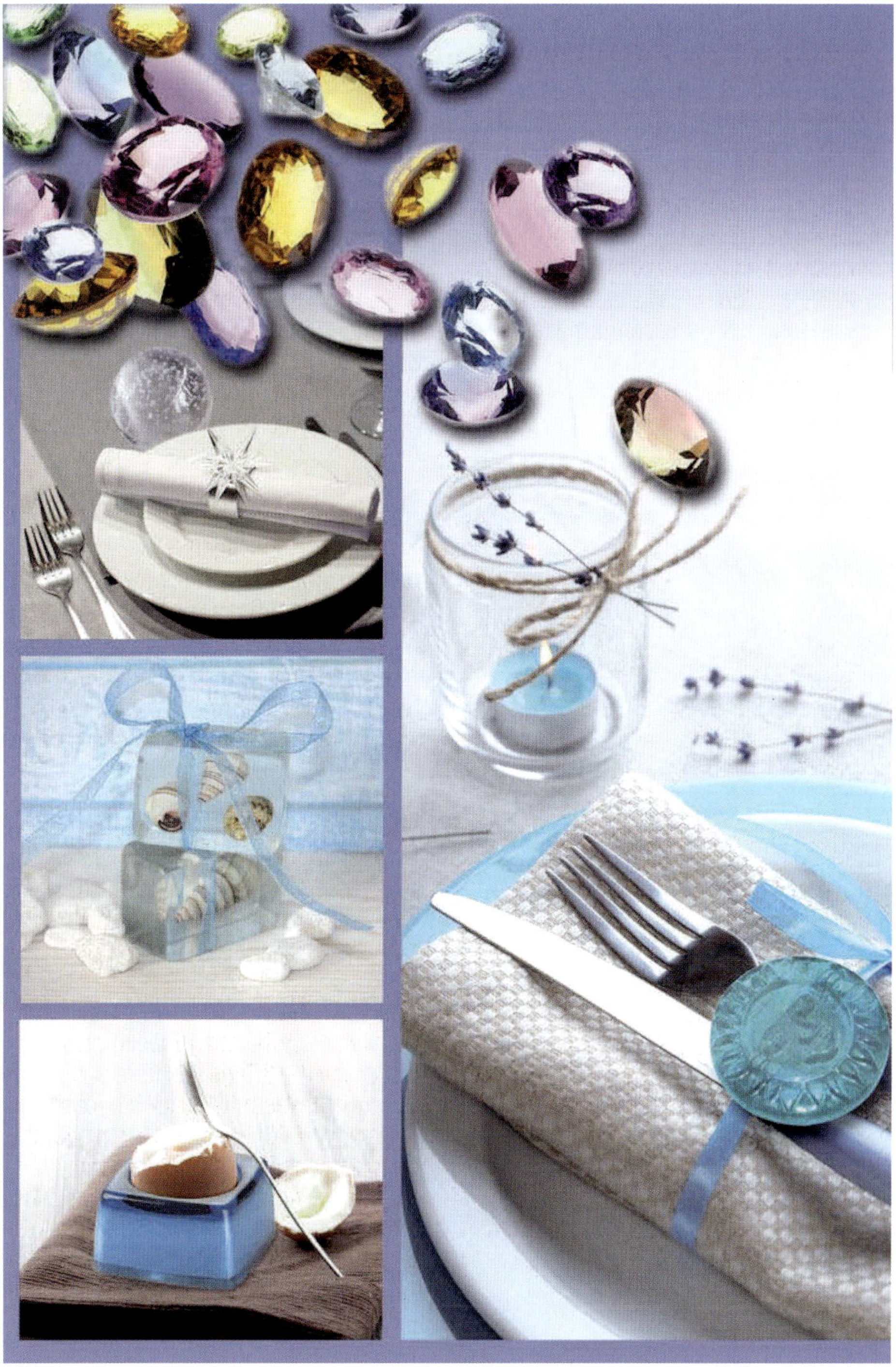

Kerzenständer, Lampenfüsse…

Es gibt heute fantastisch geformte Kunststoffflaschen, die oftmals mit einem Sprühkopf versehen, für vielfältige Haushaltsarbeiten, in den Geschäften angeboten werden. Diese Flaschen eignen sich besonders gut zum Befüllen mit Giessharz, um daraus dekorative Gebrauchsgegenstände zu machen. Zu berücksichtigen ist allerdings, dass dafür Flaschen als Einmalformen verwendet werden, da die dünne Kunststoffumhüllung nach dem Aushärten des Harzes zerstört werden muss, um so die darin abgeformte Flasche zu erhalten.

- Giessanweisung

Die Flaschen müssen vor dem Gebrauch mit Formen-Trennmittel ausgespült werden. Dazu wird eine kleine Menge davon in die Flasche gefüllt und diese so gedreht und gewendet, dass das Trennmittel alle Innenflächen der Flasche benetzt.

Nach dem Trocknen wird die Flasche mit dem mit Härter vermischten Giessharz befüllt. Dazu wird sie etappenweise, beispielsweise mit einer eingefärbten Giessharzmischung im Farbton weiss befüllt. Das lässt sich bei der bauchigen, aus mehreren aufeinandergesetzten Ronden bestehenden Flasche bis zum Ende der ersten Ronde machen. Nach dem Aushärten des Harzes folgt der nächste Aufguss, z. B. in schwarz, auch wieder bis zum Ende der Ronde. Nach dem erneuten Aushärten folgt wieder ein Harzaufguss, diesmal mit weissem Harz, gefolgt von einem schwarzen.

Das ist eine Möglichkeit. Die Flasche kann auch schräg oder waagerecht gelegt werden, damit die Farbschichten in der Flasche schräg oder senkrecht verlaufen.

Die Flasche kann auch in einem Aufguss, einfarbig oder durch das nacheinanderfolgende Einfüllen unterschiedlich eingefärbter Harze mehrfarbig gestaltet werden. Dabei haben Sie die Möglichkeit, raffinierte Farb- oder Mischeffekte zu erzielen.

Achten Sie beim Einfärben des transparenten Harzes darauf, dass die Farbgebung nur schwach erfolgt, weil das Harz in der Flasche sonst zu dunkel erscheint und die Transparenz des gewünschten Glaseffektes nicht mehr gegeben ist.

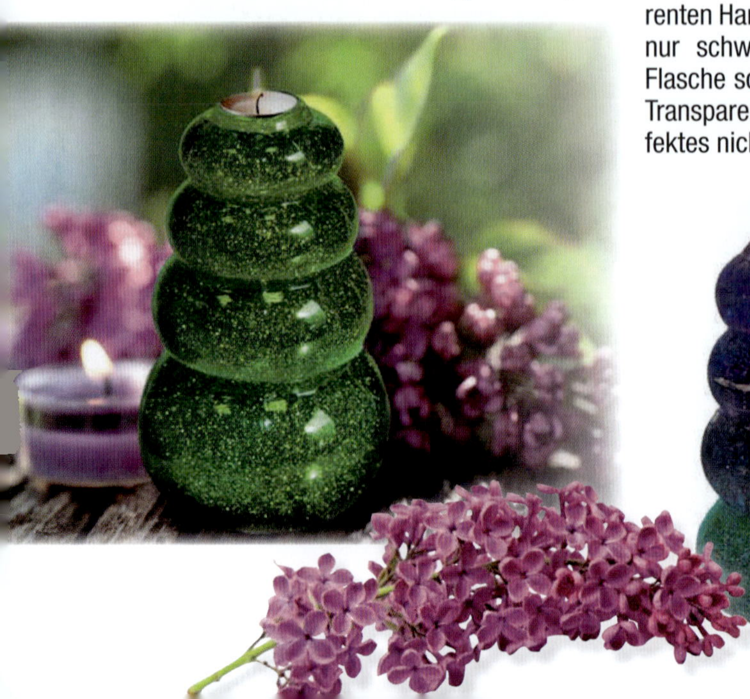

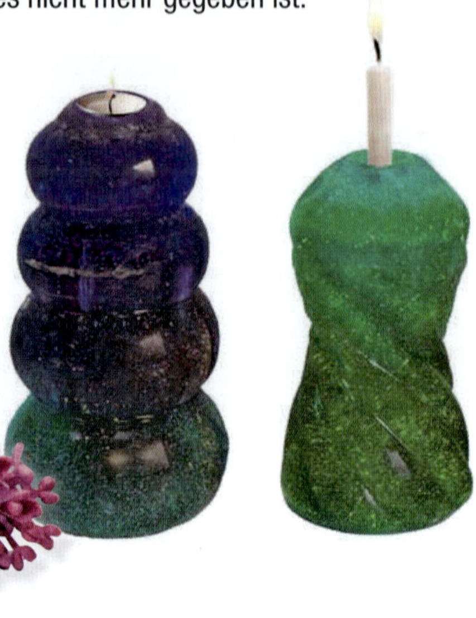

Sie können auch Gegenstände mit in das Harz eingiessen, z. B. Flitter, feingeschnittene Kunststoffteile, Folien aus Kunststoff oder Metall, was von dem Effekt abhängt, den Sie damit erzielen wollen. Es gibt auch Materialien, die langsam in dem Harz nach unten sinken und dann nicht mehr sichtbar sind. In diesem Fall müssen Sie die Flasche verkorken und so lange hin- und herbewegen, bis das Harz geliert. Dann bleiben die darin schwebenden Partikel so sichtbar, wie Sie sie haben wollten.

Es besteht auch die Möglichkeit, den Flaschenhals abzuschneiden. Dann haben Sie eine grössere Flaschenöffnung, in der Sie nach dem Befüllen beispielsweise einen Korken befestigen können. (Korken vorher mit dem Trennmittel einstreichen). Den Korken können Sie ggf. hinterher mit einem Korkenzieher aus dem Giessharz herauslösen. Auf jeden Fall entsteht dadurch in der Flasche eine Öffnung, in die Sie eine Kerze oder Teelicht einstecken können.

Alternativ besteht die Möglichkeit, aus dem fertigen Giessteil mit einem breiten Bohrer ein Loch auszufräsen, damit dieses als Kerzenständer oder Lampenfuss etc. verwendet werden kann.

- Lampenfuss herstellen

Dazu wird unten in die Flasche ein kleines Loch gebohrt, durch das Sie das Anschlusskabel für die Lampe hindurchstecken. Diese Öffnung muss gut abgedichtet werden, damit nach dem Einfüllen kein Harz auslaufen kann. Das Kabel wird so durch die Flasche hindurchgezogen, dass es oben aus der Öffnung heraushängt und mit der Fassung etc. gut verbunden werden kann.

Am besten verwenden Sie dafür ein entsprechend langes Gewinderohr, durch das Sie das Kabel hinterher durchziehen können. An das Gewinderohr können Sie die erforderliche Lampenfassung anschrauben. Ausserdem besteht die Möglichkeit, eine Harfe oder ein Lampenschirmgestell mit Schrauben daran zu befestigen. Auf jeden Fall haben Sie so die Möglichkeit, für diesen originellen Lampenfuss auch den passenden Schirm zu finden oder selbst herzustellen.

... Zum Schluss noch ein wichtiger Hinweis: Die herzustellenden Kerzen- oder Lampenständer müssen nicht alle gleich hoch sein. Deshalb können Sie die Flaschen auch nur halbvoll, also so hoch mit dem Harz befüllen, wie es der herzustellende Lampenfuss oder Kerzenhalter es erfordert.

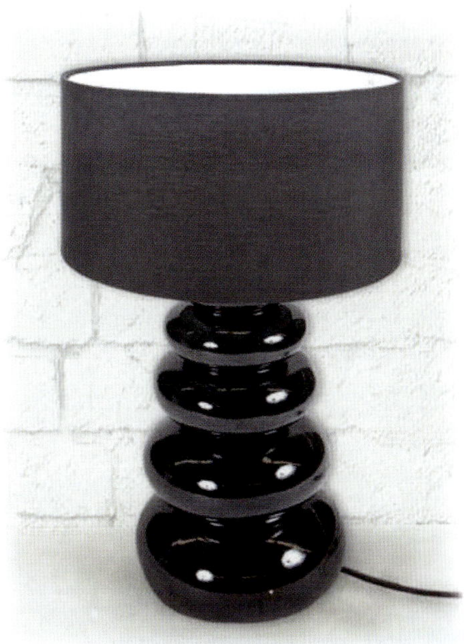

Auch das kann aus einem Flaschenabguss gemacht werden: eine schicke Tischlampe.

Schicke Sanduhr…

Dafür benötigen Sie eine runde oder viereckige Kunststoffschachtel, in die die Sanduhr grössenmässig gut hineinpasst. Testen Sie die Form vor dem Gebrauch, ob das Material gegen das im Giessharz enthaltene Styrol beständig ist. Dazu genügt es, wenn Sie darauf einen kleinen Giessharzpunkt auftropfen. Wischen Sie das Harz danach mit einem Tuch ab. Lässt sich das problemlos machen, ist der Kunststoff giessharzbeständig und als Form geeignet. Lässt sich das Harz nicht abwischen, weil alles klebrig ist, hat das Giessharz die Schachtel bereits etwas angelöst. Sie ist dann als Form nicht verwendbar.

Streichen Sie die Form mit dem Trennmittel aus und lassen es trocknen. Vermischen Sie zunächst nur eine kleine Giessharzmenge mit dem erforderlichen Härter. Geben Sie etwas schwarze Abtönfarbe hinzu und füllen die Mischung ca. 4 mm hoch in die Form.

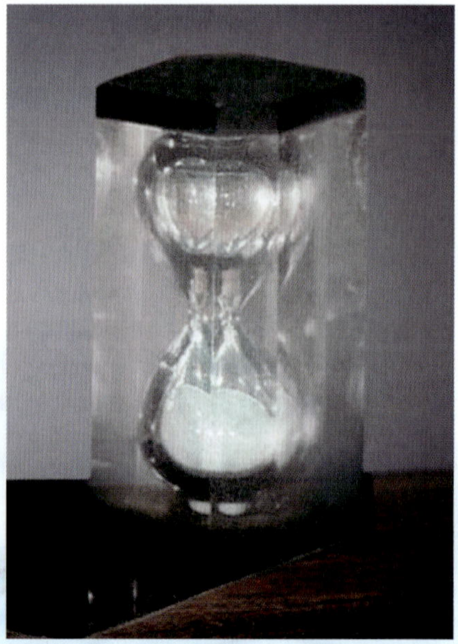

Nach dem Erhärten dieser Giessharzschicht folgt nochmals eine dünne schwarze Harzmasse, die 1 – 2 mm hoch aufgegossen wird. Stellen Sie die Sanduhr so darauf, dass sie genau senkrecht steht. Bedingt durch die zuvor hergestellte Basisschicht erhärtet auch dieses Material sehr schnell und sorgt dafür, dass die Sanduhr fest mit der Bodenplatte verbunden ist.

Nach dem Aushärten folgt das Aufgiessen des glasklaren Harzes. Befüllen Sie die Form so hoch, dass die Sanduhr vollständig darin eingeschlossen ist.

Durch das Volumen der Sanduhr verbleibt hier nur eine geringe Harzmenge, weshalb dieses Material mit 1,2 % Härter vermischt wird. Dadurch wird es nicht so heiss, kann auch den Giessling nicht zerstören. Trotzdem sollte die Form in ein mit kaltem Wasser gefülltes Gefäss gestellt werden, damit so eine Teilmenge der durch die Aushärtung entstehenden Wärme abgeleitet wird.

Der Giessharzblock benötigt nur wenige Minuten zum Aushärten und ist bereits nach 20 – 30 Minuten fertig. Darauf wird dann nochmals eine 5 – 6 mm dicke schwarze Harzschicht aufgefüllt.

Nach dem vollständigen Aushärten – 3 Tage später – folgt das Entformen und das mechanische Nacharbeiten. Dabei können Sie die viereckige oder runde Formgebung so belassen und haben dadurch nur wenig Schleifarbeit. Sie können den viereckigen Block auch an den Seiten etwas absägen oder mit einer elektrischen Bandschleifmaschine so abschleifen, dass ein Octagon (Achteck) entsteht. Dadurch sieht dieses Messinstrument noch wirkungsvoller aus.

Giessharzteile verkleben

Es gibt Konstruktionen, die aus Giessharz gegossen, nur schwer anzufertigen sind.

Dazu gehört z. B. eine aus Giessharz gegossene Vase. Um sie herzustellen, müssten zwei Behälter so ineinander gesteckt werden, dass nach dem Giessen eine übliche Vase entsteht. Dann wäre nur noch die Frage zu klären, wie der innere Behälter aus der Vase wieder entfernt werden kann.

Nach dem Prinzip „Alles ist möglich" sollte auch diese Idee verwirklicht werden können. Das ist möglich. Sie wird allerdings nicht aus einem Stück, sondern aus fünf Giessharzteilen gegossen und dann mit Kaltglasur zusammengeklebt. Mit dieser universell verwendbaren Glasur kann die Vase zum Schluss auch noch ausgeschwenkt werden, um sie wasserdicht zu machen.

Nach dem gleichen Prinzip können Sie auch einen Briefständer herstellen. Auch hier wird eine rechteckige Platte gegossen. Da es nicht einfach ist, dafür eine passende Form zu finden, bietet sich dafür wieder das bereits bekannte Formen-Set an, in dem eigentlich jede rechteckige oder quadratische Giessharzplatte schnell und sicher gegossen werden kann.

Für die Seitenteile des Briefständers eignet sich eine der üblichen halbrunden Giessformen besonders gut. Darin werden nacheinander zwei Giessharzplatten gegossen, die 8 – 10 mm dick sind. Das Verkleben der beiden Giessharzplatten auf der Grundplatte erfolgt mit Kaltglasur.

Die Idee zum Verkleben von Giessharzplatten eignet sich auch für eine viereckige Lampe, die aus vier Giessharzplatten besteht. Das Mass der Lampe könnte beispielsweise 12 x 12 x 26 cm sein.

Und damit das Licht der Lampe nicht zu grell und störend ist, wird nach dem Giessen der ersten Harzschicht ein grössenmässig dazu passendes Stück Glasfasergewebe aufgelegt und mit der zweiten Giessschicht darin eingebettet. Noch schicker sieht ein Schirm aus, wenn er keine glatten Seitenflächen hat. Deshalb werden die nach dem Aushärten uneben gewordenen Giessharzflächen als Aussenseiten verwendet. Allein dadurch wirkt der Lampenschirm schon wie ein Designerstück.

Natürlich bieten sich dafür auch noch weitere Gestaltungsmöglichkeiten an. Der Schirm kann mit getrockneten Blumen, Gräsern, Serviettenbildern etc. ausstaffiert werden. Er sieht auch schick aus, wenn er mit einem dezenten Farbverlauf gestaltet wird, z. B. von Weiss zu Hellblau bis zu einem modisch schicken Violett oder Lila.

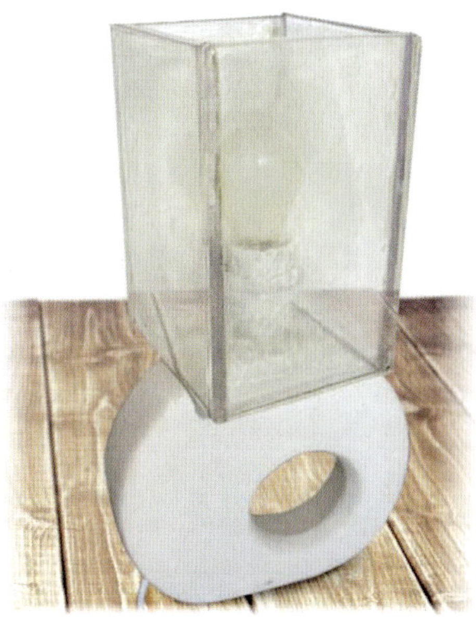

Klassische Eingiessobjekte

Das ideale und deshalb bis heute am meisten in das Giessharz eingebettete Produkt sind Muscheln, Schneckengehäuse und Seesterne, die es in vielfältiger Form nicht nur am Strand an der Nord- und Ostsee, sondern auch an den Stränden aller Weltmeere in den unterschiedlichsten Variationen gibt. Meistens muss man sie nur aufheben, waschen, trocknen, um sie dann mit nach Hause zu nehmen.

Und wenn Sie es noch einfacher haben wollen, fragen Sie im Bastelgeschäft danach. Muscheln finden Sie auch im Versandhandel, wo nicht nur schalenförmige, z. B. Jacobs- und Miesmuscheln, sondern auch kegelförmige, wie Rattan- und Soldatenmuscheln angeboten werden. Dort finden Sie eigentlich alles, was an Muscheln Rang und Namen hat, z. B. Kamm- und Fächermuscheln, Caurischneckengehäuse, Seesterne klein und gross, Seeigel ...

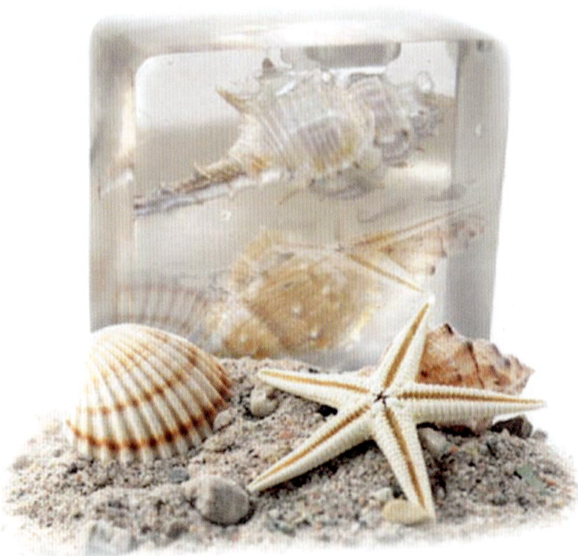

Besonders vorteilhaft ist bei diesen Objekten, dass sie für das Einbetten nur noch sorgfältig mit Wasser und einem Spülmittel gereinigt werden müssen um sie nach dem Trocknen mit Präparierspray gleichmässig einzusprühen. Nach dem Trocknen dieser Schutzimprägnierung können sie sofort in das Giessharz eingebettet werden.

Die fertigen Giesslinge mit den fantastisch aussehenden Muscheln sind einzigartige Sammlerstücke. Vor allem kann man sie so in aller Ruhe genau betrachten, ohne besorgt sein zu müssen, dass dabei etwas von dieser natürlichen Kostbarkeit abgebrochen wird.

- Besonderheiten der Eingiessobjekte

Die Gegenstände, die Sie in das Giessharz einbetten, können hinterher nicht mehr daraus gelöst und entnommen werden. Und wenn doch, dann nur so, dass sie dadurch zerstört oder beschädigt werden. Deshalb sollten Sie besonders gut erhaltene, präparierte und seltene natürliche Objekte nur dann eingiessen, wenn Sie wirklich sicher sind, dass Ihnen das perfekt gelingt. Sonst ärgern Sie sich hinterher über den misslungenen Versuch und den verdorbenen Gegenstand. Die meisten dieser Präparate müssen sorgfältig vorbehandelt werden, wobei Methodik und Hilfsmittel, die dafür erforderlich sind, immer unterschiedlich ausfallen.

- Visitenkarten, Fotos, Papierbilder...

Schlüsselanhänger mit einer eingegossenen Adresse sind sehr beliebt und leicht anzufertigen. Dafür sollte gestrichenes Chromoduplexpapier verwendet werden, das nicht saugfähig ist. Auch wenn dieses Papier beim Einbetten durch das Harz etwas transparent wird, kann es passieren, dass die aufgedruckte Adresse durch das im Harz enthaltene Styrol angelöst wird, verwischt oder verschwimmt.

Ähnliches kann auch bei anderen gedruckten Bildern oder Texten passieren. Oft ist es enttäuschend, hinterher feststellen zu müssen, dass die Vorlage nicht für das Eingiessen geeignet war. Deshalb sollten Sie alle mit einem PC und Drucker hergestellten Unterlagen sowie alle auf Papier oder Pappe gedruckten Texte und Bilder (Serviettenbilder, Einpack- und Geschenkpapier, Kunstdrucke, Bilder aus Katalogen und Prospekten etc.) vorher mit transparenter Kaltglasur beidseitig überziehen. Kaltglasur enthält kein Lösungsmittel, weshalb Tinte, Tusche, Wasserfarbe, auch die meisten Künstlerfarben nicht angelöst werden. Die Papier- oder Kartonteile können nach dem Aushärten der Glasur problemlos in das Giessharz eingebettet werden. Trotzdem: Achten Sie auf eine gute Papierqualität.

Wichtig: kein saugfähiges Papier verwenden – es sei denn, Sie wollen einen Text fast transparent erscheinen lassen!

- <u>Textilien</u>

Es gibt Textilien, die mit den herrlichsten Motiven bedruckt sind und sich beispielsweise gut für die Herstellung eines Lampenschirmes eignen. Ebenso gibt es Schleifen und Bänder mit einzigartigen Farbverläufen, die sich gut zum Ausstaffieren eines „Giessharzbilderrahmens“ eignen. Applikationen sind herrlich, wenn daraus kleine Schmuckanhänger oder Broschen angefertigt werden können. Dazu werden die Stoffteile so zugeschnitten, dass sie in eine Broschenform eingelegt und mit Giessharz übergossen werden können.

Normalerweise können Sie alle Textilien in das Harz einbetten, beispielsweise als Laminat für den Lampenschirmbau. Riskant ist allerdings, dass Sie vorher nicht wissen, wie sich das Gewebe oder der Druck mit dem dafür verwendeten Harz verbindet. Deshalb sollten Sie vorher ein kleines Stoffstück in ungesättigtes Harz legen. Zeigen sich dann Verfärbungen, wissen Sie, dass dieser Stoff nicht für das Einbetten in Giessharz geeignet ist.

Grundsätzlich sollten Sie jede Textilie, die Sie in das Harz eingiessen wollen, für einige Minuten in ungesättigtes Polyesterharz legen, damit es sich damit vollsaugt. Dadurch verhindern Sie, dass sich der Stoff nach dem Eingiessen mit einem Silberteppich überzieht und dadurch von seiner Farbstruktur nichts mehr zu erkennen ist.

Sie können das Gewebe auch mit Kaltglasur vorbehandeln. Dafür benötigen Sie eine dünnflüssige Glasur, die Sie selbst herstellen können. Benötigt wird neben der Kaltglasur zusätzlich Kaltglasurharz-Verdünner. Das verdünnte Kaltglasurharz (Verdünnerzugabe ca. 10 %) vermischen Sie wie gewohnt 1 : 1 mit Kaltglasurhärter und tränken den Stoff damit. Danach hängen Sie den Stoff senkrecht auf, damit überschüssige Glasur davon abläuft. Ungefähr 60 Minuten später verdickt sich die Glasur in dem Gewebe, was vorteilhaft ist, weil es sich dann individuell formen lässt. Anschliessend wird es zum weiteren Aushärten weggelegt. Danach kann es im ausgehärteten, festen Zustand auch noch in das Giessharz eingebettet werden.

Glasklare Figuren und Reliefs

Auch das ist eine grossartige Sache. Imitieren Sie teure Glasfiguren und stellen Sie diese edlen Dekorationsstücke selbst her. Das ist nicht nur einfach, geht auch viel schneller als das Giessen und Schleifen eines hochwertigen Giesslings.

Alles was Sie dazu zusätzlich noch brauchen, sind schön geformte Latexformen, die Sie in guten Bastelgeschäften oder beim Künstlerbedarf finden.

Bevor Sie mit dem Ausgiessen der Formen beginnen, müssen Sie zuerst eine Halterung für die Formen herstellen. Dazu benötigen Sie einen stabilen Pappkarton, in den Sie oben ein rundes oder ovales Loch mit einem Cutter (Messer) schneiden. Die Öffnung muss so gross sein, dass Sie die Latexform gut darin einhängen können, der runde Formenwulst (Formende) überall seitlich auf dem Karton aufliegt. Achten Sie darauf, dass das so hergestellte Loch nicht zu gross ist, da sonst die mit Giessharz befüllte Form, die dadurch schwer geworden ist, durch die Öffnung in den Karton rutscht und ausläuft.

Füllen Sie eine kleine Menge, ungefähr einen halb gefüllten Teelöffel, mit Formen-Trennmittel in die Form. Halten Sie die Form dann schräg nach unten, damit das Trennmittel zum Formboden läuft und Sie das Material durch Drehen und Wenden so in der Form verteilen können, dass alle Formflächen damit bedeckt werden. Drücken Sie die Form danach an verschiedenen Stellen bewusst zusammen. Dadurch verteilt sich das darin enthaltene Trennmittel und benetzt gleichzeitig auch die gegenüberliegende Wandfläche. Das ist eine gute Möglichkeit, um alle Forminnen-

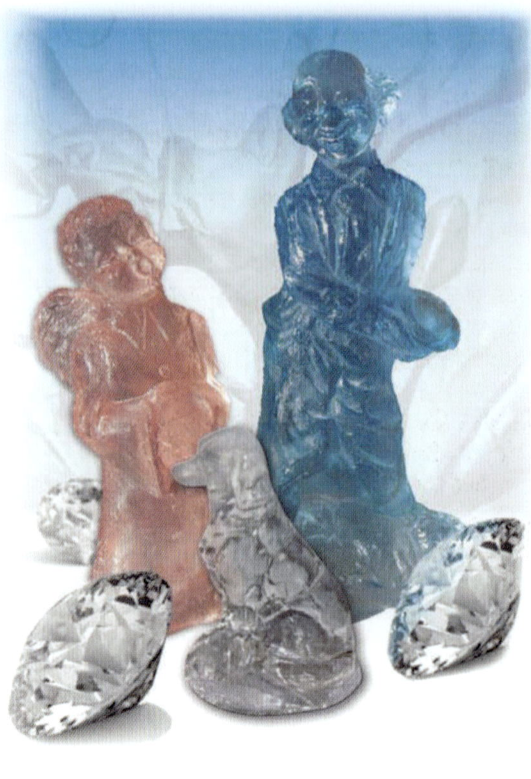

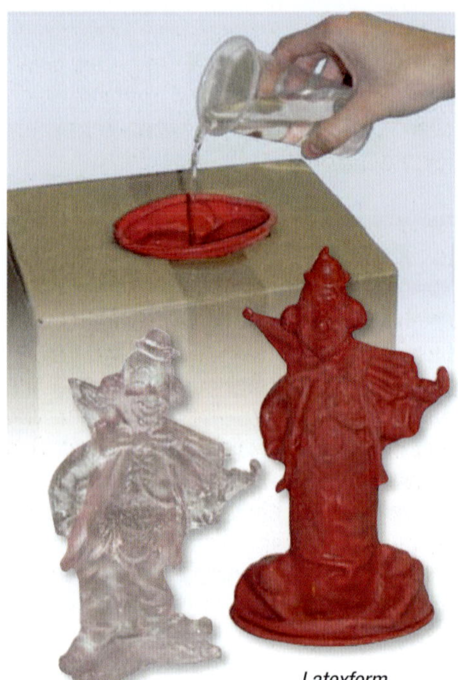

fertige Giessharz Glasfigur

Latexform

flächen gleichmässig damit zu bedecken. Danach muss die Form 1 – 2 Stunden trocknen. Da die Luft nicht gut in die Form einfliessen kann, dauert die Trocknung etwas länger. Ggf. können Sie auch mit einem Fön etwas nachhelfen.

Da einige dieser Formen einen Fassungsinhalt von 100 bis 250 g haben, wird hier eine grosse Giessharzmenge auf einmal verbraucht, für die das Zugeben von 1,4 – 1,5 % Härter gut ausreicht. Wichtig ist, dass Sie die Harzmischung sorgfältig anfertigen. Dazu den Holzspatel in dem Mischbecher hochziehen und wieder nach unten drücken, um damit den Härter auch in die unteren Harzschichten einzubringen. Lassen Sie dabei den Rührstab auch den Boden des Mischgefässes berühren, was sicherstellt, dass auch diese Harzschicht mit dem Härter vermischt wird.

Danach ist die Giessmischung fertig. Sie muss noch 2 – 3 Minuten in dem Mischbecher verbleiben, damit einige der beim Mischen mit eingerührten Luftblasen nach oben steigen können. Erst danach wird die Form damit bis zur Hälfte befüllt.

Nehmen Sie die Form dann aus der Halterung und drücken Sie sie an mehreren Stellen von aussen, damit dadurch evtl. an der Formwand anhaftende Luftblasen beseitigt werden. Herausstehende Formecken, z. B. die Fussspitzen einer Figur, das Horn von einem Tier etc. werden von aussen etwas in die Form eingedrückt. Das ist wichtig, weil sich in diesen Nischen Luft sammeln kann, die so weggedrückt wird. Dadurch ersparen Sie sich die Enttäuschung, die dann entsteht, wenn Sie nach dem Entformen eine mit Luftblasen verunzierte Figur vor sich stehen haben.

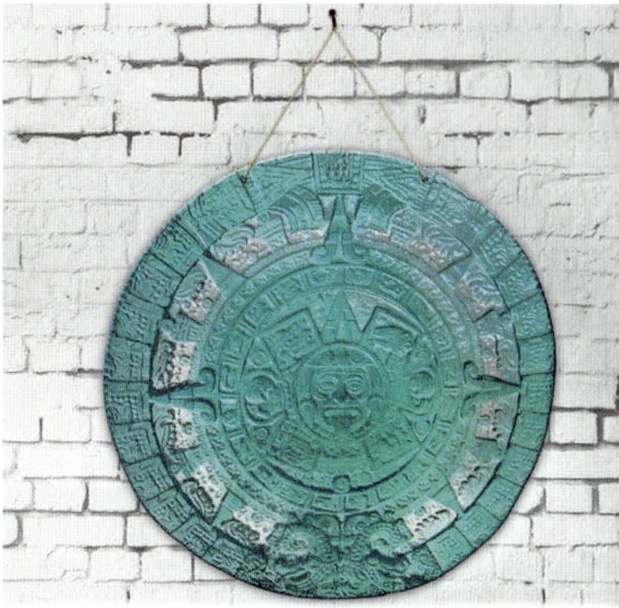

Auch das ist schick: Ein transparentfarbiges Glaselement: „Maya Kalender“.

Die Form wird danach wieder in die Halterung gehängt und das restliche Harz darin eingefüllt. Achten Sie darauf, dass sie nicht randvoll befüllt wird. Die meisten Figuren stehen auf einem Sockel, der natürlich auch mit dem Harz ausgefüllt werden muss. Oft ist dieser Teil der Form etwas länger ausgeführt, weshalb Sie darauf achten müssen, dass das Harz nur bis zu einer Sockelhöhe von 10 – 12 mm bzw. dem Sockelende in die Form gefüllt wird.

Lassen Sie die Form in der Halterung so hängen. Bedingt durch die Höhe der darin eingefüllten Giessharzmenge können Sie mit einer schnellen Aushärtung rechnen und meistens schon eine Stunde später die ausgehärtete Figur aus der Form entnehmen.

Dazu wird die Latexform von aussen mit Wasser und einem Spülmittel gleichmässig eingerieben. Halten Sie mit den Fingern der einen Hand den Sockel der Figur fest und mit der anderen den Wulst (rundes Ende der Form). Ziehen Sie dann den Wulst von der Figur nach unten davon ab. Durch das vorherige Einstreichen der Aussenhaut der Form rutscht diese fast von allein davon ab, sodass Sie bereits wenige Sekunden später die fertige Figur vor sich haben. Stellen Sie sie auf den Arbeitstisch, damit Sie noch 10 – 20 Minuten nachhärten kann.

In der Zwischenzeit halten Sie die Latexform unter einen Wasserstrahl und entfernen die Reste von dem Spülmittel. Krempeln Sie die Figur um, damit Sie wieder gebrauchsfähig ist. Bei langen Formen hilft Ihnen ein Kochlöffel, um auch den Kopf der Figur wieder in die richtige Position zu bringen. Die Form muss danach austrocknen und wird im Anschluss daran mit dem Formen-Trennmittel so vorbereitet, dass darin die nächste Figuren gegossen werden kann.

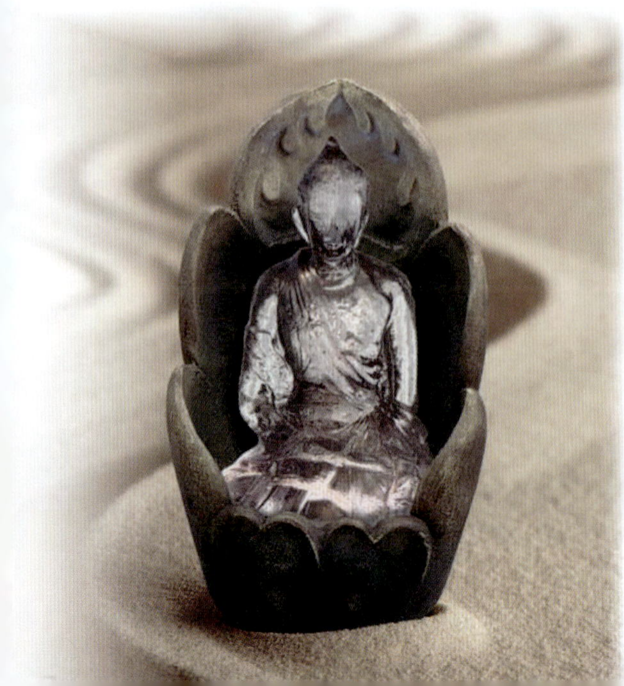

Halten Sie danach auch die gegossene Figur unter den Wasserstrahl, um sie mit einer Bürste zu bearbeiten. Dadurch werden evtl. Trennmittelreste entfernt. Anschliessend wird die Figur zum Trocknen hingestellt und ist dann fast fertig. Sie sieht glasartig – dementsprechend auch sehr wertvoll aus – eben ein gelungenes Kunstwerk!

Interessant ist, dass Sie nicht nur transparente, sondern auch transparentfarbige Figuren herstellen können. Dafür geben Sie zu dem Giessharz eine kleine Menge einer transparenten Harz-Abtönfarbe hinzu. Achten Sie darauf, dass das Harz wirklich nur etwas eingefärbt wird. Die Färbung zeigt sich besonders bei dicken Figuren sehr intensiv und wirkt dunkel. Deshalb der Hinweis, dafür nur wenig Farbe zu verwenden.

Durch das Vermischen der Farben, z. B. Blau und Rot, erzielen Sie Violett oder Lila. Mit Gelb und Blau können Sie jeden Grünton inszenieren, Gelb und Rot ergibt Orange und Violett und Gelb ermöglichen ein Braun.

Das Nacharbeiten der fertigen Figuren sollte wie gewohnt nach 2 – 3 Tagen durch das Abschleifen des Sockels mit Schleifpapier 120 und 220iger Körnung gemacht werden. Danach folgt das Nassschleifen mit der Körnung 400. Das reicht bereits aus, weil der Sockel dadurch schon so glatt und transparent geworden ist, dass die Figur dann fertig ist.

Selbstverständlich können Sie das Harz auch mit opaker Harz-Abtönfarbe einfärben, um beispielsweise so herrliche elfenbeinfarbige Figuren zu giessen, die wie aus Elfenbein geschnitzte, aussehen. (Der Farbton Elfenbein wird aus Weiss, dem etwas Gelb zugemischt wird, hergestellt). Natürlich können Sie auch gold-, kupfer- und silberfarbige Figuren giessen. Dafür steht eine Palette einzigartiger, metallisch wirkender Abtönfarben zur Verfügung.

- Glänzende und matte Figuren

Wenn Sie die Formen mit dem Formen-Trennmittel vorbehandeln, stellen Sie darin glänzende, glasartige Figuren her. Sie können das Giessharz auch ohne dieses Trennmittel in die Form füllen und erhalten dann matte Glasfiguren. Die Mattigkeit kommt am besten zur Wirkung, wenn einfarbige Figuren hergestellt werden.

Diese Möglichkeit wird gerne genutzt, um beispielsweise unterschiedliche Schachfiguren herzustellen. Die einen sind glänzend, die anderen matt.

Das Herstellen matter Figuren in den Latexformen hat allerdings einen Nachteil. Durch den fehlenden Formschutz hält die

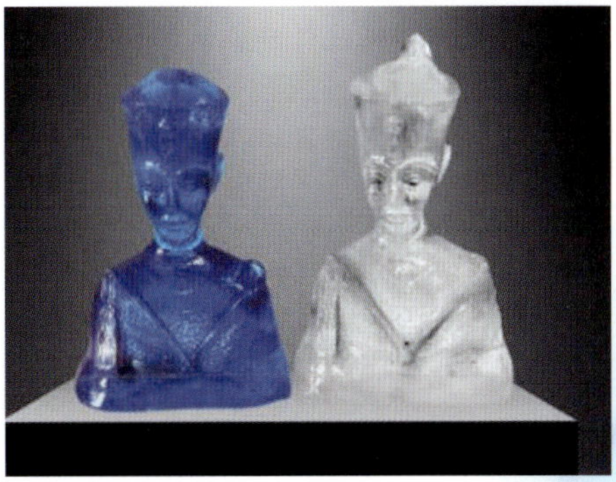

Latexform nicht so lange, weshalb diese Art der Figurenherstellung etwas kostenaufwendiger ist.

Wenn Sie Spielfiguren, z. B. Schachfiguren herstellen, sollten Sie den Figurensockel vor dem Gebrauch mit einer selbstklebenden Schutzfolie bekleben. Dafür gibt es mit Velour belegte Folien, die nicht nur edel aussehen, sondern gleichzeitig die Spielplatte vor evtl. Schrammen und Kratzern schützen.

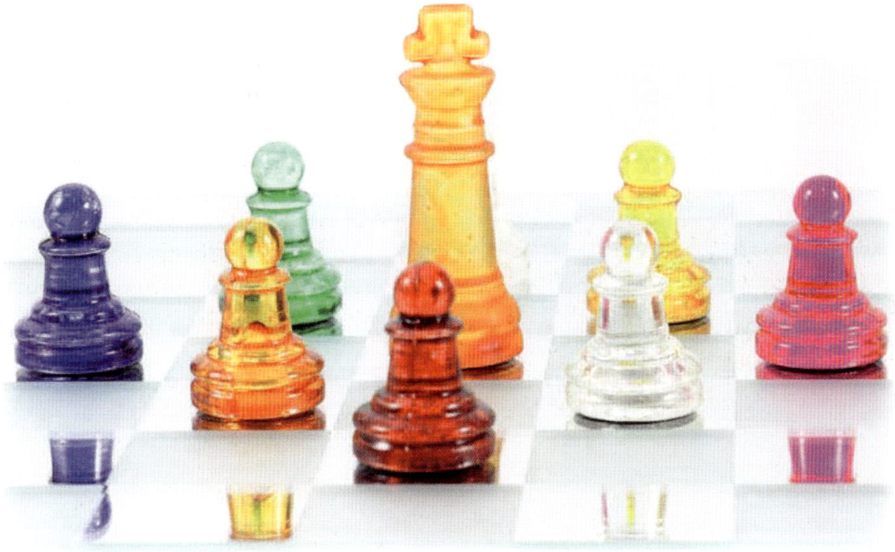

Giessharz und Beton

Das Anfertigen dekorativer Gebrauchs- und Dekorationsgegenstände aus einem schadstofffreien Creativ-Beton begeistert viele Anwender, besonders deshalb, weil damit einzigartige Kunstwerke selbst hergestellt werden können.

Der dafür verwendete Beton stammt ausnahmsweise mal nicht aus dem Baugeschäft oder Baumarkt, ist deshalb auch ungefährlich zu verarbeiten. Es handelt sich um einen kennzeichnungsfreien Beton, der extra für die Verwendung im Hobby- und kunsthandwerklichen Bereich hergestellt wird.

Deshalb wurde auch Wert auf ein einfaches Mischungsverhältnis gelegt, dass 10 : 1 beträgt (10 Teile Creativ-Beton und 1 Teil Wasser). Nach dem Vermischen muss der Beton 2 – 3 Minuten vorreagieren und kann dann in die bereitgestellten Formen eingefüllt und verarbeitet werden. Er ist fliessfähig, verläuft fast blasenfrei und zeigt nach dem Aushärten die typische Betonfläche, die man von einem solchen Produkt erwartet.

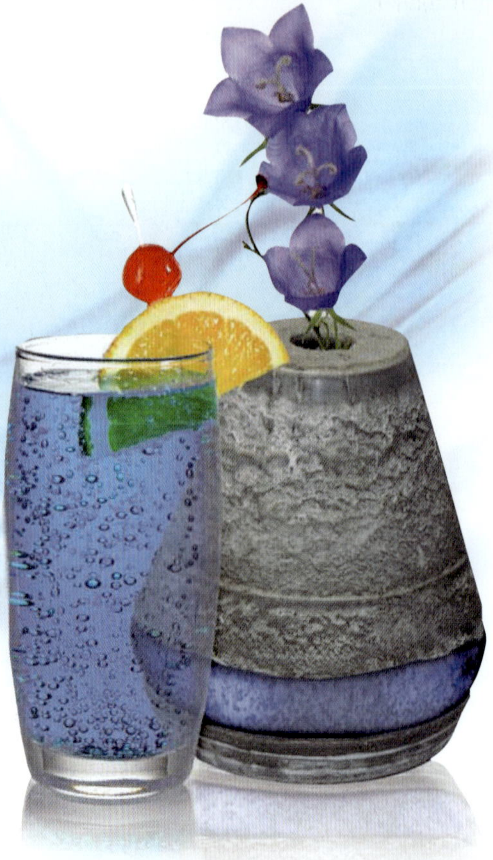

Daraus werden Schalen, Vasen, Kerzenhalter, Blumengefässe, Wandbilder etc. hergestellt. Die einfachste Anwendungsmöglichkeit besteht darin, zwei unterschiedlich grosse Kunststoffschalen kombiniert miteinander zu verwenden. Davon wird die grössere zunächst mit einer ca. 10 mm dicken Betonschicht befüllt und muss dann ungefähr 30 Minuten so stehen bleiben. Während dieser Zeit reagiert der Beton bereits und verdichtet sich, sodass danach sofort die zweite Schale* daraufgestellt und mit der in der Zwischenzeit neu gemischten Betonmasse in den Zwischenraum der beiden Schalen eingefüllt werden kann. *(Schale mit Wasser befüllen, damit sie nicht hochschwimmen kann).

Dabei besteht die Möglichkeit, die so hergestellte Form nur so weit zu befüllen, dass bis zum Rand der kleinen, eingestellten Schale noch eine Freifläche von ca. 8 – 10 mm verbleibt. Nach dem Trocknen und Erhärten des Betons, der innerhalb von 3 Tagen wasserfrei wird, werden die beiden noch freien Flächen der Schalen (Form) mit Formen-Trennmittel eingestrichen. Nach dem Trocknen des Trennmittels folgt das Einfüllen der in der Zwischenzeit hergestellten Giessharzmischung, die wahlweise transparentklar oder transparentfarbig eingefärbt wurde.

Bereits 2 Stunden später kann die Schalenkonstruktion vorsichtig gelöst und auseinander gebaut werden. Dabei zeigt sich, dass das Giessharz fest mit dem Beton verbunden ist. Entstanden ist eine einzigartig schöne Schale, bei der Beton mit „Glas“ kombiniert wurde. Durch diese fantastische Materialkombination hat die Schale ein einzigartiges Aussehen bekommen. Sie sieht so aus, als hätte sie einen wunderschönen Glasrand erhalten. Beide Materialien harmonieren einzigartig miteinander und zeigen ein aussergewöhnliches Design.

Diese Art der Gestaltung kann auch für einen Kerzenständer angewendet werden. Dazu wird eine Tiefziehform mit einer dünnen 4-5 mm dicken Giessharzschicht befüllt. Nach dem Aushärten wird der Creativ-Beton aufgegossen, allerdings auch nur in einer Schichtdicke von 5 – 6 mm.

Der Beton muss 3 Tage aushärten, damit er vollkommen hart und trocken ist. Das ist wichtig, weil darauf die nächste Giessharzschicht aufgegossen wird, die sich damit fest verbindet. Danach folgt nochmals das Aufgiessen einer weiteren Betonschicht.

3 Tage später ist der Kerzenständer endgültig fertig und kann aus der Form entnommen werden. Entstanden ist ein kostbares Designerstück – ein modisch schicker Kerzenständer.

Bei dem kombinierten Aufgiessen von Beton und Giessharz kann es passieren, dass der neu aufgegossene Beton sich nicht fest genug mit der bereits ausgehärteten Giessharzschicht verbindet und sich davon ablöst.

In diesem Fall wird nochmals eine kleine Giessharzmenge mit Härter vermischt und damit sowohl die Giessharz- wie auch die Betonfläche dünn eingestrichen. Nach dem erneuten Aufeinanderlegen der beiden Fertigteile erhärtet das Harz innerhalb von 2 – 3 Stunden. Der Kerzenständer ist dann fertig und alle dafür verwendeten Beton- und Giessharzteile sind fest miteinander verbunden (verklebt).

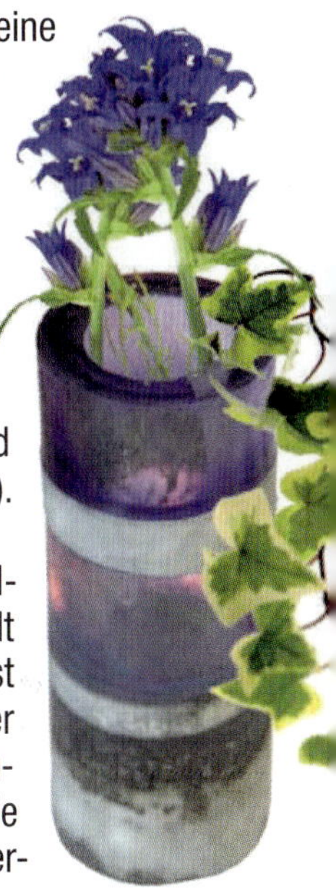

Diese Giesstechnik kann für vielfältige Formmodelle genauso angewandt werden. Als Formen eignen sich fast alle Kunststoffbehälter, wobei vorher überprüft werden muss, ob sie lösungsmittelbeständig sind, damit sie nicht von dem Giessharz angelöst werden können.

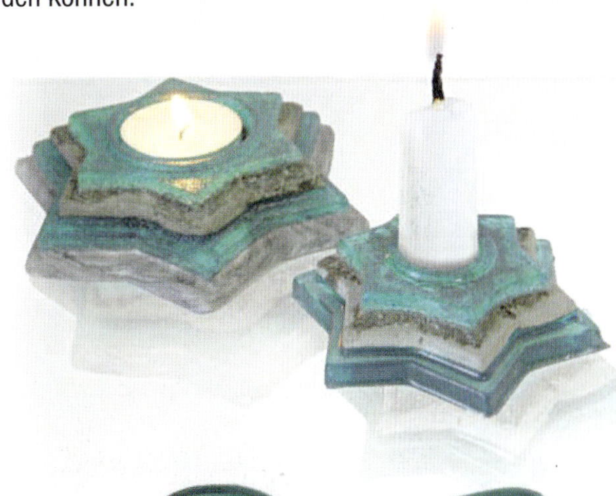

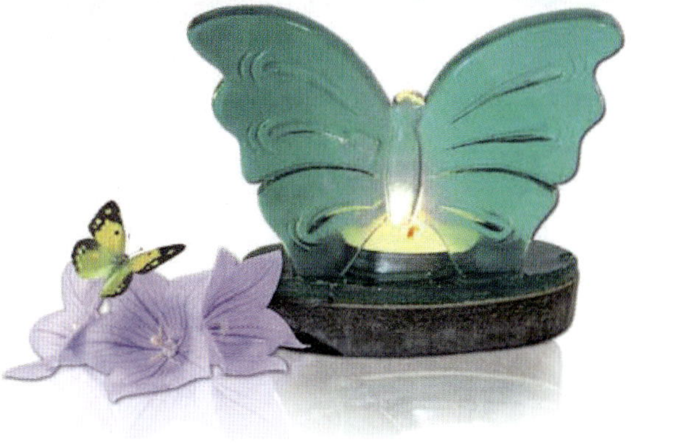

Für das Verarbeiten der Giessharze sind folgende Zusatzprodukte erforderlich:

- Formen-Trennmittel

Bevor Giessharz in eine Form gefüllt wird, muss sie zuerst mit diesem Formen-Trennmittel dünn ausgestrichen werden. Das Trennmittel ist rosa eingefärbt und zeigt auf den damit behandelten Flächen eine leicht rötliche Farbschicht, auf der die Gleichmässigkeit des Trennfilms (ohne Luftblasen) gut überprüft werden kann.

Das Giessharz wird erst dann in die Form gefüllt, wenn das Trennmittel vollständig trocken ist. Der Trennmittelfilm sorgt für eine glatte Giessharzfläche und wird nach Fertigstellung des Giesslings mit Wasser davon wieder abgewaschen.

Formen-Trennmittel eignet sich für alle Formen aus Glas, Metall, Kunststoff, Latex und Silicon. Es ermöglicht nicht nur das leichte Entformen der Giesslinge; schützt diese auch gegen das aggressive, im Giessharz enthaltene Styrol, was den Vorteil bietet, dass diese dadurch mehrmals benutzt werden können.

Formen-Trennmittel ist wasserlöslich. Es kann mit Wasser verdünnt werden, was dann zu empfehlen ist, wenn sehr feine, filigrane Formen damit ausgestrichen werden, bei denen die Struktur durch den Trennmittelauftrag nicht verändert werden darf. In diesem Fall ist ein Zumischen bis zu 10 % Wasser möglich. Arbeitsgeräte werden nach dem Gebrauch mit kaltem Wasser gereinigt.

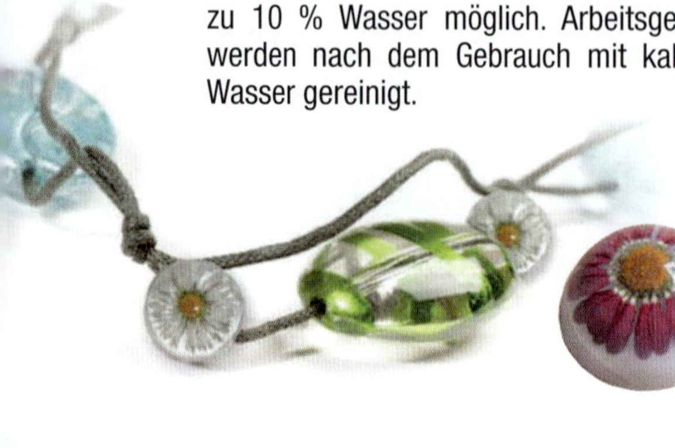

- Trennschicht in Latexformen

Wird eine Latexform mit diesem Trennmittel ausgestrichen, entsteht darin nach dem Ausgiessen mit Giessharz eine glänzende Figur. Wird die Latexform ohne Trennmittelschutz mit Giessharz ausgegossen, entnehmen Sie nach dem Aushärten daraus ein mattes Giessharzteil, das wie gefrostet aussieht. Dadurch haben Sie die Möglichkeit in einer Form zwei optisch unterschiedlich aussehende Giessteile herzustellen.

- Harz-Reiniger

Damit verschüttetes Giessharz und Harzrückstände von Pinseln, Händen und Arbeitsgeräten leicht wieder entfernt werden können, werden sie mit einem mit Harz-Reiniger getränkten Papier- oder Stofftuch gereinigt. Giessharzreste, die vom Mischen des Harzes mit dem Härter im Mischbecher verblieben sind, sollten nicht ausgewaschen werden. Die Harzmischung erhärtet in dem Mischbecher und kann einige Stunden später als feste Giessharzhaut daraus entfernt (herausgebrochen) werden. (Ausgehärtete Giessharze verbinden sich nicht mit Kunststoff.)

- Harz-Abtönfarbe

Für alle synthetischen Harze wie Kaltglasur (Epoxyharze), Polyurethan und Polyesterharze werden spezielle Abtönfarben zum Einfärben verwendet. Sie erhärten nach dem Vermischen in diesen Harzen mit aus. Verschüttete Farben können mit Harz-Reiniger verdünnt und entfernt werden.

Diese Spezialfarben sind stark pigmentiert, sodass bereits eine kleine Materialmenge ausreicht, um das Harz intensiv damit einzufärben. Harz-Abtönfarben gibt es in opaker, transparenter und metallischer Pigmentierung.

Alle Abtönfarben können miteinander vermischt werden, was besonders interessant ist, wenn spezielle Sonderfarben gewünscht werden.

- Schleifpapier

Zum Abschleifen und Egalisieren der ausgehärteten Giesslinge wird grobes Schleifpapier (z. B. Körnung 120) verwendet. Für das Vorschleifen können Sie auch eine Schleifscheibe oder Bandschleifgerät verwenden.

Beim Aushärten der Harzblöcke bilden sich daran scharfkantige Harzränder, die durch den Kapillareffekt* entstehen und nach dem Entformen des Giesslings durch das Abschleifen mit Schleifpapier entfernt werden müssen. Dazu wird zuerst der kantige Grad mit mittelfeinem Schleifpapier der Körnung 120, danach mit 220 entfernt. Anschliessend wird der Giessling mit Nassschleifpapier – Körnung 320, 400, dann 600 und zum Schluss mit 1000er so nachgearbeitet (geglättet), dass er fast transparent ist.

Wichtig: Giessling und Nassschleifpapier müssen zwischendurch mit Leitungswasser abgewaschen werden, damit keine Schleifreste zurückbleiben und den fast fertigen Giessling evtl. zum Schluss noch verkratzen. Schleifarbeiten lassen sich leichter auf einem „Schleifbrett“ machen.

- Schleifbrett

Damit das Schleifpapier während des Abschleifens der Giesslinge fest auf einer glatten Unterlage aufliegt, wird es in die seitlichen Halterungen des Schleifbrettes eingespannt. Anschliessend wird der Giessling in kreisenden Bewegungen darauf bewegt.

Auf das Schleifbrett kann auch ein Wolltuch gespannt und darauf Poliercreme aufgetragen werden. Darauf wird der Giessling dann nachpoliert.

- Poliercreme

Zum Glätten und Polieren der vorgeschliffenen Giesslinge wird Poliercreme verwendet. Voraussetzung ist, dass die Harzteile optimal geschliffen und geglättet werden und der letzte Schliff mit feinem 1000er Nassschleifpapier erfolgt. Durch das Schleifen wird die Giessharzfläche optimal geglättet, wobei sich nach dem Hochglanzpolieren mit diesem Poliermittel die gewünschte kristallklare Oberfläche des Giesslings bildet und wie kostbares Glas oder Kristall aussieht.

Poliercreme enthält Korund und Bimsmehl, das die Harzfläche schmirgelt, kleine Unebenheiten entfernt und die Oberfläche optimal poliert. Für diese wichtige Nacharbeit stehen verschiedene Poliermittel zur Auswahl:

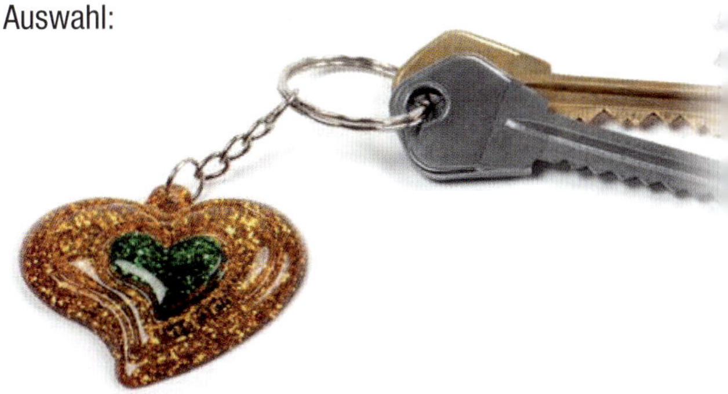

** Kapillareffekt oder Kapillarität (lat. capillaris) ist das Verhalten von Flüssigkeiten, das sie bei Kontakt in einem Gefäss (Form) zeigen. Taucht man beispielsweise ein an beiden Seiten offenes Glasröhrchen senkrecht ins Wasser, steigt dieses in der engen Glasröhre durch die Gravitationskraft etwas nach oben. Der Kapillareffekt wird durch die Oberflächenspannung von Flüssigkeiten in Verbindung mit der Grenzflächenspannung bei festen Gegenständen hervorgerufen.*

Blaugrüne Poliercreme (K) enthält feines Korund und sorgt für eine intensive Schleifwirkung. Die Giessharzflächen werden damit schnell geglättet. Es eignet sich gut als Putzmittel, um Geschirr und Gegenstände aus Edelmetall im neuen Glanz erstrahlen zu lassen, ist darüber hinaus auch gut zum Nachpolieren von Schmuckstücken und Kunststoffteilen verwendbar (Korund 800).

Grüne Poliercreme (PAG) wird bevorzugt für das Polieren von Acryl-, Plexiglas und Kunststoffscheiben für Boote, Flugzeuge und Hubschrauber verwendet. Das hochwertige Poliermaterial enthält kein Wachs, weshalb nach dem Polieren, auch bei Sonneneinwirkung, kein Spektraleffekt entsteht. Es eignet sich ausserdem für das Nacharbeiten vorgeschliffener Giesslinge.

Das Produkt ist etwas teurer als andere Poliermittel, wird aber wegen seiner hervorragenden Schleifqualität und Feinheit auch von Juwelieren zum Hochglanzpolieren kostbarer Ringe und anderer Schmuckstücke verwendet. Es enthält sehr feine Korund (1500), Salmiak und anderen hochwertigen Abriebstoffe, die für ein schonendes Polieren dieser Kostbarkeiten sorgen.

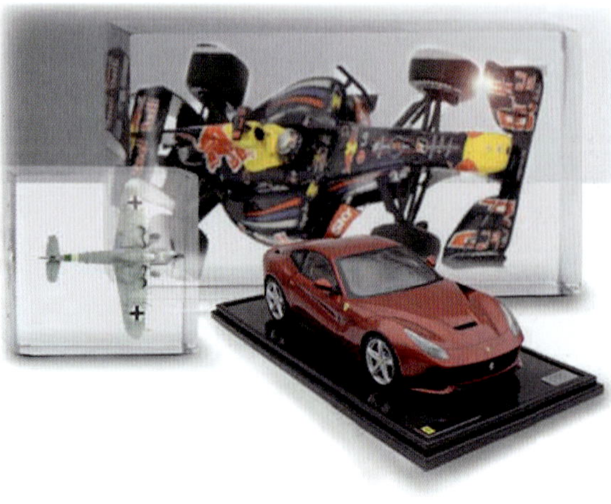

- <u>Giessharzformen</u>

Für das Herstellen der Giesslinge stehen stabile, mehrmals verwendbare Formen aus Polyethylen zur Verfügung.

Sie sind lösungsmittelbeständig und resistent gegen das im Giessharz enthaltene Styrol. Trotzdem müssen sie vor jedem Gebrauch mit dem Formen-Trennmittel ausgestrichen werden, was nicht nur ein leichteres Entformen der darin ausgehärteten Giesslinge, sondern auch eine längere Gebrauchsdauer der Formen gewährleistet.

Interessant sind auch kleine Seifengiessformen, die nur 8–10 mm hoch sind und mit transparentfarbigen Giessharzen ausgegossen werden. Darin entstehen wunderbare Dekorationsscheiben.

Alternativ gibt es dazu tiefgezogene Schmuckformen, die sich besonders gut für die Herstellung kleiner Schmuckanhänger, Broschenplatinen und glasähnlicher Dekorteile eignen.

- <u>Formen-Set</u>

Um Giessteile in beliebiger Form und Grösse, quadratisch, recht- oder dreieckig selbst herstellen zu können, werden die Kunststoffstreifen auf der aus Kunststoff bestehenden Grundplatte zu der gewünschten Form zusammengebaut und mit Formleim fest darauf verklebt.

Die Seitenränder des Formkastens werden durch das Aufkleben kleiner Holzklötze abgestützt. Nach dem Ausgiessen der Form mit Giessharz und dem Entformen des darin hergestellten Giesslings können alle Einzelteile dieses Formen-Sets wieder neu verwendet werden.

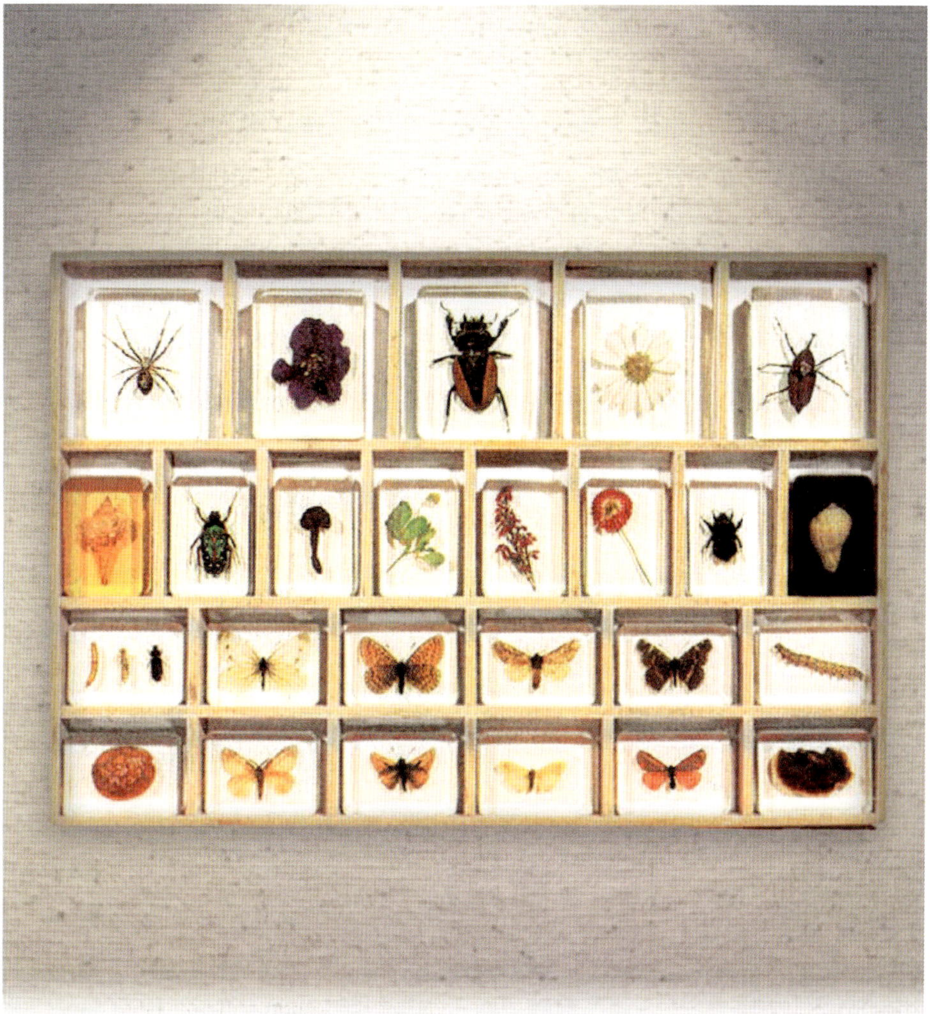

Aufbewahren fertiger Giesslinge

Die aus glasklarem Polyesterharz hergestellten Giesslinge behalten ihre Transparenz und Klarheit für ungefähr 3–5 Jahre. Danach beginnen sie etwas nachzudunkeln, was als Vergilben des Kunststoffs bezeichnet wird. Das passiert bei allen aus glasklarem Kunststoff hergestellten Gegenständen, genauso wie die aus Acryl, Plexiglas etc. gegossenen Formteile.

Die fertigen, aus XOR-Crystal-Giessharz gegossenen Gegenstände behalten ihre Transparenz und Brillanz allerdings über viele Jahre. Das liegt daran, dass dieses hochwertige Polyesterharz mit einem Lichtstabilisator ausgestattet ist, der es weitgehend UV-beständig, also fast vergilbungsfrei macht.

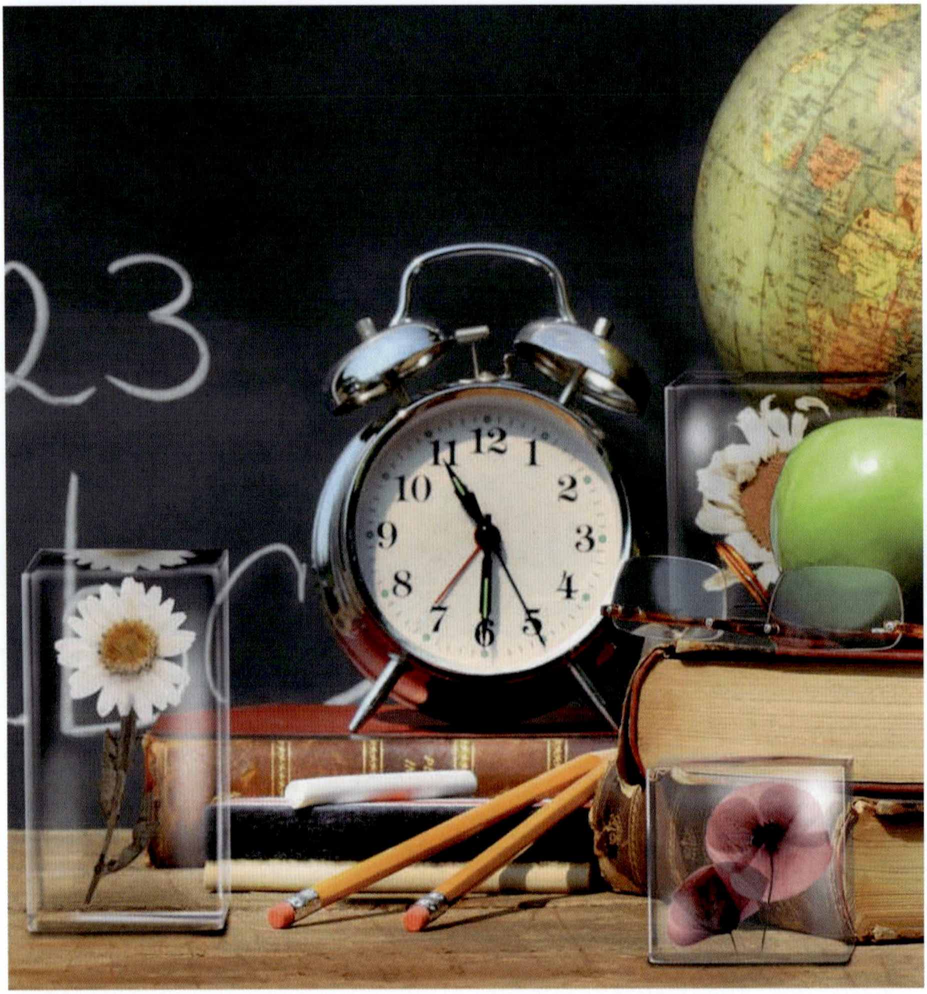

Dieses spezielle Polyesterharz unterscheidet sich durch seine niedrige Viskosität und erhöhte Fliessfähigkeit gegenüber dem Standard-Giessharz, zeichnet sich ausserdem als ein weltweit für das Anfertigen hochwertiger, wissenschaftlich genutzter Bio-Plastiken, verwendetes Spezialgiessharz, aus.

Verwendet wird XOR-Crystal-Polyesterharz bevorzugt zum Eingiessen natürlicher Objekte, zumal darin Insekten (Käfer, Schmetterlinge, Fliegen, Libellen, Wespen, Spinnen), kleine Kriechtiere, auch Schlangen, Echsen, Skorpione, Würmer, Raupen, ausserdem kleine Säugetiere (Hamster, Mäuse) sowie Meerestiere (Krebse, Seeigel, Seesterne, Fische) so perfekt eingegossen werden können, dass sie danach auch für wissenschaftliche Anwendungen und Lehrsysteme vielfältig genutzt werden können.

Die Palette der Eingiessmöglichkeiten

reicht noch weiter. So werden auch Präparate aus der organischen Medizin, z. B. die Innereien von Tieren (Magen, Niere, Herz) oder bestimmte Körperteile, die für Forschung und Ausbildung in Schulen und Universitäten wichtig sind, sorgfältig präpariert und darin eingegossen.

Pflanzen, Gräser, Farne, Blumen, Früchte und Gemüse (Blumenkohl, Zitronen, Gurken, Kartoffeln) oder daraus hergestellte Querschnittpräparate werden fachgerecht präpariert, konserviert und in dem glasklaren Giessharz zu einer wertvollen „Bio-Plastik“ verwandelt. Darin können auch komplette Biologien zusammengestellt werden, z. B. die Entwicklung eines Falters von der Raupe zur Puppe, zum Engerling bis hin zum zauberhaft aussehenden Schmetterling. Ergänzend könnte auch noch die Futterpflanze dieses Falters mit eingegossen und gezeigt werden.

Das alles ist möglich, weil XOR-Crystalharz mit einem chemischen Zusatzprodukt vermischt ist, von dem das Harz seinen Namen hat: XOR = Xeribilie-Operations-Recipient. Das ist ein Indikator, mit dem die Kompatibilität spezieller Präparierchemikalien mit dem Harz gewährleistet wird. Durch das Vorpräparieren, Ausrichten* und Nachkonservieren dieser Tiere mit diesen Chemikalien besteht die Möglichkeit, diese Objekte in ihrer natürlichen Erscheinungsform (Körperhaltung und Farbgebung) in das glasklare Giessharz einzubetten.

Diese Möglichkeit nutzt die Entomologie* besonders geschickt aus. Die Aufbewahrung unterschiedlicher Spezies eines Falters ist nach dem Eingiessen in einen glasklaren Giessharzblock wirkungsvoller zu zeigen und zu erklären. Der oder die Falter sind in dem Giessling geschützt und lassen sich deshalb auch im Studium, Unterricht etc. viel besser betrachten, als die in einem luftdicht verschlossenen Sammlungskasten mit einer Insektennadel aufgespiessten Falter.

Auch für die Aufbewahrung dieser meistens sehr zarten und zerbrechlichen Objekte bietet der Giessharzblock zusätzliche Sicherheit, zumal Speck-, Museumskäfer und andere Frassinsekten, Falter und Insekten sie nicht mehr zerstören können.

So verheissungsvoll das alles klingt, leider lässt sich das so nicht mit allen Insekten realisieren. Besondere Probleme bereiten beispielsweise einige Schmetterlinge, die mit fantastisch metallisch glänzenden Flügeldecken eine einmalige Farbenpracht präsentieren, deshalb zu den begehrtesten Sammlungsstücken zählen.

Bekannt sind sie aus dem Souvenirbereich, wo viele dieser schön aussehenden Falter in Sammlungskästen und kleinen, luftdicht verschliessbaren Insektenrahmen verpackt, verkauft wurden. Das ist heute nicht mehr möglich, da das Fangen und der Handel dieser geschützten Tiere durch das Washingtoner-Artenschutz-Übereinkommen eingeschränkt bzw. verboten wurde.

** Ausrichten von Insekten: Die oft bei Spaziergängen irgendwo in der Natur tot aufgefundenen Insekten oder anderen Kleintiere müssen vor dem Eingiessen in Giessharz sorgfältig gereinigt und aufgeweicht werden, damit sie präpariert werden können. Hinter dem Wort „ausrichten“ verbirgt sich beispielsweise das Wiederherstellen der natürlichen Lauf- oder Flugstellung eines Insekts.*

** Entomologie = Insektenkunde (lat. insecare, insec(a)tum = das Eingeschnittene). Zweig der Zoologie, der sich mit Insekten (Insecta), der artenreichsten Gruppe von Lebewesen, befasst. Und was für Falter gut ist, ist auch für alle anderen Insekten anwendbar, z. B. Käfer, Bienen, Hornissen, Raupen etc.*

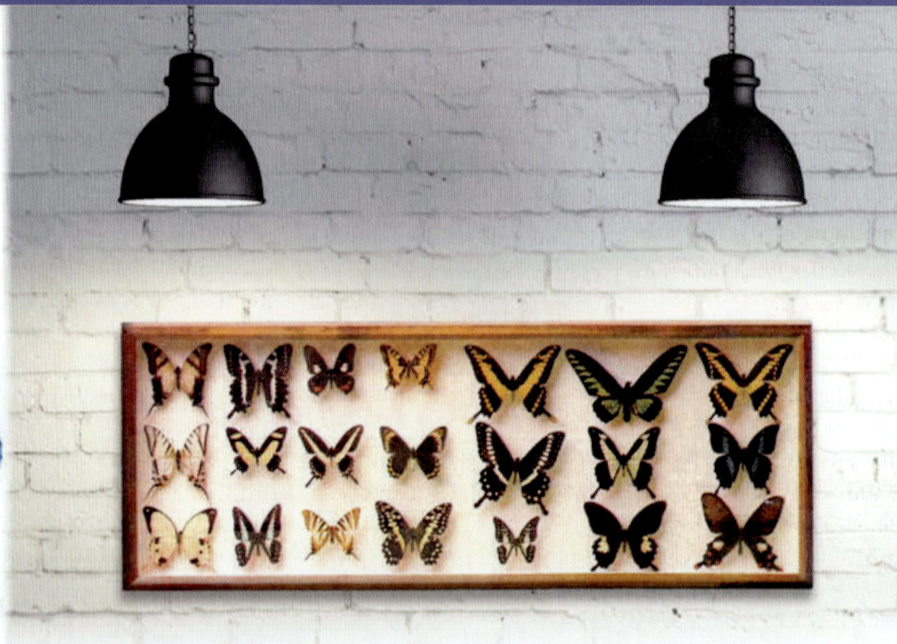

Der bekannteste Schmetterling dieser Art ist der „M. anaxibia Esp.“ aus der Familie „Morphidae“, der aus Brasilien stammt und durch seine metallischblauen Flügel mit so viel Schönheit und Faszination eine verständliche Begeisterung für das Sammeln dieser natürlichen Kostbarkeit ausgelöst hat.

Allerdings basiert die Farbgebung dieser Falter nicht auf einer wirklichen Einfärbung der Flügelschuppen, sondern auf Lichtreflexe. Die kleinen Lamellen der Flügel reflektieren das Licht und täuschen damit diesen Farbeffekt vor.

Das bedeutet, dass allein das Einsprühen des Falters mit Präparier-Spray diesen Effekt beseitigt, die Flügel danach schwarzgrau aussehen. Das gleiche passiert auch, wenn der Falter in einen Giessharzblock eingebettet wird. Nach dem Überdecken mit Giessharz hat er sein faszinierendes Aussehen verloren.

Es gibt zahlreiche andere Schmetterlinge, auch heimische, die nach dem Eingiessen in Giessharz ihre Farbenpracht nicht mehr strahlend zur Schau stellen, sondern etwas davon einbüssen. Ein Kohlweissling oder Zitronenfalter wirkt nach dem Eingiessen blasser. Falter mit hellen Flügeldecken verlieren einen Teil ihrer Farbwirkung und wirken in dem Harz fast transparent.

Dagegen kommen Falter mit Brauntönen, wie z. B. der Kleine Fuchs, Apollofalter, Admiral, einige Spinner (Kiefern- und Birkenspinner) seltene Schwärmer, z. B. der Weinschwärmer, farblich noch schöner heraus.

Ähnlich ist es bei Libellen, die nach dem Eingiessen fast farblos erscheinen, während Grillen und Heuschrecken ihre volle Farbgebung behalten. Diese Farbveränderung ist erfreulicherweise nicht bei allen Tieren zu finden.

Selbst exotischste Käfer, die mit ihren grüngoldenen Chitinpanzern wie kleine Goldstücke in der Sonne glänzen, behalten ihre fantastische Farbgebung und wirken noch interessanter, wenn ihre Flügeldecken geöffnet werden. Zum Vorschein kommen bei einigen Arten die darunterliegenden „Flugflügel", die ausgespannt einen einzigartigen Blickfang bieten, vor allem dann, wenn diese noch eine besondere Farbgebung haben, z. B. orange, goldgelb oder rot.

Interessant sehen die sorgfältig präparierten, ebenfalls mit ausgebreiteten Flügeln in das Harz eingegossenen Hummeln, Bienen, Wespen und Hornissen aus, die in dieser Flugstellung in aller Ruhe genau betrachtet werden können.

Berücksichtigen Sie, dass viele Insekten heute geschützt sind und das Fangen in der freien Natur nicht mehr erlaubt ist, deshalb bei Nichtbeachtung bestraft wird.

Wenn Sie tote Tiere finden, diese sorgfältig reinigen, präparieren, ausrichten und eingiessen, werden Sie sich über das Ergebnis dieser Arbeit zusätzlich freuen. Weil Sie das Glück hatten, so eines dieser kostbaren Geschöpfe zu bekommen, es präparieren konnten, damit es wieder sein natürliches Aussehen zeigt.

Ähnlich ist es auch mit anderen Tieren, z. B. einem Goldfisch, den Sie an der Wasseroberfläche im Aquarium entdecken. Diese Tiere sollten Sie, wenn Sie die für das Vorkonservieren erforderlichen Präparierchemikalien nicht griffbereit vorrätig haben, sofort einfrieren. Ein toter Fisch kann für einige Wochen im Eisfach bleiben, eben so lange, bis Sie alles für die Präparation besorgt und vorbereitet haben.

Sie können auch die Skelette von kleinen Tieren eingiessen, z. B. das von einem Frosch oder einer Maus. Vorher müssen Sie die Knochen aber gründlich reinigen und entfetten.

Nicht ganz so ungewöhnlich ist das Sammeln, Trocknen und Eingiessen von Pflanzen. Das hat ohnehin Tradition, zumal Pharma- und Medizin-Studenten auch heute noch für ihr Studium Pflanzen sammeln müssen (siehe Informationen zum Thema: „Pflanzen pressen und trocknen"). Daneben können Sie auch alle anderen natürlichen Objekte trocknen und so präparieren, dass Sie sie ebenfalls in das Giessharz einbetten können, z. B. Äste bestimmter Bäume, Blätter, Früchte, Samen, Knospen, Pilze, Fossilien etc.

Es kommt ganz darauf an, in welcher Gegend oder Landschaft Sie unterwegs sind. So werden Ihnen in bestimmten Urlaubsregionen interessante Meerestiere, getrocknete Seesterne, kleine Schollen, kostbare Muscheln, Skorpione, Spinnen und andere Insekten, meistens getrocknet oder vorpräpariert, angeboten. Beachten Sie vor dem Kauf die Ausfuhrkriterien Ihres Urlaubslandes und informieren Sie sich, ob Sie diese natürlichen Kostbarkeiten mit nach Hause nehmen dürfen oder ob es sich um artgeschützte Tiere handelt, deren Mitnahme (Ausfuhr) verboten ist.

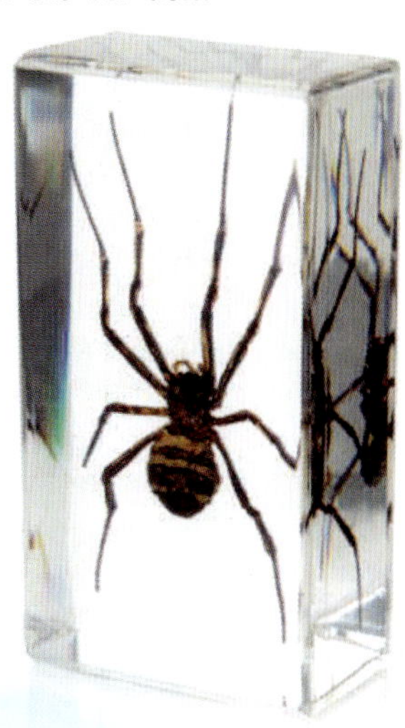

- Zweige, Äste, Holzteile

Gut ausgetrocknete Holzstücke und daraus hergestellte Gegenstände, z. B. Figuren, Räder, Knöpfe, kleine Boote, Fahrzeuge u. ä. können Sie problemlos in Giessharz einbetten. Wenn das Holzstück erst wenige Minuten zuvor von einem Zweig abgeschnitten wurde, muss es vor dem Eingiessen gründlich trocknen. Das frische, noch feuchte Holz enthält Wasser, das sich beim Eingiessen mit dem Giessharz vermischt. Dadurch würde das Harz milchig, also „verseifen". Der eingegossene Zweig wäre dann in dem Harzblock nicht mehr erkennbar.

Beim Eingiessen von Holzstücken, z. B. um die „Krankheit einer Baumrinde" langfristig sichtbar zu halten, wäre es vermutlich nicht möglich die Rinde vorher zu trocknen, weil dadurch nicht nur das wichtige Krankheitsbild, sondern auch die äusseren Erscheinungssymptome, bedingt durch das beim Trocknen parallel erfolgte Schrumpfen, beseitigt und zerstört würden. Deshalb muss der Zweig „nass" eingegossen werden, was eine Vorbehandlung bzw. einen Feuchtigkeitsaustausch mit Konservier-Hydroval erfordert. Eine genaue Anleitung finden Sie dazu im Kapitel „Präparationsfolge – Feuchtigkeitsaustausch".

Durch diese Anwendung spezieller Konservierungsmethoden kann das kleine Holzstück „nass" in das Giessharz eingebettet werden. Besonders vorteilhaft ist, dass das Krankheitsbild der Rinde erhalten bleibt und durch diese Vorpräparation nicht zerstört wird. Damit bietet sich beispielsweise eine sehr interessante Möglichkeit, wissenschaftliche Objekte für den schulischen Anschauungsunterricht und Lernprozess selbst herzustellen und langfristig zu erhalten.

- Mineralien – Fossilien

Beim Eingiessen von frischem Holz in Giessharz kann es ähnliche Ergebnisse, wie bei Mineralien und Fossilien, geben. Wenn diese Gesteine noch feucht sind und für den Erhalt im Giessharz erst getrocknet werden, kann es passieren, dass sie sich zersetzen, auseinanderbrechen oder zerbröseln. Deshalb sind Vorversuche mit kleinen Abfallstücken erforderlich, um sie zuerst zu konservieren (Feuchtigkeitsaustausch). Alternativ bestände die Möglichkeit sie durch eine Wärmebehandlung im Backofen schonend zu trocknen. Danach können sie in das Giessharz eingebettet werden. Durch das Einwirken des Harzes werden sie vermutlich etwas dunkler, was andererseits dazu beiträgt, dass die Steinstruktur in dem Giessharzblock noch besser zu erkennen ist.

Bruchempfindliche, trockene Steine können auch mit stark verdünnter Kaltglasur imprägniert werden. Dazu wird das Kaltglasurharz mit 20 % Kaltglasurharz-Verdünner vermischt und das verdünnte Harz dann im Verhältnis 1 : 1 nochmals mit Kaltglasurhärter vermischt. Damit können die trockenen Steine, Schieferplatten, Fossilien getränkt, imprägniert und stabilisiert werden. Empfindliche feuchte Steine (Felsplatten etc.), die nur „nass" eingegossen werden können, weil sie sonst zerfallen, müssen durch den bereits erwähnten Feuchtigkeitsaustausch zuerst konserviert werden und im Anschluss daran auch so weiterbehandelt werden.

- Pflanzen: Blätter, Gräser und Blumen

Beim Vorbehandeln von Pflanzen kommt es nicht so sehr auf die Präparation, mehr auf die Trocknung an. Die einfachste Möglichkeit, um Pflanzen für das Eingiessen vorzubereiten, besteht durch das Pressen und gleichzeitigen Trocknen in einer Pflanzenpresse.

Eine fast gleichwertige aber totale Präparation geschieht durch das Einsprühen natürlicher Eingiessobjekte (Schmetterlinge, Käfer, Raupen, Bienen, Fliegen usw.) mit Präparier-/Imprägnier-Spray.

Der Sprühlack legt sich hauchdünn auf den Körper der Insekten und bildet eine schützende Kontaktschicht, die dafür sorgt, dass sich das Giessharz beim Einbetten gut damit verbindet. Das Spray verschliesst auch kleine Körperöffnungen dieser Tiere und verhindert so, dass während der Reaktionsphase des Harzes daraus ungewollt Luft austritt.

Über diese Präparationsmethode haben Sie schon einiges im Kapitel „Pflanzen in der Pflanzenpresse trocknen" erfahren. Dabei ging es um das physikalische „Herausdrücken" natürlicher Feuchtigkeit aus den Pflanzen.

Die Vielfalt der Pflanzen ist so gross, dass es einige gibt, die so nicht präpariert werden können. Dafür gibt es andere Möglichkeiten: sie werden zu einem Strauss zusammengebunden und kopfüber aufgehängt, damit sie an der Luft trocknen. Dabei verlieren sie allerdings ihre natürliche Farbgebung, welken und haben mit dem bisherigen, natürlichen Aussehen nicht mehr viel gemeinsam. Deshalb bringt eine andere Trockentechnik bessere Ergebnisse: die Pflanzen werden in einem hygroskopen Konserviersalz getrocknet. Dadurch behalten sie ihr farbfrisches Aussehen und können danach naturgetreu in das Giessharz eingebettet werden.

Bei der Pflanzentrocknung gibt es eine Regel: je schneller eine Pflanze getrocknet wird, desto besser und frischer bleiben ihre Farben erhalten. Je langsamer sie trocknet, desto mehr Farbstoffe gehen verloren, sodass sie zum Schluss blass, ausgebleicht und unnatürlich aussieht.

Es gehört schon einiges an Erfahrung dazu, Pflanzen so zu pressen und zu trocknen, damit sie danach so frisch und schön aussehen wie zum Zeitpunkt des Pflückens. Leider ist es nicht möglich, für alle Blumen, Gräser, Farne und Blätter Präparations- und Trocknungshinweise zu geben.

Deshalb gibt es dafür nur einen Weg, es selbst herauszufinden: durch eigenes Experimentieren! Machen Sie kleine Exkursionen in die Welt der Natur. Pflücken Sie die Pflanzen in den Vormittagsstunden. Dann sind die Blüten schön aufgeblüht, frisch und farbaktiv, was am Nachmittag nicht mehr der Fall ist.

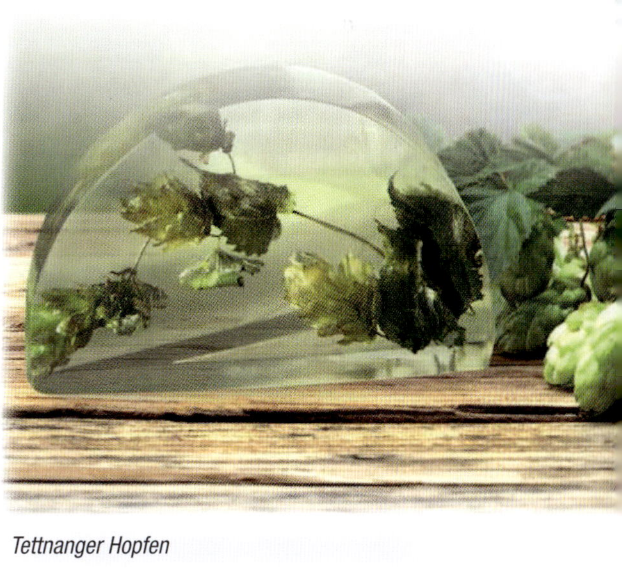

Tettnanger Hopfen

- <u>Pflanzen trocknen im Präpariersalz</u>

Diese Methode ermöglicht ein optimales, deshalb auch fachgerechtes Trocknen. Vorteilhaft ist ausserdem, dass Sie die komplette Pflanze mit Blüten und Blättern originalgetreu in ihrer natürlichen Form- und Farbgebung trocknen, sie so auch eingegossen wird.

Es gibt allerdings auch hier einiges zu beachten, damit die getrocknete Pflanze anschliessend wirklich noch so schön aussieht, wie sie einige Tage zuvor beim Pflücken war.

Schneiden Sie die Pflanze längenmässig so zu, dass sie gut in die ausgewählte Giessform passt. Achten Sie darauf, dass sie nicht zu viele Blätter hat. Es ist zwar bedeutsam, dass neben der Blüte auch die Blätter zu sehen sind, wichtig ist aber, dass die Blätter nicht als dichtes Büschel das gesamte Aussehen verunzieren.

Beim Einlegen einer Pflanze in das Trocknungsmittel müssen Sie darauf achten, dass Blüten und Blätter durch das Salz nicht geknickt, verbogen oder zerdrückt werden. Hinterher können sie nicht mehr geglättet oder umgeformt werden, weil sie bereits trocken, spröde und leicht zerbrechlich geworden sind.

Vor dem Einlegen der Pflanze in den Trocknungsbehälter befüllen Sie diesen mit einer 8–10 mm, gleichmässigen dicken Salzschicht.

Legen Sie die Blume auf das Salz und streuen Sie zusätzliches Salz mit einem Löffel neben die Pflanze. Drücken Sie es dann vorsichtig an die Pflanze heran. Achten Sie darauf, dass auch die Blätter damit bedeckt werden, und zwar so, dass sie natürlich auf dem Salzbett liegen und damit überstreut werden können, sodass die Pflanze zum Schluss vollständig in dem Salz eingebettet ist.

Die gleiche Sorgfalt müssen Sie auch beim Überstreuen und Bedecken der Blüte walten lassen. Verteilen Sie das Salz um die Blüte herum zu kleinen Häufchen und schieben diese mit dem Löffel vorsichtig an die Blütenknospe heran, damit einzelne Salzkörner in die Zwischenräume der Blütenblätter „einrieseln". Dadurch vermeiden Sie, dass diese durch das Salzgewicht zusammengedrückt werden. Erst wenn alle Zwischenräume der Blüte vollständig mit dem Salz befüllt sind, wird das restliche Material auf die Blüte geschüttet.

Wichtig: die Blüte muss damit von oben vollständig überdeckt sein. Beachten Sie, dass sie durch den direkten Salzkontakt getrocknet wird und das Salz fest anliegen muss. Wenn Blätter geknickt oder zerdrückt werden, trocknen sie auch so. Deshalb ist das Einbringen des Salzes in den Trocknungsbehälter eine wichtige Aufgabe, die bereits darüber entscheidet, ob die Blüte hinterher schön oder deformiert aussieht!

Durch das Aufhäufeln des Trockenmittels wird die Blüte an den Seiten stabilisiert und durch das folgende Einstreuen von oben so vorbereitet, dass sie durch das weitere Auffüllen des Behälters mit dem Salz nicht verformt oder zusammengedrückt werden kann. Bedecken Sie den Kunststoffbehälter danach mit einem passenden Deckel und achten Sie darauf, dass er luftdicht verschlossen ist. Stellen Sie das Gefäss da hin, wo es nicht bewegt wird und die Trocknung der Pflanze ungestört erfolgen kann.

Das Salz ist hygroskop. Es entzieht der darin eingebetteten Pflanze die Feuchtigkeit, sodass diese austrocknet, dadurch spröde und brüchig wird. Dieser Vorgang dauert ca. 4–6 Tage, was abhängig von der Dicke der Blüte, Stängel und Grösse der Pflanze ist. Danach können Sie sie vorsichtig aus dem Salz herausnehmen, mit Präparier-/Imprägnier-Spray einsprühen und zum Eingiessen in das Giessharz verwenden.

Das Herausnehmen der trockenen, deshalb bruchempfindlichen Pflanze funktioniert folgendermassen: Legen Sie eine Zeitung auf die Arbeitsfläche und halten Sie den bereits geöffneten Trocknungsbehälter waagerecht darüber. Kippen Sie ihn etwas nach vorne, damit die Öffnung nach unten zeigt und das darin enthaltene Salz langsam auf die darunterliegende Zeitung rieselt. Drücken Sie gleichzeitig mit den Fingern etwas gegen die Pflanze, damit sie in dem Gefäss verbleibt. Danach können Sie vorsichtig daraus entnehmen, etwas abschütteln, damit das noch daran haftende Salz abfällt. Das muss sehr behutsam gemacht werden, weil sie sehr zerbrechlich ist.

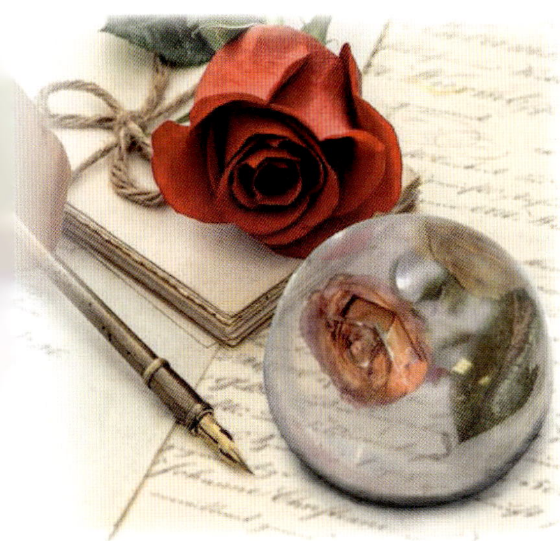

Dieses Beispiel der Pflanzentrocknung eignet sich auch für grosse Blüten, die direkt mit dem unmittelbar unter der Blüte abgeschnittenen Blütenstiel waagerecht auf das Salz gelegt und damit überdeckt werden. Auch hier erfordert das Aufstreuen des Salzes viel Sorgfalt, wozu Sie wieder einen Löffel verwenden. Durch erhöhtes Aufschütten rieselt das Salz seitlich zwischen die Blütenblätter hindurch und führt zu einem sukzessiven Auffüllen. Erst dann, wenn die Blüte komplett gefüllt ist, bedecken Sie sie mit dem restlichen Salz.

Es gibt unterschiedliche Trocknungsmittel. Während das Trocknungssalz früher mit einem blauen Indikator* (Kobalt) versehen war, enthält es heute einen rötlichen. Das frühere sogenannte „Blau-Gel" darf nicht mehr für diese Trocknungstechnik verwendet werden, da es krebserregende Stoffe enthält.

Der in das Salz mit eingemischte Indikator ist wichtig und informiert darüber, ob es noch gebrauchsfähig ist oder nicht. Zeigt es eine rote bzw. rötlichbraune Färbung, ist es hygroskop und bereit Wasser aufzunehmen. Durch die Feuchtigkeitsaufnahme wird es gelblich. Es ist trotzdem noch gebrauchsfähig, muss allerdings erst wieder regeneriert werden. Dazu legen Sie einen Bogen Zeitungspapier auf ein Backblech, schütten das Salz darauf und stellen den Blechbehälter in den Backofen. Stellen Sie die Backofentemperatur auf 150–180 °C ein. Öffnen Sie zwischendurch die Ofentür,

** Indikator = lat. Anzeiger – Substanz zum Erkennen chemischer Vorgänge oder Zustände, meist Farbstoff, der durch eine typische Farbänderung bestimmte Reaktionen oder Verhältnisse, besonders den pH-Wert einer Lösung – hier den Feuchtigkeitsgehalt des Salzes – anzeigt.*

um das Salz auf dem Backblech mit einem Holzlöffel (Kochlöffel) so zu wenden, dass alle Salzschichten getrocknet werden.

Den Erfolg Ihrer Arbeit können Sie durch das Sichtfenster des Backofens kontrollieren: Durch die Wärme trocknet das Salz und die darin enthaltene Feuchtigkeit entweicht aus dem Backofen. Danach zeigt es wieder sein rötliches Aussehen.

Damit die Feuchtigkeit aus dem Ofen entweichen kann, müssen Sie bei einem Backofen ohne Selbstentlüftung die Ofentür einen Spalt weit geöffnet halten.

Kleine Blütenpflanzen werden innerhalb weniger Tage in dem Salz getrocknet. Sie verlieren dabei wenig oder überhaupt keine Farbe, was allerdings auch vom Farbton und der Art der Blüten abhängt.

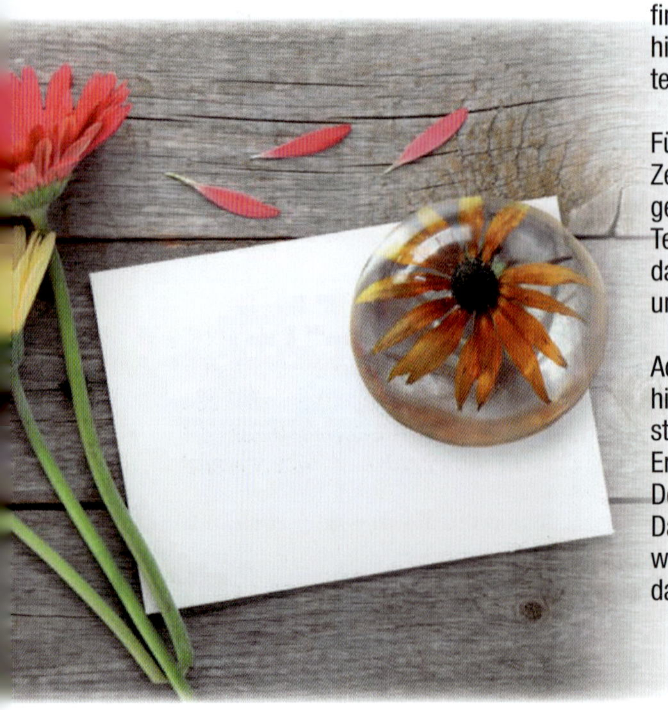

Blau kann sich durch das Trocknen zu einem Zartblau, Violett oder Weiss verändern, weisse Blüten bekommen einen Elfenbeinfarbton. Gelbe Blüten behalten meistens ihre Farbe. Bei einigen Pflanzen passiert es auch, dass sich beispielsweise der Gelbton verfärbt und weiss, ockerfarbig oder braun wird.

Die besten Ergebnisse werden mit dem hochwertigen Floristensalz erzielt. Darin werden die Pflanzen sehr schnell getrocknet. Die hohe Salzkonzentration verhindert gleichzeitig ein Anhaften des Materials an den Pflanzen. Darüber hinaus eignet es sich auch ausgezeichnet für die Heissdehydratisierung (Schnelltrocknung), was besonders für grosse, dickfleischige Blüten und empfindliche Pflanzen zu empfehlen ist, z. B. Rosen und Orchideen.

Die Heisstrocknung ist auch für farbempfindliche Pflanzen anwendbar, weil auch hier durch das schnelle Trocknen die Blütenfarbe fast vollständig erhalten bleibt.

Für diese Methode wird ein Backblech mit Zeitungspapier belegt und das Salz darauf geschüttet. Es wird im Backofen auf eine Temperatur von 30 – 35 °C vorgeheizt und danach sofort in den Trocknungsbehälter umgefüllt.

Achten Sie darauf, dass die Pflanze auch hier vorsichtig damit umhüllt und vollständig darin eingebettet wird. Durch das Erwärmen des Trocknungssalzes wird die Dehydratisation (Trocknung) beschleunigt. Das Salz entzieht der Pflanze innerhalb weniger Minuten einen grossen Teil der darin enthaltenen Feuchtigkeit.

Dadurch bleiben Farbstoffe, z. B. das Blattgrün (Chlorophyll*) oder der Blütenfarbstoff (Anthocyane**) in der Pflanze erhalten, wodurch sie ihre natürliche Farbgebung behält. Im Gegensatz dazu verliert eine Pflanze bei zu langsamer Trocknung ihre Farbe. Eine weisse Rosenblüte wird durch langsames Trocknen beispielsweise elfenbeinfarbig, danach gelbbraun.

Wichtig: Die sogenannte „Heissdehydratisierung" ist für zarte Pflanzen und kleine Blüten nicht geeignet. Sie würden durch die hohe Temperatur sofort „verdorren", weil sie aufgrund zu geringer pflanzlicher Substanz zu wärmeempfindlich sind. Achten Sie deshalb bei dieser Trocknungstechnik darauf, dass das Salz nicht zu heiss in den Trocknungsbehälter eingefüllt wird. Beschädigt werden dadurch auch „fleischige" und „dickstielige" Pflanzen, die durch eine zu hohe „Salztemperatur" verbrennen (verkochen).

Die Vielfältigkeit der Natur hat mit der einzigartigen Blüten- und Formenvielfalt zahlreiche Pflanzen erschaffen, die nicht in das Trocknungssalz eingebettet werden dürfen. Denken Sie z. B. an die „Pusteblume", die durch das Salz sofort zerstört würde oder das Veilchen, das mit so empfindlichen Blütenblättern ausgestattet ist, dass es generell nicht mit dem Salz in Kontakt kommen darf.

- Pflanzenpräparation

Nach dem Trocknen werden die Pflanzen mit Präparier-/Imprägnier-Spray vorsichtig eingesprüht. Achten Sie darauf, dass der Sprühstrahl aus einer Mindestentfernung von ca. 20–25 cm erfolgt. Dadurch wird vermieden, dass zarte Blütenteile abgerissen, eingedrückt oder abgebrochen werden. Der Spraylack muss die Pflanze überall gleichmässig bedecken. Dadurch wird sie nicht nur gefestigt, sondern auch so konserviert, dass sie nach dem Trocknen des Präparierlackes in das Giessharz eingebettet werden kann.

Zu beobachten ist ausserdem, dass bei einigen Blüten durch den Lackauftrag Farbabschwächungen, die durch das Trocknen entstanden sind, teilweise wieder kompensiert werden und sie durch diesen Schutzlack ihr natürliches Aussehen zurückerhalten. Der Spray schützt empfindliche Pflanzen auch vor dem Ausbleichen durch das im Giessharz enthaltene Styrol.

Zum Eingiessen der Blüte wird eine Harzmenge als Grundschicht in die Form eingefüllt. Nach dem Aushärten folgt die nächste, auf die die Blüte aufgelegt wird.

Die Giessschicht ist so hoch zu bemessen, dass die Blüte frei darauf schwimmt und sich darunter keine Luftblasen festsetzen können. Um das zu erreichen, wird die Blüte so in das Giessharz eingelegt, dass die Blütenöffnung nach oben zeigt und durch das zusätzliche Einfüllen einer kleinen Harzmenge so in dieser Stellung im Harz verbleibt (Blüte darf nicht aufschwimmen).

Parallel dazu muss sie während dieser Aushärtephase von oben so fixiert werden, dass sie sich nicht verdreht. Bei den nachfolgenden Harzschichten muss die Schichthöhe auf max. 8 – 10 mm begrenzt werden.

Es gibt noch eine zweite Eingiessmethode. Dazu wird das Giessharz in einer etwas höheren Schicht in die Form gefüllt und die Blüte mit der offenen Seite so darauf gelegt, dass sie im Anschluss daran vorsichtig mit einem Rührholz so in das Harz eingetaucht werden kann, dass das Harz die Blüte auch von oben überdeckt, dabei evtl. Luftblasen durch leichtes Hin- und Herbewegen der Blüte beseitigt werden.

Zu beachten ist, dass weder auf der Blütenrückseite noch zwischen den Blütenblättern Luftblasen verbleiben dürfen. Deshalb muss sie so tief wie möglich in das Harz eingetaucht werden, damit es darin einfliessen und die dort festsitzenden Luftblasen wegdrücken kann. Das muss sehr sorgfältig gemacht werden, damit die Blüte dabei nicht beschädigt wird.

Nach dem Aushärten dieser Harzschicht folgt die nächste, die vorsichtig daraufgegossen wird. Für das Vervollständigen des Giesslings ist dann nur noch eine dünne Schlussschicht erforderlich, die auch eingefärbt werden kann. Wenn Sie eine Pflanze oder Blüte in einem gelungenen Giessling sehen, entsteht der Eindruck, dass das Eingiessen dieser wertvollen Eingiessobjekte recht einfach sein muss. Das ist leider nicht so. Deshalb müssen Sie für jedes Objekt eine eigene „Eingiessstrategie“ entwickeln.

Wird beispielsweise eine Blume der Länge nach in eine rechteckige Form eingebettet, muss sie beim Eingiessen abgestützt werden. Die Blüte soll durch ihr Gewicht nicht mit verknickten Blütenblättern auf dem Boden der Giessform aufliegen. Deshalb wird der Stängel der Pflanze mit Garnfäden so in die Form gehängt, dass die Blüte und ihre Blätter frei in der Harzmischung schweben. Beim Eingiessen der zweiten Harzmischung muss darauf geachtet werden, dass der zum Abstützen des Stängels verwendete Garnfaden nicht davon berührt wird.

Nach dem Gelieren dieser Harzschicht wird das Garn der Aufhängevorrichtung von dem Stängel entfernt und die jetzt fest in dem Giessharz integrierte Pflanze durch das Aufgiessen weiterer Harzschichten vollständig darin eingebettet.

Für das Eingiessen einer grossen Pflanze wird eine längliche Form verwendet, bei der die Bodenplatte so viel Betrachtungsfläche bietet, dass sie später in dem fertigen Giessharzblock ohne störende Giesslinien von dieser und der gegenüberliegenden Seite aus gut betrachtet werden kann.

** Chlorophyll: griech. „chlorós“ = gelbgrün„ phýllon“ = gelbgrünes Blatt. Bezeichnung für das grüne Blattpigment der assimilierenden Pflanzen, das sich in den Chloroplasten befindet und die Photosynthese der Pflanzen ermöglicht. Besteht aus blaugrünem und gelbgrünem Chlorophyll. Beide Verbindungen haben ein Porphyringerüst mit zentralem Magnesiumatom. Chlorophyll wird bei herbstlicher Laubfärbung abgebaut, weshalb dann auch andere Blattfarbstoffe, die in dieser Farbmischung mit enthalten sind (z. B. rote Carotinoide), hervortreten und die Blätter zuerst gelblichrot, danach braun verfärben.*

*** Anthocyane (Etymologie: griech. anthos = Blüte, Blume, kyáneos = dunkelblau) sind wasserlösliche Pflanzenfarbstoffe, die in nahezu allen höheren Pflanzen vorkommen und den Blüten und Früchten die rote, violette, blaue oder blau-schwarze Färbung geben. Sie gehören zu den Flavonoiden.*

**** Flavonoiden (lat.), Grundsubstanzen vieler gelber Blütenfarbstoffe, sind strukturell eng mit den Anthocyanen verwandt. Sie treten oft gemeinsam mit diesen auf, was Farben wie orange, hellrot und dottergelb ergibt.*

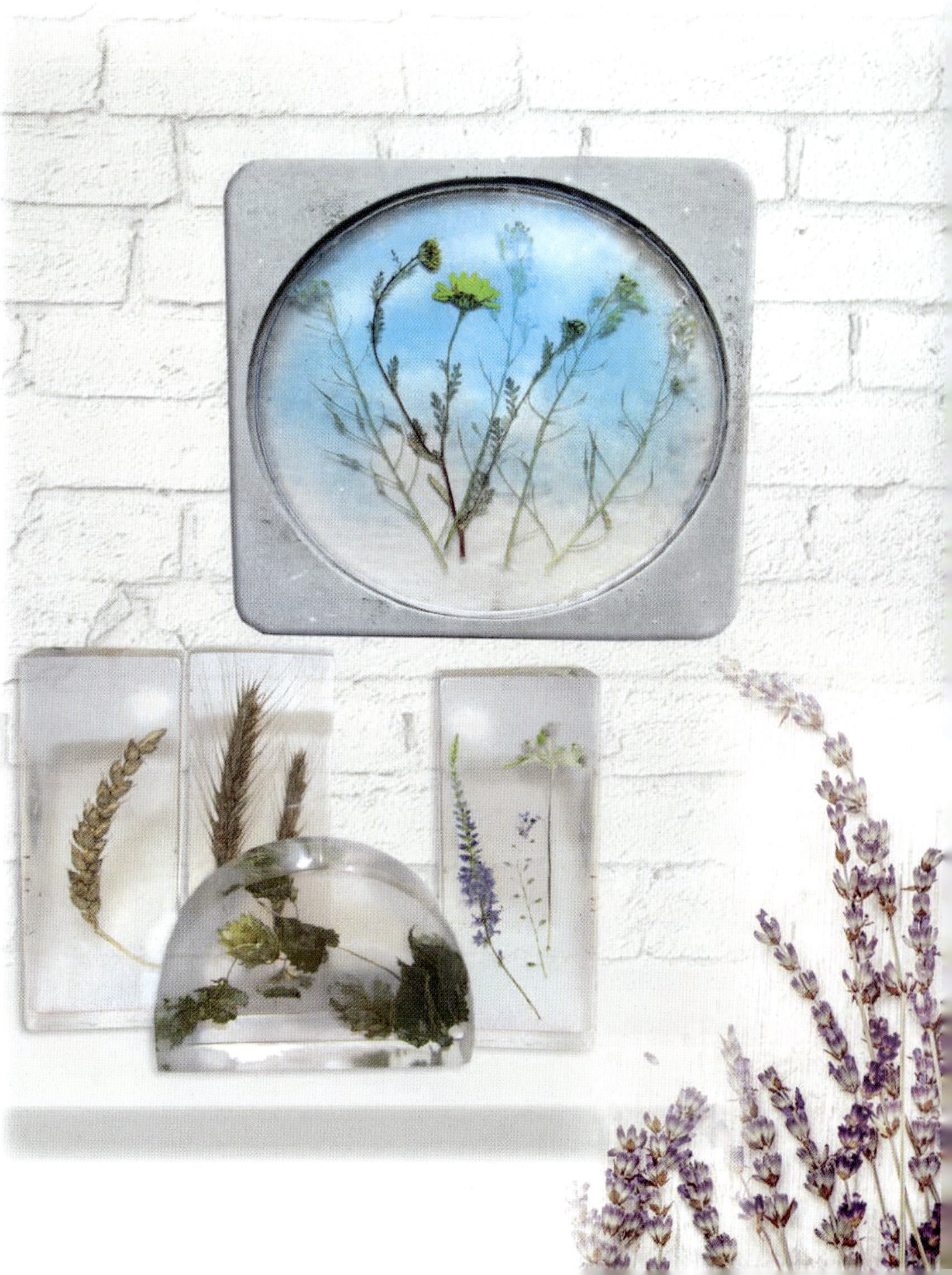

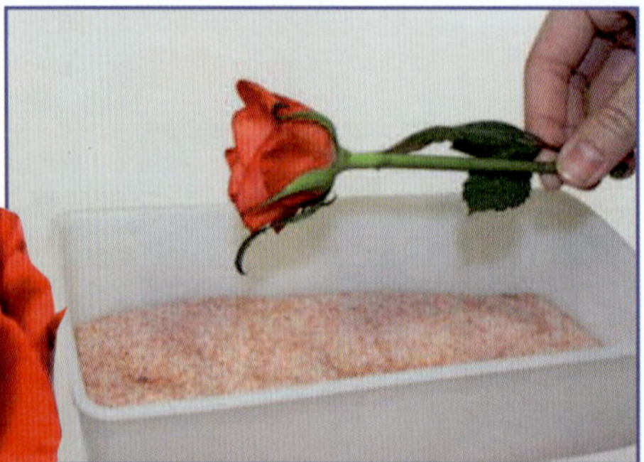

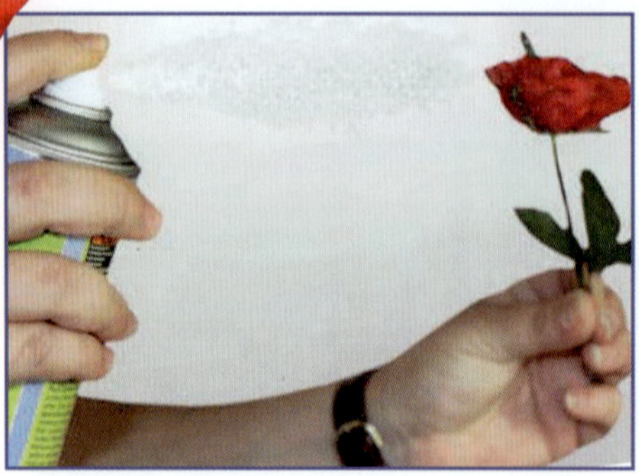

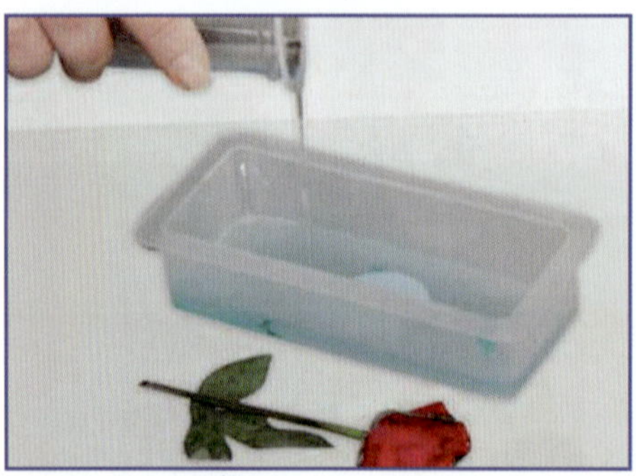

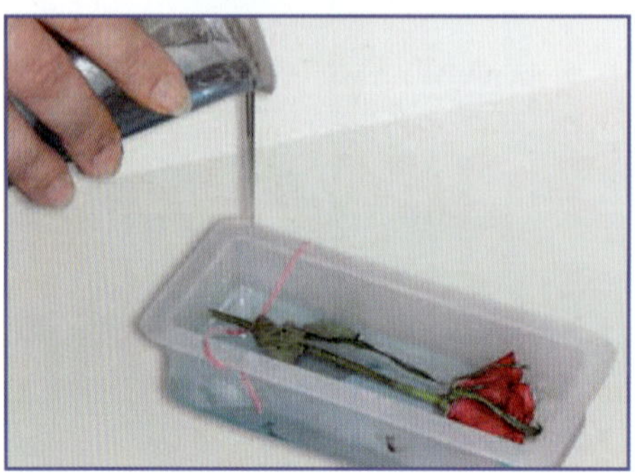

Rosen – natürlich schön!

Es ist schon eine Kunst, eine Rose, gerade erst erblüht, in ihrer schönsten Erscheinungsform zu erhalten. Durch das Einbetten in XOR-Crystal-Polyesterharz ist das möglich.

Die Rosenknospe- oder blüte enthält viel Feuchtigkeit, weshalb sie sehr schnell getrocknet werden muss. Dafür eignet sich das hochwertige Floristen-Trocknungssalz, das vorher im Backofen erwärmt wird. Es wird dazu auf ein mit Zeitungspapier belegtes Backblech geschüttet und für ungefähr 10–20 Minuten bei 50 °C im Backofen erhitzt. Zwischendurch wird es mit einem Holzlöffel so bewegt, dass alle Salzkristalle aufgeheizt (erwärmt) werden.

Da die Salztemperatur nicht genau kontrolliert werden kann, wird diese nach dem Herausnehmen aus dem Ofen ermittelt. Schieben Sie dazu die Spitze eines Thermometers in das Salz um die Temperatur zu ermitteln, die beim Einfüllen in den Trocknungsbehälter nicht mehr als 30 – 35 °C betragen darf.

Schütten Sie, wie gewohnt, erst eine kleine Salzmenge in den Behälter. Legen Sie die Rose darauf, die durch vorsichtiges „Unterschieben“ von zusätzlichem Salz waagerecht auf dem Salzbett positioniert wird. Füllen Sie mit einem Löffel weiteres Salz in den Behälter und schieben Sie es dann direkt an die Blüte heran um es darin einrieseln zu lassen. Überdecken Sie damit auch den Stängel und die Blätter. Achten Sie darauf, dass kein Blatt etc. verbogen oder geknickt wird. So, wie Sie die Rose in das warme Salz eingebettet haben, wird sie darin trocknen und hat diese Formgebung auch nach dem Herausnehmen.

Danach wird der Behälter mit dem Deckel luftdicht verschlossen. Die Rose muss ca. 4–6 Tage in dem Trockensalz verbleiben. Anschliessend wird sie sehr behutsam, wie schon beschrieben, aus dem Salzbett entnommen und sorgfältig mit Präparier-/ Imprägnier-Spray eingesprüht.

Beim Betrachten der Rose werden Sie feststellen, dass sie durch die „Heisstrocknung" ihr natürliches Aussehen behalten hat. Wichtig ist, dass sie dieses auch während und nach dem Einbetten in das Giessharz behält.

Füllen Sie die Harzmischung in der üblichen Schichthöhe in die Form. Achten Sie dabei auf eine Material- und Umgebungstemperatur von 18–20 °C.

Nach dem Aushärten folgt das Auflegen der Rose. Hängen Sie sie, wie bereits beschrieben, an einigen Stellen mit Fäden so in die Form, dass sie waagerecht darin schwebt.

Mischen Sie das Harz für die zweite 8–10 mm hohe Giessharzschicht, für die Sie eine Härtermenge von 1,4 % berücksichtigen. Befüllen Sie die Form damit so, dass bereits ein Teil der Blüte darin eingebettet ist.

Danach folgt die nächste Schicht, zu der 1,2 % Härter zugemischt werden. Das Harz wird so hoch aufgegossen, dass es die Fäden der Aufhängevorrichtung nicht erreicht. Nach dem Aushärten werden die Fäden entfernt und eine weitere Harzmenge (Schichthöhe 8–10 mm) mit 1,1 % Härter in die Form gefüllt.

Wichtig: legen Sie die Form in einen Behälter, der so weit mit kaltem Wasser befüllt ist, dass die Form zu ¾ damit umgeben ist. Dadurch wird das Harz zusätzlich etwas gekühlt, was verhindert, dass es zu heiss wird.

Abhängig von der Grösse und dem Durchmesser der Rose folgen weitere gleich hohe Schichten, die mit 0,9 %, 0,7 %, evtl. noch 0,5 % Härter vermischt werden.

Bedingt durch die Reduzierung der Härtermenge dauert die Aushärtung etwas länger, verhindert aber ein zu starkes Erhitzen des Giessblocks, durch das die Rose sonst zerstört (verbrannt) werden könnte.

Zum Schluss folgt die Deckschicht, die wie üblich in einer Schichtdicke von 2–4 mm aufgegossen wird. Dafür reicht eine Härterzugabe von 0,6 %. Diese Harzschicht wird bombiert aufgegossen, damit darauf eine Abdeckfolie gelegt werden kann und als Resultat ein spiegelglatter, ebener Harzblock entsteht.

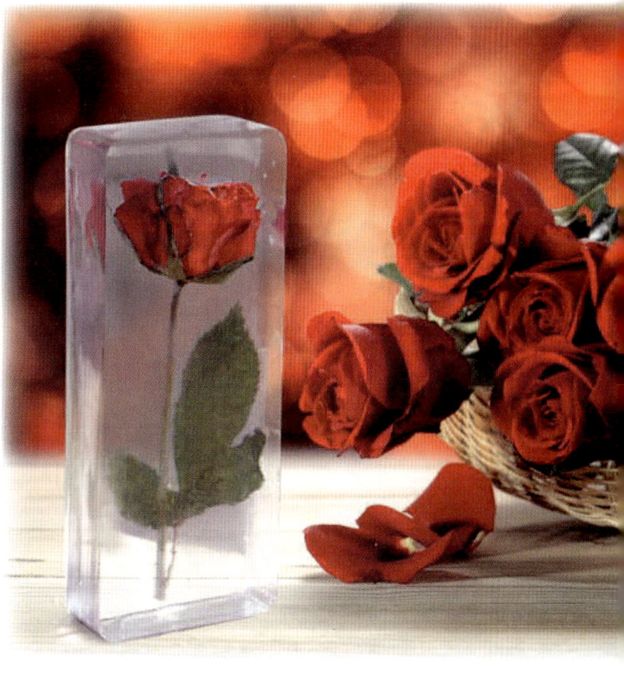

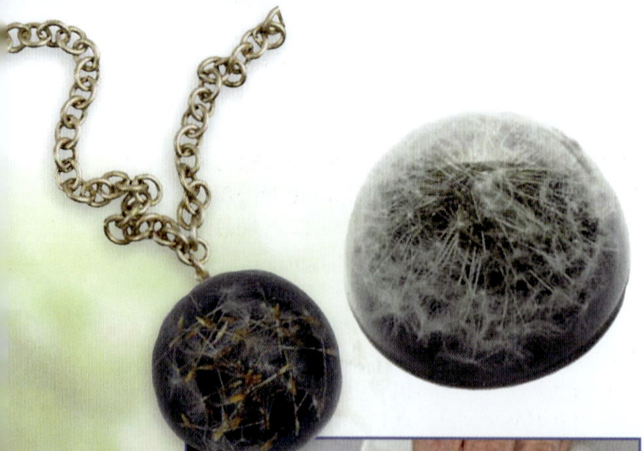

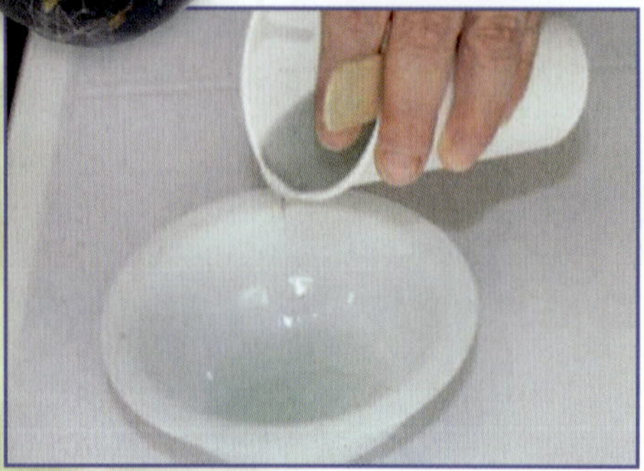

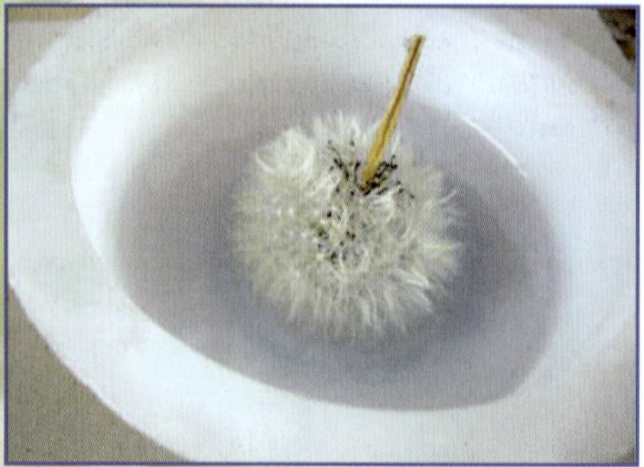

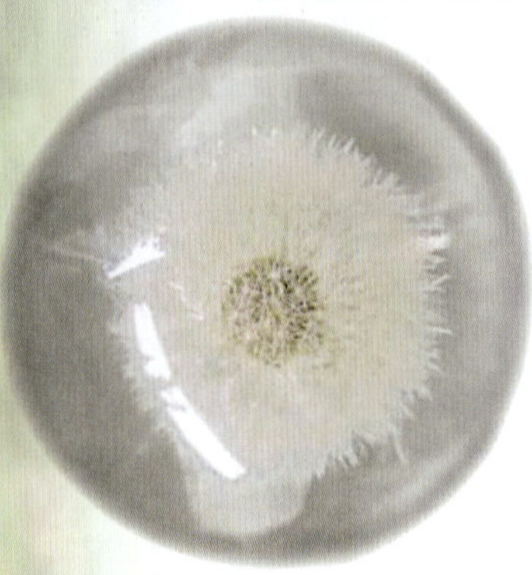

Löwenzahnblüte = „Pusteblume“

Zu den Bravourstücken der Eingiesstechnik gehört das perfekte Eingiessen einer Löwenzahnblüte, auch „Pusteblume“ genannt. Die Blüte wird am Morgen – gleich nach dem Aufblühen gepflückt.

Halten Sie mit einer Hand den Stängel und besprühen Sie sie mit dem Imprägnier-/Präparier-Spray, den Sie aus einer Entfernung von ca. 25 cm seitlich nach oben von verschiedenen Seiten in Richtung Blüte sprühen. Lassen Sie den Sprühlack von oben auf die Pusteblume „stauben“. Es kommt im Moment nur darauf an, dass Sie allseitig mit einer gleichmässig dünnen Lackschicht bedeckt wird. Hängen Sie die Blüte danach kopfüber an einem Faden auf.

Ca. 20 Minuten später wiederholen Sie diese Sprühtechnik erneut.

Dieser Vorgang muss dreimal gemacht werden, wobei zwischendurch immer eine Trocknungsphase von 15–20 Minuten zu berücksichtigen ist. Danach ist die Blüte vorpräpariert. Sie muss allerdings noch 1–2 Tage nachtrocknen, wobei sie etwas schrumpft, dadurch auch kleiner wird.

Die Blüte bietet sich ausgezeichnet für das Eingiessen in einer Halbkugelform an. Durch den Vergrösserungseffekt des fertigen Giesslings fällt die Verkleinerung nicht auf, da sie beim Betrachten des halbkugelförmigen Giesslings wieder gross erscheint.

Das gleiche geschieht auch, wenn zwei Halbkugelformen zusammengeklebt werden, was dann zu empfehlen ist, wenn eine grosse Pusteblume in einer Kugel präsentiert werden soll.

Dafür benötigen Sie zwei Halbkugelformen. Versehen Sie eine davon in der Mitte mit zwei Löchern, eines mit 2, das andere mit 4–5 mm Ø. Streichen Sie die Formen mit dem Formen-Trennmittel dünn aus. Legen Sie nach dem Trocknen des Trennmittels den Stängel der Pusteblume an der Stelle auf den Formrand, an der Sie vorher die zwei Löcher in die Form gebohrt haben. Befestigen Sie ihn von aussen mit einem oder mehreren Klebestreifen daran.

Bestreichen Sie die Ränder der beiden Formhälften mit Weissleim und legen Sie sie so zusammen, dass eine geschlossene Kugel entsteht.

Umkleben Sie die zwei nach aussen gerichteten Formränder mit Klebeband, um sie fest zusammen zu halten und gleichzeitig perfekt abzudichten. Stellen Sie die Kugelform so auf die Tischplatte, dass die darin befindlichen Löcher nach oben zeigen, während die darin enthaltene Blüte frei nach unten hängt.

Vermischen Sie eine Teilmenge des zum Ausgiessen der Form benötigten Harzes (125 ml) mit 1,2 % Härter und lassen es langsam durch die grosse Öffnung in die Form rinnen.

Das Einfüllen muss sehr sorgfältig gemacht werden, damit das Harz nicht auf die empfindliche Blüte tropft, sondern seitlich am Innenrand der Form nach unten fliesst und diese sukzessive füllt.

Vermischen Sie danach eine weitere Giessharzmenge (ungefähr 125 ml) mit der gleichen Härtermenge, die Sie genauso in die Form füllen.

Die vollständig befüllte Form muss für ca. 4–6 Stunden so stehen bleiben, damit die Harzmischung darin ungestört erhärtet. Lassen Sie den Giessling danach noch zwei weitere Tage in der Form, damit er vollständig aushärtet, dabei auch etwas schrumpft. Danach wird die fertige Harzkugel aus der Form entnommen.

Entfernen Sie zuerst das Klebeband. Legen Sie die Form dann in ein mit kaltem Wasser gefülltes Gefäss, damit der Formleim und die Reste des Trennmittels aufgelöst werden. Danach ziehen Sie die Formhälften vorsichtig auseinander. Dabei wird eine Formhälfte von der Kugel befreit. Legen Sie die Form mit der Giessharzkugel erneut für einige Minuten ins Wasser, damit auch sie sich von der Kugel löst und davon abgenommen werden kann.

Nach dem Abwaschen des Trennmittels entfernen Sie die auf der Giessharzkugel, etwas hervorstehende Naht mit Schleifpapier. Achten Sie darauf, dass diese sorgfältig abgeschliffen wird und die runde Form der Kugel erhalten bleibt.

Nach dem üblichen Bearbeiten (Schleifen) der Kugel mit Schleifpapier wird sie zum Schluss mit wasserfestem Schleifpapier Körnung 1000 nachgeschliffen und mit Poliercreme so überarbeitet, dass ein fantastischer, glasartiger Ball mit der darin eingebetteten Löwenzahnblüte entsteht.

Wenn Ihnen die Idee der Herstellung einer Kugel mit einem Eingiessobjekt gefallen hat, können Sie als nächstes auch eine schöne Rosenknospe so eingiessen.

Eingiessen biologischer Objekte

Am einfachsten ist es, Seesterne und Seepferdchen an der Sonne zu trocknen und danach im Giessharz einzubetten. Während diese Tiere einen starren Panzer haben, der durch das Trocknen nicht schrumpft, verlieren andere dadurch ihr Aussehen und ihre Farbe. Sie werden flach und unansehnlich, schrumpfen und sind hinterher nicht mehr als „natürliche Meerestiere" zu erkennen, was ärgerlich ist.

Bei einem Spaziergang findet man irgendwo am Wegesrand ein totes Tier, das bereits eingetrocknet, geschrumpft, schmutzig und unansehnlich geworden ist. Darin liegt oft der Reiz, diese Objekte vor dem weiteren Verfall zu schützen. Sie zu reinigen, präparieren und konservieren, um sie danach zu bestimmen* und in einen glasklaren Giessharzblock eingiessen zu können.

- Präparationsfolge

Wenn Sie Tiere oder andere organische Objekte mit Giessharz umhüllen wollen, müssen diese zuerst gereinigt, eingeweicht und präpariert, dazu evtl. auch ausgestopft, auf jeden Fall aber so ausgerichtet werden, dass sie wieder ein natürliches Aussehen erhalten. Anschliessend werden sie fachgerecht konserviert. Dafür gibt es verschiedene Präparationsmethoden und -chemikalien, die Sie vorab kennenlernen sollen.

1. Reinigung der Objekte

Der erste Arbeitsschritt besteht immer aus dem Reinigen der Objekte, die dazu in ein Reinigungsbad gelegt werden. Dafür wird warmes Wasser in ein kleines Gefäss gefüllt und zusätzlich 3 % Konservier-Hydroval und 1 Tropfen eines Spülmittels dazugegeben. Die Tiere verbleiben 1–2 Tage in dieser Füssigkeit. Danach werden sie vorsichtig, am besten mit einer Pinzette, daraus entnommen und in eine flache Glassschale gelegt, in die zusätzlich eine kleine Menge der Reinigungsflüssigkeit mit eingefüllt wird. Mit einem weichen Pinsel wird der Körper vorsichtig abgetupft. Tauchen Sie den Pinsel zwischendurch immer wieder in die Reinigungsflüssigkeit, damit die Tiere nass „abgetupft" werden.

Anschliessend folgt das Aufnehmen der Daten für das Objekt. Legen Sie dafür ein kleines Formblatt an, in das Sie die wichtigsten Angaben eintragen:

Objektblatt

Bezeichnung des Tieres: ______________________

Fundort: ____

Fundtag: ________ Uhrzeit: __________ Wetter zum Zeitpunkt des Auffindens: __________

____

Zustand des Tieres: durchnässt ( ) eingetrocknet ( ) angefressen ( ) verstaubt ( ) gut erhalten

( ) stark verschmutzt mit: ______________________________

Länge: ________ mm	Körper-Ø: ______mm	Gewicht: _______ g	Volumen: __________ml *

<u>Wichtig:</u> Fassen Sie das Tier nicht mit den Händen an. Verwenden Sie dafür immer eine Pinzette. Sonst kann es passieren, dass das natürliche Hautfett der Finger darauf übertragen wird oder Sie sich daran infizieren.

<u>2. Fixierung der Objekte</u>

In der Anatomie und Histologie ist es üblich, alle organischen Objekte, also alle toten Tiere, zuerst zu fixieren. Nachteilig ist, dass sie dadurch verfärben bzw. ausbleichen können. Natürlich gibt es in der Zwischenzeit Chemikalien und spezielle Rezepturen, die dafür besonders gut verwendbar sind. Es würde hier allerdings zu weit führen, um alle diese Vorbehandlungsmöglichkeiten aufzuführen. Deshalb machen Sie hier mit den wichtigsten Präparierchemikalien Bekanntschaft, die üblicherweise für eine Basiskonservierung ausreichen. Es kann allerdings passieren, dass das eine oder andere Objekt seine Farbgebung verändert und nicht mehr so natürlich aussieht, wie es war. Leider ist das nicht vermeidbar. Es geht hier auch nicht darum, einen Grundkurs für das fachgerechte Präparieren zu vermitteln, sondern die Aufbewahrung im glasklaren Giessharz zu zeigen, was allein schon einen erheblichen Vorbereitungsaufwand für das Präparieren und Konservieren erfordert.

Für die Grundkonservierung der meisten, besonders aber aller wasserhaltigen Objekte, wird Konservier-Lykolin verwendet. Diese Chemikalie verhindert den natürlichen Verfall der Objekte durch Fäulniserreger und Bakterien.

Damit desinfizieren und stabilisieren Sie die Objekte. Es ist wichtig, dass das Fixiermittel schnell in die Tiere eindringt. Dabei genügt es, wenn Sie beispielsweise Raupen, Schnecken und kleine Weichtiere direkt in das Fixiermittel einlegen.

Bei grösseren Tieren, z. B. Hamstern, Mäusen, Maulwürfen, kleinen Echsen, Schlangen oder Fischen sowie organischen Objekten, z. B. Organschnitten oder Embryonen, muss das Medium zusätzlich in die Objekte eingespritzt werden, was meistens durch den Mund oder After geschieht. Dadurch wird die Wirkung der Fixierung beschleunigt und das Ergebnis der Konservierung erheblich verbessert.

Beachten Sie, dass für diese Art der Konservierung ungefähr das 20-fache des Körpervolumens als Fixiermittel benötigt wird.

** Objekte bestimmen: In der Biologie werden alle Pflanzen und Tiere zu einer botanischen und zoologischen Systematik zusammengefasst, die in der wissenschaftlichen Reihenfolge mit der Spezies (Art) beginnt. Mehrere Spezies bilden eine Gattung, mehrere Gattungen eine Familie, mehrere Familien eine Ordnung, mehrere Ordnungen eine Klasse und mehrere Klassen einen Stamm oder eine Abteilung. Die zoologische Systematik kennt die Kategorie Abteilung nicht, gebraucht dafür den Begriff von Stamm.*

** Feststellung des Volumens: Nicht bei allen Tieren, besonders aber bei wasserhaltigen Objekten, die eine aufwändige Konservierung benötigen, ist es wichtig, das Volumen des Objekts zu kennen. Befüllen Sie dazu einen Messbecher beispielsweise mit 200 ml Wasser. Legen Sie das Objekt darein. Durch die Wasserverdrängung können Sie an der Skala des Messbechers den neuen Wasserstand ablesen. Die Differenz zwischen der eingefüllten Wassermenge und diesem Ergebnis stellt das Volumen des Objektes dar. (Die Volumenfeststellung ist nicht für empfindliche Insekten, z. B. Schmetterlinge, Bienen und Wespen geeignet). Danach werden die gereinigten Objekte auf einige, aufeinander gelegte Zeitungspapierbogen platziert, wo sie 1–2 Stunden nachtrocknen müssen.*

Um die Menge des benötigten Konserviermittels berechnen zu können, benötigen Sie das Volumen des Tieres. Diese Angabe finden Sie in dem Objektblatt, das Sie bereits angefertigt haben.

Wenn Sie das Konserviermittel erst besorgen müssen, sollten Sie das Präparat luftdicht in einem Plastikbeutel verpacken und im Tiefkühlfach einfrieren. Dort bleibt es so lange, bis Sie die Chemikalien für die Präparation und Konservierung erhalten haben. Danach wird es aufgetaut und in die Konservierflüssigkeit (Konservier-Lykolin) eingelegt, wo es ca. 2–4 Tage bleiben muss:

2 Tage = kleine Tiere: Käfer, Spinnen, Asseln, Wespen, Würmer, Raupen, Egel.

3 Tage = mittelgrosse Tiere: Schnecken, Skorpione, Krebse, Seeigel und Seepferdchen.

4 Tage = grosse Tiere: Echsen, Frösche, Schlangen, Mäuse und Fische.

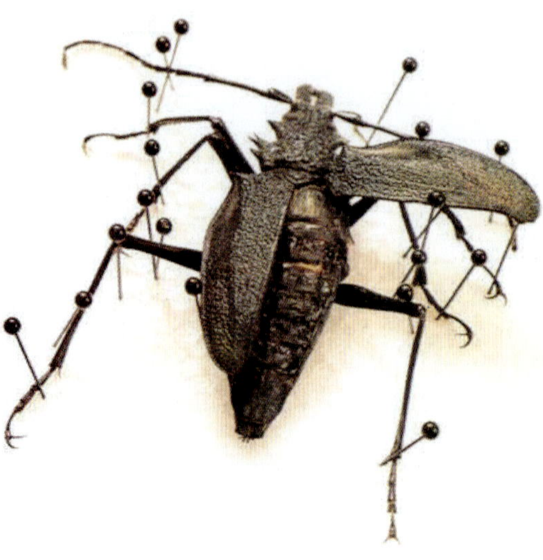

Nach dem Herausnehmen aus dem Fixiermedium werden sie auf einige Bogen Zeitungspapier gelegt, wo sie innerhalb von 2–3 Stunden abtrocknen.

3. Einweichbad

Meistens sind die Füsse der Tiere, unter dem Körper verschränkt und müssen zum Präparieren erst wieder aufgeweicht werden, damit sie in eine natürliche Laufstellung gebracht werden können. Beim Ausrichten von Käfern besteht die Möglichkeit zum Aufklappen der Chitin-Flügeldecken, um die bei einigen Objekten darunter befindlichen Flugflügel zusätzlich ausfalten zu können.

Skorpione und Würmer zeigen meistens eine verkrümmte Körperstellung. Auch sie müssen nach dem Aufweichen wieder in eine natürliche Lauf- bzw. Kriechstellung gebracht werden.

Die aufgefundenen Frösche sind meistens flach und wirken wie zusammengeklappt. Deshalb müssen sie zuerst mit präparierter Watte befüllt werden, um dem Körper dadurch wieder sein natürliches Aussehen zu verleihen. Vorteilhaft ist es, wenn die Watte mit einem bereits vorbeschleunigten Giessharz (ohne Härter) getränkt ist. Sie wird durch die Mundöffnung mit einem schmalen Rührholz in den Körper gedrückt und dieser von aussen so geformt, dass der Frosch eine natürliche Sitzhaltung erhält.

Vorteil: Diese Formgebung bleibt nach dem Einbetten und Aushärten des Harzes erhalten.

Diese Technik kann auch bei Schlangen und Eidechsen angewandt werden. Dazu wird diesen Tieren durch den Mund oder

After fertig gemischtes Giessharz so eingespritzt, dass es die darin enthaltenen Hohlräume ausfüllt. Diese Arbeit muss erfahrungsgemäss mehrmals wiederholt werden, da sich dabei immer wieder schlaffe Stellen zeigen, die erst nach und nach von dem Harz durchtränkt und ausgefüllt werden.

Die unterschiedlichsten Präparationstechniken und -möglichkeiten haben alle ein Ziel: Die durch das Trocknen teilweise zum Verfall vorbereiteten Tiere werden wieder so hergestellt, dass sie natürlich aussehen.

Das alles geschieht beim Einweichen und Präparieren. Und damit das überhaupt möglich ist, müssen die Gliedmassen der Tiere vorher weich gemacht werden, was im Einweichbad geschieht. Dafür benötigen Sie eine Einweichflüssigkeit, die Sie aus 90 g Wasser und 10 g Konservier-Hydroval mischen. Tränken Sie damit einen Wattebausch, den Sie in ein luftdicht verschliessbares „Einweichglas“ legen.

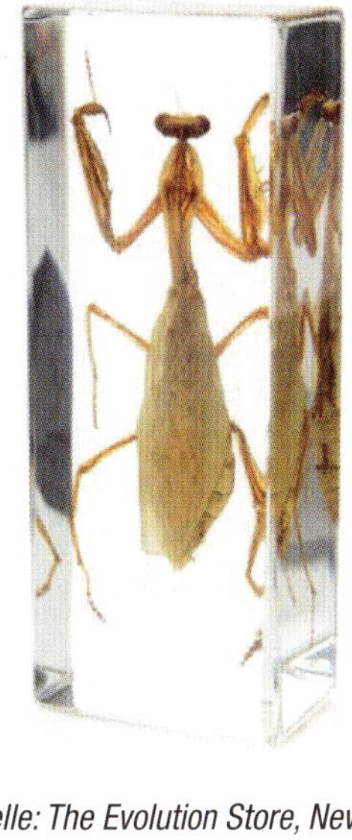

Quelle: The Evolution Store, New York.

Das Volumen dieses Behälters muss auf die Grösse des Tieres abgestimmt sein. Achten Sie darauf, dass das Objekt direkt mit dem Einweichmedium in Berührung kommt, darauf liegt und die Flüssigkeit die Gliedmassen und den Körper so erweicht, dass alle wieder normal bewegt werden können. Der Behälter muss luftdicht verschlossen werden, damit die Aufweichflüssigkeit für die nächsten 3–4 Tage darin enthalten bleibt.

4. Präparation

Die so vorbehandelten Tiere werden danach auf eine Unterlage aus Styrodur oder Styropor gelegt. Bei grösseren Tieren wird der Körper zusätzlich mit einem Styroporkeil unterlegt. Das ist wichtig, um die Gliedmassen (Beine und Füsse) in die richtige Laufstellung zu bringen, und zwar so, dass sie nach dem Trocknen wieder normal auf ihren Beinen stehen und natürlich aussehen. Zum Ausrichten werden die Beine vorsichtig hin- und herbewegt, bis sie in die richtige Laufstellung gebracht werden können. Sollte das nicht möglich sein, muss das Tier nochmals für 1–2 Tage in das Einweichgefäss gelegt und der Vorgang wiederholt werden. Die ausgerichteten Beine werden mit Stecknadeln, die links und rechts neben die Beine in die weiche Styrodurplatte gesteckt werden, fixiert.

Bei einigen Käfern können die Flügeldecken vorsichtig hoch und schräg nach oben aufgeklappt werden. Diese Arbeit muss, wie alles bei der Präparation, sehr behutsam gemacht werden. Danach können die unter den Chitinflügeln befindlichen Flugflügel vorsichtig mit einer Präpariernadel und Pinzette von dem Körper abgehoben bzw. aufgefaltet werden, um sie in einer waagerechter Flugstellung auszubreiten.

Es versteht sich fast von selbst, dass die Hände während dieser Arbeit mit Schutzhandschuhen geschützt werden müssen. Das ist wichtig, damit die Tiere beim Berühren mit den Fingern nicht mit dem Hautfett der Finger verunreinigt werden, auch deshalb, weil so keine Bakterien übertragen werden können (Infektionen vermeiden).

Bei Bienen, Wespen und Hornissen ist der bauschige Pelz vorsichtig mit einem mit Alkohol getränkten Pinsel abzubürsten, was sorgfältig gemacht werden muss, um die Tiere nicht zu beschädigen. Der feine Haarpanzer muss von evtl. Verkrustungen und Verklebungen befreit werden.

5. Zwischenpräparation

Die durch diese wichtige Behandlung „feucht" gewordenen Objekte müssen anschliessend für 3–4 Stunden in ein 70 %iges Äthanolbad gelegt werden. Dafür ist wiederum die 20-fache Volumenmenge als Medium erforderlich. Durch den Alkohol wird den Objekten Wasser entzogen, gleichzeitig wird das Gewebe gefestigt und gestärkt. Danach werden sie auf einige Bogen Zeitungspapier gelegt, um an der Luft zu trocknen. Die Trocknungszeit ist unterschiedlich und beträgt:

- 3–4 Tage für Tiere, die ohne Weiterbehandlung (Feuchtigkeitsaustausch) in das Giessharz eingebettet werden können, z. B. Seeigel, Seesterne, Seepferdchen, Spinnen, Skorpione, Käfer und Wespen.
- 2 Tage für organische Objekte, die anschliessend durch einen folgenden Feuchtigkeitsaustausch konserviert werden, also Würmer, Schlangen, Fische, Echsen, Krebse, Schnecken, Mäuse etc.
- Danach folgt die Konservierung, die den noch vorhandenen Wasseranteil durch ein anderes flüssiges mit Giessharz verträgliches Medium ersetzt und dadurch die Voraussetzung für das Einbetten in das XOR-Crystal-Polyesterharz schafft.

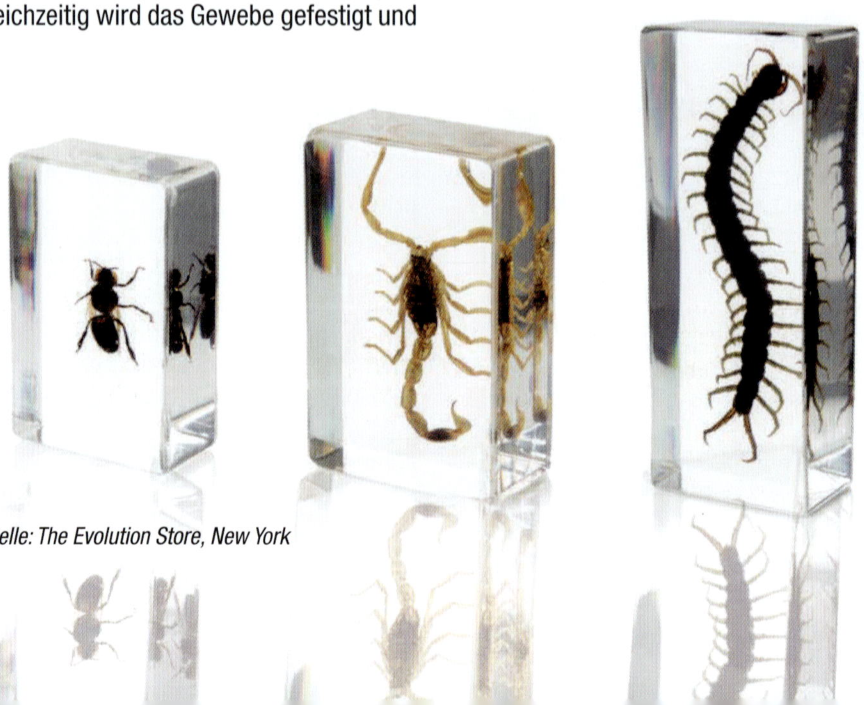

Quelle: The Evolution Store, New York

6. Feuchtigkeitsaustausch
Für den Feuchtigkeitsaustausch benötigen Sie Konservier-Hydroval, das dazu in einen luftdicht verschliessbaren Behälter gefüllt wird. Für jeden Konserviervorgang benötigen Sie die 20-fache Volumenmenge des Objekts. Die Konservierzeit beträgt bei kleinen Tieren 2–3, bei grösseren 3–4 Tage.

Danach erneuern Sie die Konservierflüssigkeit und belassen das Tier erneut 2–3 bzw. 3–4 Tage darin. Diesen Vorgang müssen Sie dann noch 3-mal wiederholen.

Bei der fünften und letzten Konservierung bleibt das Tier 4–5 Tage in dem Medium.

Die Fixierung bewirkt eine Reduzierung des Wassergehalts in dem Körper, ohne dass dadurch die Grösse oder Form beeinflusst wird. In den meisten Fällen bleibt dadurch auch die natürliche Farbgebung erhalten. Zum Schluss entnehmen Sie das Präparat aus der Flüssigkeit und legen es auf eine saugfähige Unterlage, wo es ungefähr 40–60 Minuten trocknen muss.

7. Konserviermedium neutralisieren
Während das Objekt etwas abtrocknet, befüllen Sie einen kleinen Behälter mit XOR-Crystalharz, ohne das es mit einem Härter vermischt wird.

Legen Sie das Tier in das „ungesättigte Polyesterharz“, wo es zwei Tage filtriert wird. Während dieser Zeit vermischt sich das darin enthaltene Konservierungsmittel mit dem Harz.

Kontrollieren Sie zwischendurch das für die Vorkonservierung verwendete Giessharz. Zeigt es eine leichte Trübung, bedeutet das, dass die zuvor durchgeführte Konservierung nicht ausreichend war, der Körper noch zu viel Wasser enthält. In diesem Fall müssen Sie das Objekt noch zwei- bis dreimal neutralisieren. Normalerweise reicht aber die beschriebene Vorkonservierung aus.

Das dafür verwendete Giessharz darf nicht für die hochwertige Einbettungsarbeit für dieses Tier verwendet werden. Sie können es aber für normale Eingiessarbeiten, z. B. für Muscheln, Steine etc. verbrauchen.

8. Eingiessen
Das vorpräparierte Tier kann dann in XOR-Crystal-Polyesterharz eingegossen werden.

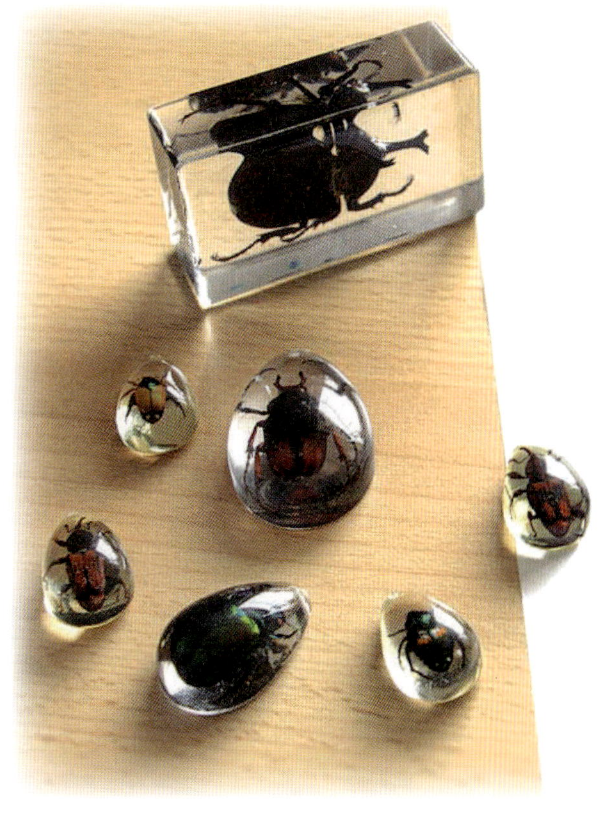

Wasserhaltige Tiere und Organe

Für das Vorbehandeln eines Goldfisches, der tot aus dem Aquarium geborgen wurde, für Molche, Egel, Frösche, Mäuse, Schlangen, organische Objekte, z. B. Magen, Niere, Leber von grösseren Tieren, ist eine etwas aufwändigere Präparations- und Konservierungsfolge notwendig:

Die Vorbehandlung dieser Objekte erfolgt in der gleichen, bereits beschriebenen Reihenfolge mit der Konservier-Fixierung.

Achten Sie darauf, dass Sie diese Chemikalien in ausreichender Menge vorrätig haben. Nach dem Vorkonservieren folgt die Phase des Abtrocknens, die bei diesen Tieren 3–4, bei grösseren 5–6 Stunden dauert.

Danach folgt das Entwässern, was bei wasserhaltigen Objekten durch das Einlegen in unterschiedliche Äthanolmischungen erfolgt.

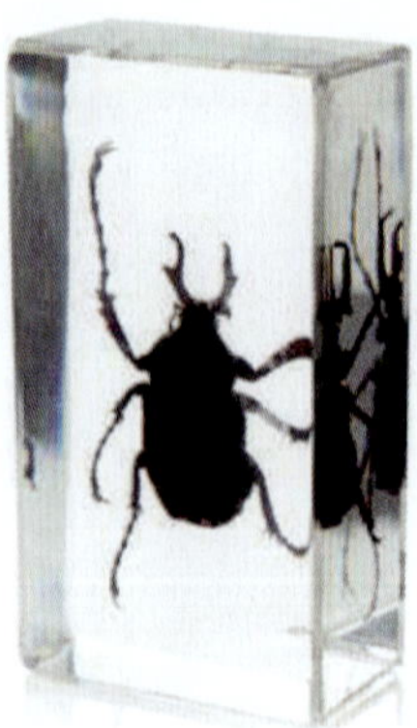

Quelle: The Evolution Store, New York.

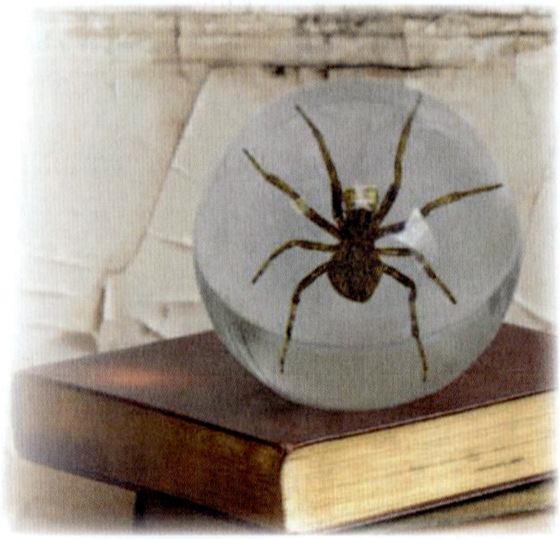

	Härterzugabe:	Besonderheiten:
Grundschicht nicht höher als 4 mm	1,60 %	–
Erste Giessschicht nicht höher als 8 mm	1,40 %	–
Zweite Giessschicht max. 8 mm	1,20 %	Wasserkühlung
Dritte Giessschicht max. 8 mm	1,00 %	Wasserkühlung
Vierte Giessschicht max. 6-8 mm	0,90 %	Wasserkühlung
Fünfte Giessschicht max. 6 mm	0,80 %	Wasserkühlung
Sechste und weitere Giessschichten max. 6 mm	0,70 %	Wasserkühlung
Bei jeder neuen Giessharzschicht den Harzanteil um 0,1 % reduzieren		Wasserkühlung
Schlussschicht max. 3 mm	0,50 % - 0,4 %	Wasserkühlung

Für die folgende Konservierung benötigen Sie Äthanol in unterschiedlicher Konzentration. Berücksichtigen Sie dafür einen Chemikalienbedarf von der 3-fachen Volumenmenge des Tieres. Das Objekt muss damit immer vollständig überdeckt sein. Das ist sehr wichtig. Deshalb sollten Sie für diese Behandlung einen nicht zu grossen, genau passenden Kunststoffbehälter verwenden.

1. Stufe = 2 Tage in 70 %igem Äthanol
2. Stufe = 3 Tage in 80 %igem Äthanol
3. Stufe = 3 Tage in 90–96 %igem Äthanol
4. Stufe = 3 Tage in Propan-2-ol absolut Stufe I
5. Stufe = 4 Tage in Propan-2-ol absolut Stufe II
6. Stufe = 4 Tage in Propan-2-ol und Monostyrol (Cinnamol) Verhältnis 1 : 1
7. Stufe = 2 Tage in Monostyrol (Cinnamol)
8. Stufe = 1 Tag in XOR-Crystal-Polyesterharz (ungesättigt) Danach wird das Objekt, wie beschrieben, in neu angemischtes XOR-Crystal-Polyesterharz eingebettet.

Wenn Sie sich für das Einbetten dieses Objektes viel Zeit genommen haben, sollte auch das Eingiessen sehr sorgfältig gemacht werden.

- Harztemperatur vor dem Gebrauch prüfen: max. 18 °C.
- Umgebungstemperatur: max 18 - 20 °C.
- Härterzugabe: max. 1,4 %, danach 1,2 %.

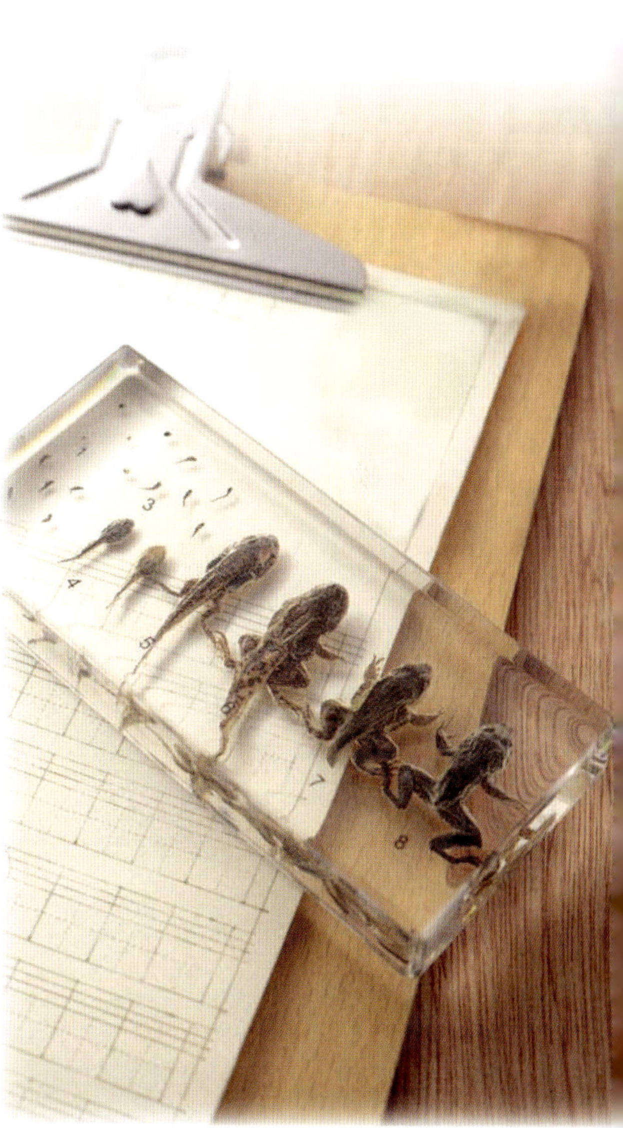

Entwicklungsstadien eines Frosches:
Aus den Eiern des Weibchen, die das Männchen besamt hat, entsteht Laich, der im Wasser wie eine gallertartige Masse aussieht. Daraus entwickeln sich ungefähr 3 Wochen später Kaulquappen, denen dann Kiemen für die Beatmung und Hinterbeine wachsen, in der Fortsetzung entwickelt sich der Frosch.

Mikroskopische Präparate

Sie können auch kleine Objektträger mit konservierten Urinsekten, Flusskrebsen oder frisch geschlüpften Oktopoden* herstellen. Als Konservierungsmethode wenden Sie die Präparationsreihenfolge für kleine organische Objekte an.

Da die Harzmischung zum Einbetten nur 0,5–1 mm dick aufgetragen werden kann, sollten die Präparate am besten auf eine gläserne Trägerplatte aufgelegt werden. Anstelle des bisher für das Eingiessen empfohlenen XOR-Crystal-Polyesterharz wird hier Kaltglasur verwendet.

Kaltglasur ist ein transparentes Beschichtungsharz (2-Komponenten-Epoxidharz). Es wird für das Auftragen dünner Schichten verwendet und eignet sich für diesen speziellen Anwendungsbereich besonders gut. Die Schichtdicke der Glasurbeschichtung muss an die Höhe/Grösse des Objekts angepasst werden.

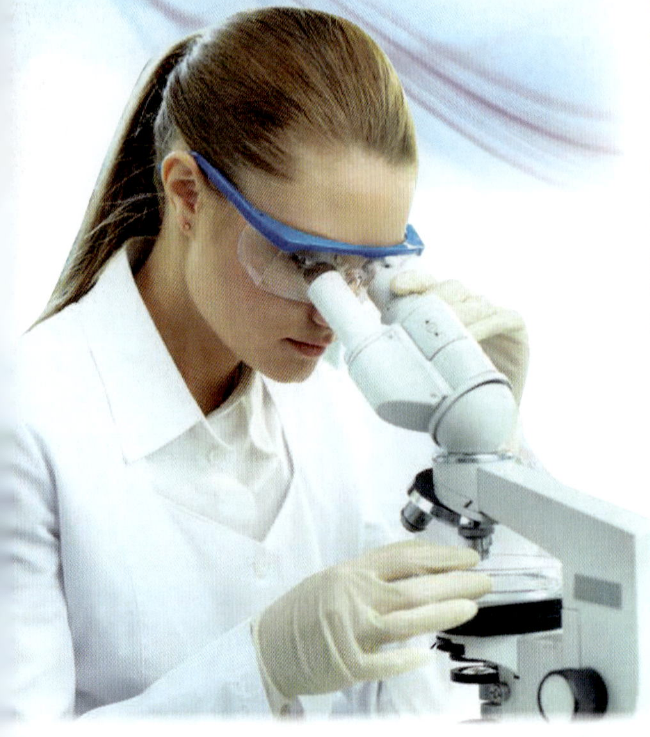

Für diese spezielle Anwendungstechnik muss die Glasur nach dem Mischen ca. 15–20 Minuten vorreagieren. Das ist wichtig, weil in dieser Zeit die durch das Mischen darin mit eingerührten Luftblasen daraus entweichen können.

Danach wird sie dünn auf den Objektträger aufgetragen, auf dem sie gleichmässig verläuft und eine glatte Oberfläche bildet. Nach einer weiteren Zeitspanne von ca. 50–80 Minuten wird sie mit einem weichen Pinsel vorsichtig „überfahren". Dabei berühren nur die feinen Enden der Pinselhaare die Glasurfläche und zerstören dabei die microfeinen Luftblasen, die sich unter der Harzoberfläche festgesetzt haben.

Diese zeigt danach viele kleine Löcher, die durch das Aufbrechen der Luftblasen entstanden sind und sofort zulaufen. Es entsteht eine gleichmässige, spiegelglatte Oberfläche, die mit einem vollkommen klaren, luftblasenfreien Objektträger mit einem darin eingebetteten Präparat zu vergleichen ist. Es ist nach 48 Stunden -staubfrei- erhärtet.

Die hergestellten Präparate eignen sich für eine Betrachtung mit schwachen mikroskopischen Vergrösserungsgeräten (Vergrösserung 10 – 50-fach). Die Objektträger sind robust und für eine konstante Benutzung optimal geeignet.

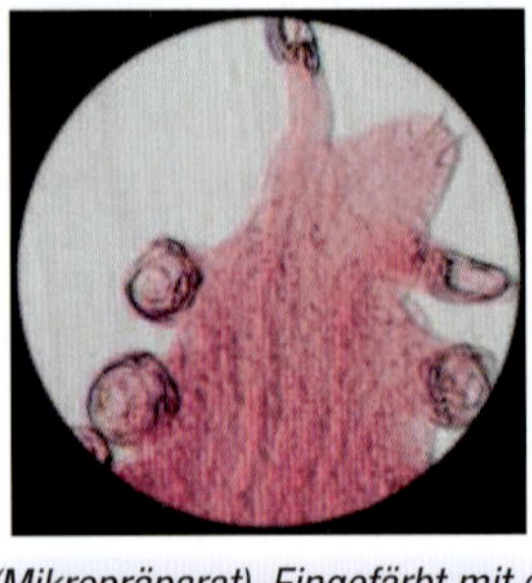

Phoronis (Mikropräparat). Eingefärbt mit einer Boraxkarmin Färbung.

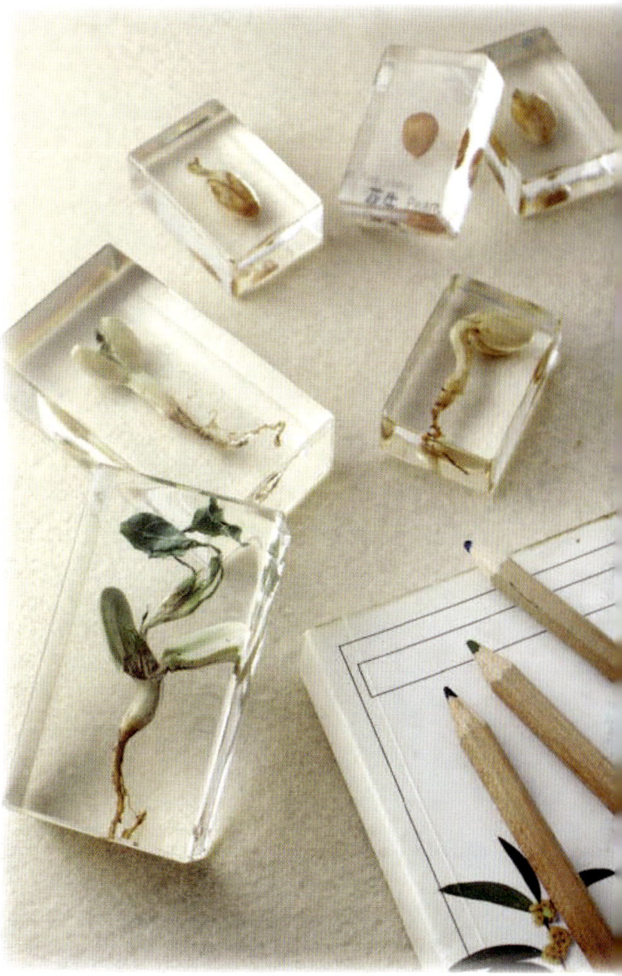

Wenn Sie ganz dünne Organschnitte machen wollen, können Sie dafür die zuletzt beschriebene Konservierungsmethode anwenden.

Um die inneren Strukturen besser sichtbar zu machen, kann das Objekt vor dem Einlegen in Äthanol auch mit einer Boraxkarminfärbung vorbehandelt werden. Dazu wird es 2–3 Tage in diese Lösung eingelegt und danach in einer Mischung, die aus 5 %iger Salzsäure und 30 %igem Alkohol besteht, differenziert, und zwar so lange, bis die Basisfarbmenge aus den einzelnen Muskel- oder Nervenbahnen ausgewaschen ist und alle Strukturen gut zu erkennen sind.

Die Differenzierung wird danach sofort durch das Einlegen in 70 %iges Äthanol, also durch die erste Präparationsstufe beendet. Danach wird die Präparation mit der zweiten Stufe fortgesetzt. Anstelle des Einlegens in XOR-Crystal-Polyesterharz wird das Objekt nach der sechsten Präparationsstufe für einen Tag in verdünntes Kaltglasurharz* eingelegt und danach in die neu angemischte Kaltglasur eingebettet.

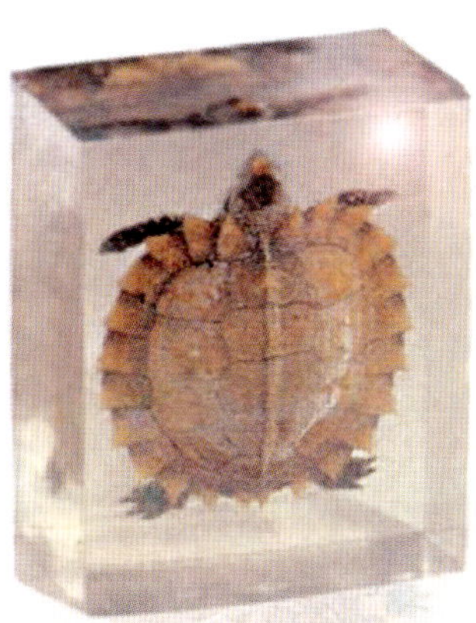

Meeresschildkröte (Cheloniidae)

** Oktopoden (norwegisch): Artenreiche Ordnung achtarmiger Kopffüsser mit kurzem, sackförmigem Körper und sehr beweglichen, meist gleich langen Armen mit Saugnäpfen. Wird in der grösseren Ausführung auch als Gemeine Krake (Oktopus, Octopus vulgaris) bezeichnet.*

** 10 g Kaltglasurharz wird mit 1 g Kaltglasurharz-Verdünner vermischt = dünnflüssiges Kaltglasurharz. Diese Komposition wird danach mit 11 g Kaltglasurhärter vermischt und wie bereits beschrieben zum Einbetten des Objekts auf dem Objektträger verwendet.*

Präparationszusammenfassung

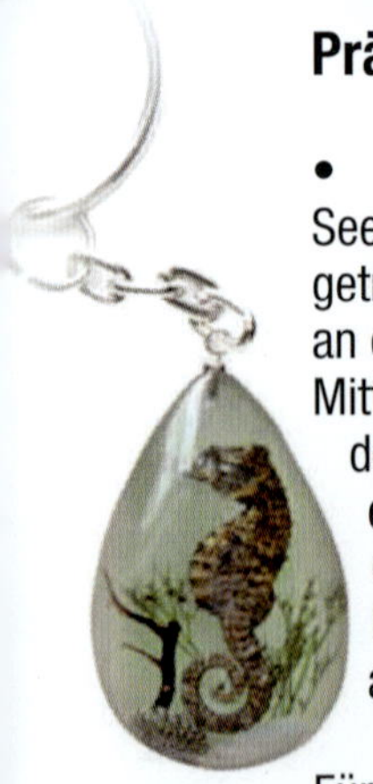

- Meerestiere:

Seeigel und Seesterne finden Sie meistens getrocknet in den Souvenirgeschäften, z. B. an der Nord- und Ostsee, am Atlantik oder Mittelmeer. Wenn Sie viel Glück haben, finden Sie beim Muschelsuchen auch mal ein Seepferdchen. Die toten Tiere werden danach in ein Reinigungsbad gelegt, um Salz- und Sandverkrustungen aufzuweichen und zu entfernen.

Für die erforderliche Präparation kann sich folgender Ablauf ergeben:

1. Reinigungsbad.
2. Objektblatt anfertigen.
3. Fixierung.
4. Einweichbad.
5. Präparation.
6. Zwischenpräparation.
7. Objekt vor dem Eingiessen mit Imprägnier-/Präparier-Spray einsprühen.
8. Einbetten in das Giessharz.

- Kleininsekten und kleine Kriechtiere:

Dazu zählen Käfer, Spinnen, Wespen, Skorpione und Würmer. In den asiatischen und afrikanischen Ländern werden den Touristen tote Skorpione, Spinnen und Käfer als Souvenir angeboten. Bevor Sie ein solches Tier kaufen und mitnehmen, müssen Sie sich darüber informieren, ob Sie es überhaupt mit nach Hause nehmen dürfen. (Verstoss gegen das Artenschutzgesetz).

...und wenn Sie es dann mit nach Hause gebracht haben, müssen Sie es vorsichtig auspacken und sehr wichtig: nicht mit den Fingern anfassen (Pinzette verwenden).

Präparationsfolge:

1. Reinigungsbad.
2. Objektblatt anfertigen.
3. Fixierung.
4. Objekt in das Einweichbad einlegen und einige Tage darin belassen. Danach auf mehreren Zeitungsbogen trocknen lassen, anschliessend ausrichten und eingiessfertig machen.
5. Zwischenpräparation.
6. Neutralisieren.
7. Eingiessen in Giessharz.

- Wasserhaltige Kriech- und Weichtiere:

Amphibien, Raupen, Schnecken, Fische, Eidechsen, Frösche und Schlangen.

Präparationsfolge:

1. Reinigungsbad.
2. Objektblatt anfertigen.
3. Fixierung.
4. Einweichbad – evtl. ausrichten ...
5. Präparation.
6. Feuchtigkeitsaustausch.
7. Trocknen.
8. Neutralsieren.
9. Eingiessen in Giessharz.

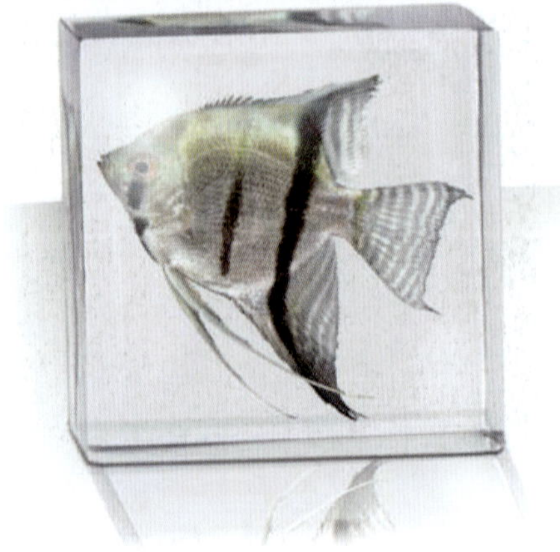

- <u>Skelette:</u>

Manchmal entdeckt man nur noch die Reste eines Tieres. Aber auch das kann interessant sein, wenn Sie beispielsweise einen toten Frosch finden. Davon können Sie normalerweise nur noch das Skelett zum Eingiessen verwenden.

<u>Wichtig:</u> Berühren Sie tote Tiere niemals mit den Händen. Verwenden Sie dafür Einweghandschuhe oder einen Plastikbeutel.

Auch bei den folgenden Präparationsarbeiten (Skelettieren, also Enthäuten), müssen Sie Handschuhe tragen.

Das ist eine Arbeit, die normalerweise nur Präparatoren richtig machen. Aber es gibt eine Methode, die auch Sie verwenden können, ohne vorher den Körperaufbau dieser Tiere studiert zu haben…

Legen Sie unter das Tier einen Textilstreifen aus Jute, Leinen oder Baumwolle (bitte keine Synthetik verwenden). Umwickeln Sie das auf dem Stoff liegende Tier mit mehreren Garnfäden, damit es fest gesichert darauf liegt. Verknoten Sie die Enden an einem entsprechend langen und stabilen Stock, den Sie dann so in den Waldboden stecken, dass das Objekt direkt mit dem darum gewickelten Stoff auf einem Armeisenhaufen liegt.

Mehr ist nicht zu tun. Warten Sie 4–6 Wochen und überprüfen Sie zwischendurch, was aus Ihrem Skelett geworden ist. In den meisten Fällen reicht diese Zeitspanne schon aus, um das Tier von den Ameisen vollständig skelettieren zu lassen. Als Ergebnis finden Sie die sauber abgenagten Knochen, von denen alle Fleisch-, Sehnen- und Fettrückstände entfernt wurden.

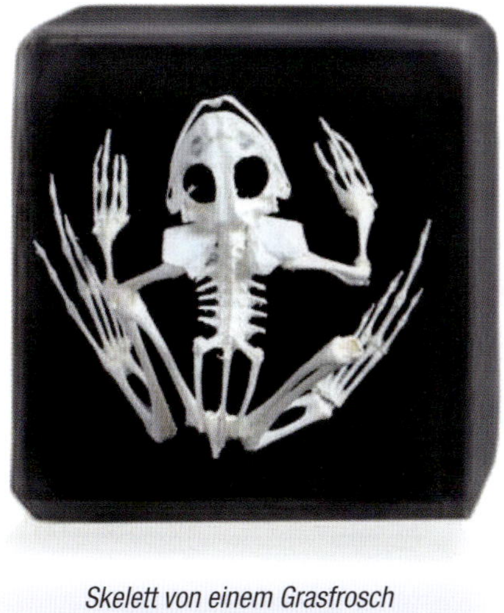

Skelett von einem Grasfrosch (Rana temporaria L.)

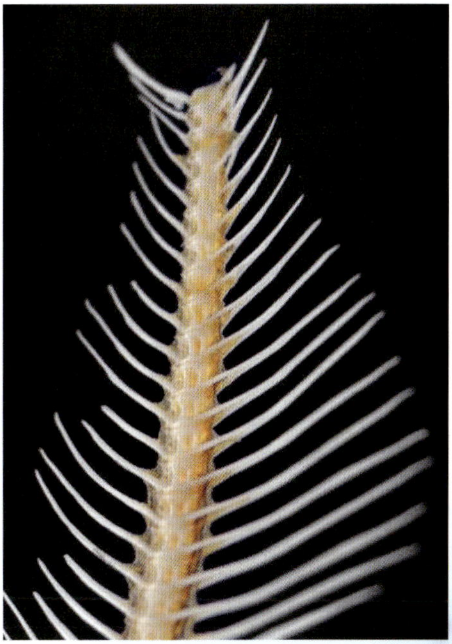

Wenn möglich, sollten Sie das Skelett bzw. die Knochenlage fotografieren. Legen Sie die Knochen des Tieres danach vorsichtig in einen stabilen Karton, und zwar genau in der Reihenfolge, wie Sie sie auf der Textilunterlage vorgefunden haben. Achten Sie auf die Reihenfolge, auch beim Einlegen des Skeletts in einen Kunststoffbehälter, den Sie mit 70 %igem Äthanol befüllen. Das Skelett muss 1–2 Tage darin verbleiben. In dieser Zeit lösen sich noch vorhandene Fettbestandteile von den Knochen, die hinterher durch Abtupfen mit einem weichen Pinsel entfernt werden.

Als nächstes entnehmen Sie die Knochen aus dem Behälter und legen sie auf einige Bogen Zeitungspapier, wo sie 2–3 Tage nachtrocknen müssen.

Vor dem Eingiessen des Skeletts werden die einzelnen Knochen mit Imprägnier-/Präparier-Spray sorgfältig eingesprüht. Das ist wichtig, um einen möglichen Silbereffekt zu vermeiden. Danach folgt das Eingiessen in Giessharz. Beachten Sie dabei wieder die Zusammengehörigkeit der Knochen, wobei Ihnen das Foto, dass Sie vor der Entnahme vom Ameisenhaufen gemacht haben, helfen kann.

- Knochenpräparate

Nach der gleichen Methode können Sie perfekt präparierte, sorgfältig in Alkohol entfettete, danach bei Raumtemperatur getrocknete Knochen in das Giessharz einbetten. Gut eignen sich dafür auch die Skelette von Mäusen, Fledermäusen, Reptilien und Amphibien.

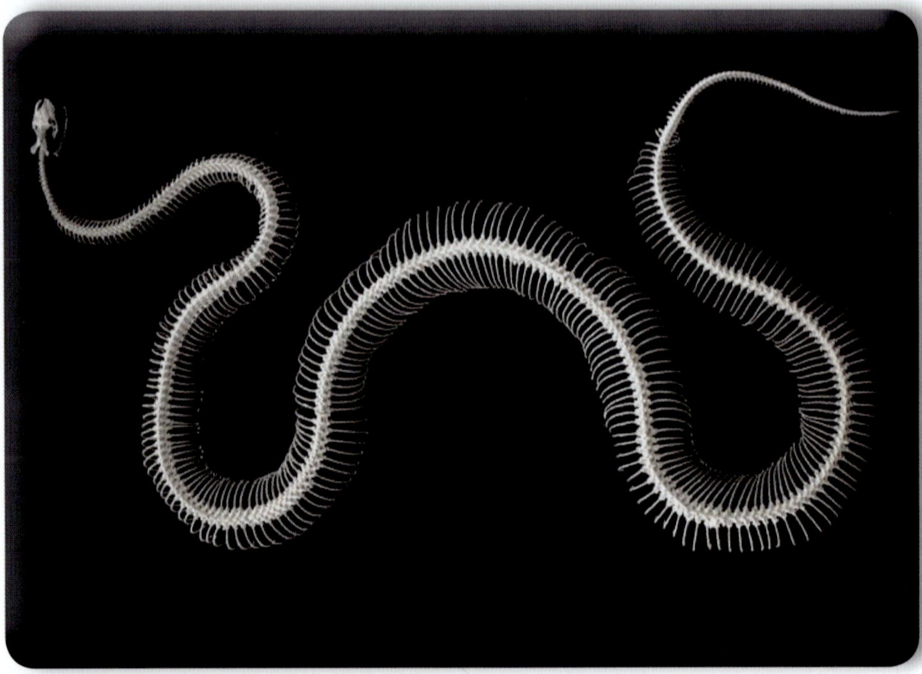

Skelett einer Ringelnatter (Natrix natrix).

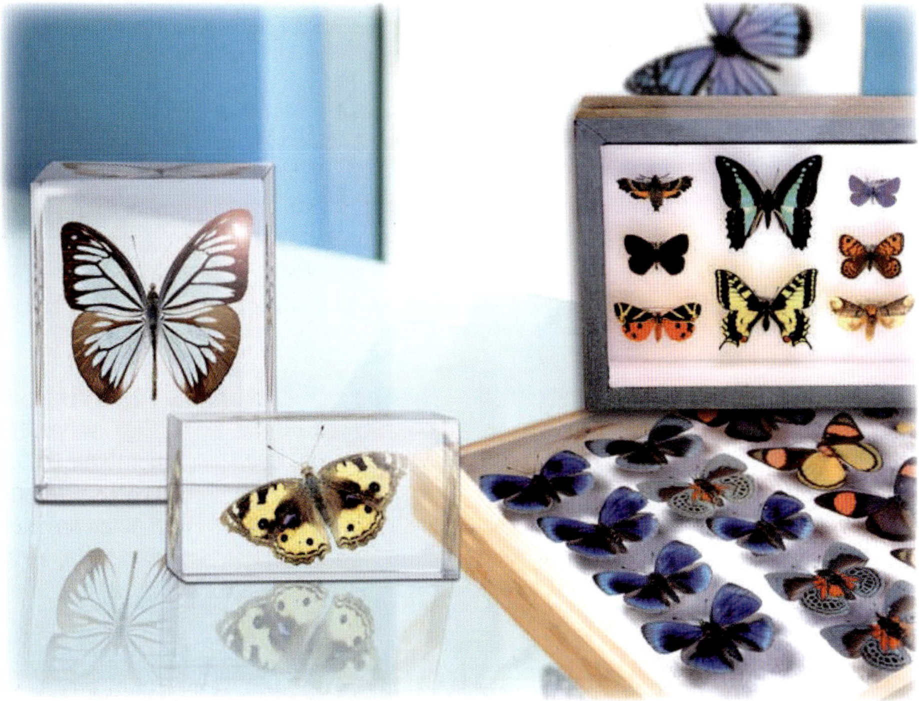

- Falter

Die meisten der tot aufgefundenen Schmetterlinge müssen zuerst vorsichtig mit einem weichen Pinsel von Staubverschmutzungen gereinigt werden. Wichtig: Achten Sie darauf, dass Sie die Flügel nicht mit den Fingern anfassen, da sie dadurch beschädigt werden. Die Tiere werden danach in einen Aufweichbehälter gelegt. Legen Sie zuerst eine kleine Watteschicht, die Sie mit etwas Einweichflüssigkeit beträufelt haben, in das Gefäss. Darauf wird der Falter gelegt. Dabei ist es wichtig, dass die Flügel nicht direkt auf der nassen Watte liegen. Verschliessen Sie den Behälter luftdicht.

3 Tage später entnehmen Sie das jetzt weiche und leicht formbare Insekt aus dem Gefäss. Es wird auf ein Nadelbrett (Styrodur) gelegt. Das Brett ist in der Mitte mit einer ca. 3 mm breiten Rille versehen, in die der Körper genau hineinpasst. Die Seitenflächen des Brettes steigen rechts und links in einer leichten 15° Schräge an. Darauf werden die Flügel gelegt und darauf mit kleinen ca. 10–12 mm schmalen Papierstreifen festgehalten. Sie werden ausserhalb der Flügel mit Präpariernadeln auf dem Brett fixiert.

Nach einer Trocknungszeit von ca. 6–7 Tagen werden die Papierstreifen vorsichtig von dem Spannbrett entfernt und der Falter davon abgenommen. Als nächstes folgt das Präparieren. Dazu wird er in dieser „Flugstellung“, also mit ausgeklappten Flügeln, sorgfältig mit Imprägnier-/Präparier-Spray eingesprüht und nach dem Trocknen (= 20 Minuten später) in das Giessharz eingebettet.

- <u>Pilze</u>

Das Konservieren von Pilzen ist besonders schwierig, da sie durch das Trocknen schrumpfen und unansehnlich werden. Deshalb müssen sie wie natürliche, wasserhaltige Objekte behandelt werden.

Präparationsfolge:

1. Reinigungsbad.
2. Objektblatt anlegen.
3. Fixierung.
4. Zwischenpräparation.

Pilze verlieren durch die Alkoholbehandlung einen Teil ihrer Farbgebung, was sich leider nicht vermeiden lässt.

5. Feuchtigkeitsaustausch.
6. Neutralisieren.
7. Eingiessen in Giessharz.

Vor dem Eingiessen wird der Pilz in ungesättigtes Giessharz gelegt, das zuvor, um es dünnflüssiger zu machen, mit 10 % Cinnamol vermischt wurde. Das ist wichtig, damit sich der wie ein Schwamm aufgebaute Pilz vor dem Eingiessen damit vollsaugen bzw. die darin befindliche Austauschflüssigkeit etwas mit dem Cinnamol vermischen kann. Danach folgt das Eingiessen in das Giessharz.

Als Alternative besteht die Möglichkeit, Pilze vor dem Eingiessen gefriertrocknen zu lassen. Danach werden sie zuerst in „ungesättigtes" XOR-Crystal-Polyesterharz eingelegt, wo sie ein bis zwei Tage verbleiben. Danach folgt das Eingiessen in neues, mit Härter vermischtes Harz.

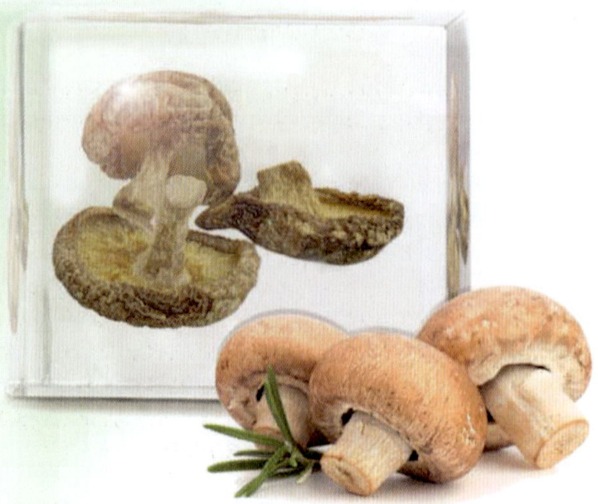

Die Wissenschaft von den Pilzen (Fungi) ist die Mykologie, die eukaryotische Lebewesen sind. Sie bestehen aus Zellen (Mitochondrien) die ein alles zusammenhaltendes Zellskelett enthalten.

In der biologischen Klassifikation bilden sie neben Tieren und Pflanzen ein eigenständiges Reich. Dazu gehören sowohl Einzeller wie die Backhefe und die Vielzeller wie die Schimmel- und Ständerpilze.

Eingiessen von Früchten

Damit das Spektrum der Einbettungsmöglichkeiten komplett ist, gehört dazu auch eine Information über das Eingiessen von Früchten was sehr schwierig ist, weil sie viel Feuchtigkeit enthalten.

Früchte oder Fruchtteile müssen, bevor sie in das Giessharz eingegossen werden, zuerst in unterschiedlichen Alkoholstufen entwässert werden. Das ist wichtig, weil dadurch die Gewebestruktur dieser empfindlichen Objekte durch den Alkoholkontakt gestärkt wird. Da sich Äthylalkohol (Brennspiritus) nicht mit Polyesterharz verträgt, muss er durch ein Intermedium*, beispielsweise Monostyrol (Cinnamol), neutralisiert werden.

Ausserdem ist bei der Konservierung von Früchten darauf zu achten, dass die Konzentration der dafür verwendeten Alkoholmischungen langsam steigt. Dementsprechend geringer wird die Schrumpfung.

Durch die wasserentziehende Wirkung des Alkohols wird das Gewebe der Früchte gehärtet, weshalb es danach eine hohe Festigkeit (Formstabilität) besitzt. Nachteilig ist, dass dadurch alle fettartigen Substanzen und Farbstoffe, wie z. B. die Anthocyane der roten, blauen und violetten Farbstoffe, gelöst werden. Folge: Die konservierten Früchte werden blass und durchsichtig.

** Intermedium: So wird ein nicht genau definiertes Zwischenprodukt bezeichnet.*

** Anthocyane (griechisch „Blütenblau"), wasserlösliche, blaue, violette, schwarze und rote glykosidische Blütenfarbstoffe, die auch in Früchten und Blättern enthalten sind.*

** Intrazellulare Schrumpfungen können sich auch in einer Zelle vollziehen und wirken sich dann auch auf die Aussenhülle der Frucht aus.*

So nachteilig diese Präparationsmethode durch den Farbentzug ist, hat sie auch Vorteile. Durch die Härtung des Pflanzengewebes besteht die Möglichkeit, auch stark wasserhaltige, weiche Früchte zu präparieren und anschliessend zu konservieren, was bisher nicht möglich war.

Deshalb sollten Sie die Frucht in der ersten Präparationsstufe im Ganzen konservieren und erst vor der Weiterkonservierung (5. Stufe, mit 80 % Äthanol) durch- oder in Scheiben schneiden.

Die vom Verfasser durchgeführten Versuche mit Zwiebeln, Tomaten, Kartoffeln, Gurken, Blumenkohl, Zitronen, Weintrauben und anderen Früchten und Gemüsesorten haben gezeigt, dass mit dieser Präparationsmethode einzigartige Ergebnisse erzielt werden können, was Voraussetzung für das Herstellen der damit bestückten Bio-Plastiken war.

Anstelle von ganzen Früchten verwenden Sie für die folgenden Präparationsstufen die in Scheiben/Stücke geschnittenen Fruchtteile. Beachten Sie, dass die Zeiten für das Konservieren mit dem Intermedium genau eingehalten werden müssen. Das gilt auch für alle anderen Zeitangaben, gleich ob beim Filtrieren mit Monostyrol (Cinnamol) oder Giessharz. Nur dann ist ein zufriedenstellendes Ergebnis beim folgenden Eingiessen in XOR-Crystal-Polyesterharz zu erzielen.

Wenn die Früchte nicht intensiv genug mit den Chemikalien infiltriert werden, können nach dem Aushärten des Giesslings in dem darin eingebetteten Objekt noch intrazellulare* Schrumpfungen auftreten. Dabei bildet sich ein mikrofeines Vakuum

- Präparation von Früchten

Stufe	Präparationsmittel	Präparationszeit	Kommul. Präp. Zeit
1.	Äthanol 30 %	1 Tag	1 Tag
2.	Äthanol 50 %	4 Tage	5 Tage
3.	Äthanol 60 %	3 Tage	8 Tage
4.	Äthanol 70 % (Frucht zerschneiden)	2 Tage	10 Tage
5.	Äthanol 80 %	3 Tage	13 Tage
6.	Äthanol 94-96 %	4 Tage	17 Tage
7.	Isopropanol 99 %	4 Tage	21 Tage
8.	Isopropanol + Monostyrol Mischung 1 : 1	3 Tage	24 Tage
9.	Monostyrol (Cinnamol)*	2 Tage	26 Tage
10.	Monostyrol (Cinnamol) und XOR-Crystal-Polyesterharz 1 : 1 vermischen. Objekt so lange in der Mischung lassen, bis es darin einsinkt.	ca. 2 Tage	28 Tage
11.	XOR-Crystal-Polyesterharz ohne Härter verwenden. Das Objekt einlegen und solange darin lassen, bis es darin einsinkt.	4-5 Tage	32-33 Tage

zwischen Frucht und Harz, durch das die Aussenhülle infolge des differenzierten Lichtbrechungsindexes den berüchtigten Silbereffekt erhält.

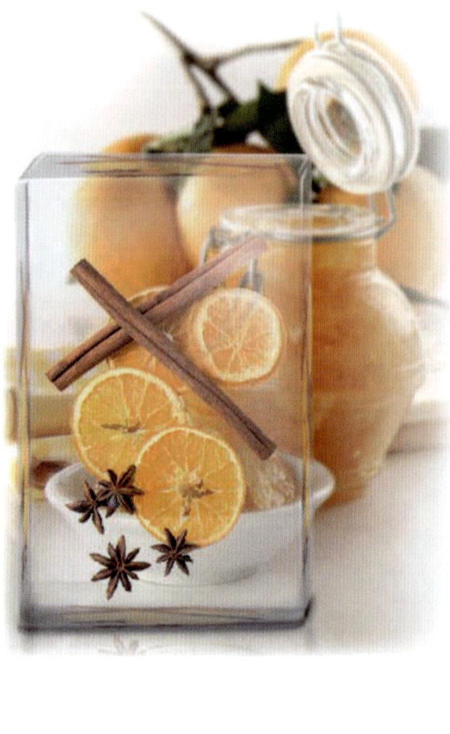

Die verschiedenen, hier aufgeführten Konservierstufen dienen nur als Richtlinien, da es beiden damit erzielten Ergebnissen bei den einzelnen Früchten auch auf die Stärke, Grösse und den Wassergehalt ankommt. Den dafür benötigten Äthylalkohol erhalten Sie in einer Apotheke, wo Sie sich aus dem hochprozentigen Äthylalkohol die benötigten Prozentstufen mischen lassen können. Gemischt wird beispielsweise aus 70 %igem Alkohol durch Zumischen von destilliertem Wasser (Aqua dest.) 50 %iger Äthylalkohol.

Nach der 11. Konservierungsstufe (siehe Tabelle) wird das Objekt aus dem Giessharz entnommen. Anschliessend muss es einige Minuten abtropfen, was im Übrigen nach jeder Präparationsstufe geschehen sollte. Eine längere Zeitspanne ist nicht zweckmässig, da das Harz nicht am Objekt antrocknen soll. Anschliessend wird die vorpräparierte Frucht in das mit Härter vermischte XOR-Crystal-Polyesterharz eingebettet.

Für das Eingiessen dürfen nur die folgenden Härtermengen verwendet werden:

	Schicht	Höhe	Härter-menge
1.	Grundschicht	3-4 mm	1,60%
2.	1. Mittelschicht	6-8 mm	1,40%
3.	2. Mittelschicht	6-8 mm	1,20%
4.	Oberschicht	6-8 mm	1,00%
5.	Schlussschicht	2-4 mm	0,80%

Das für die Vorkonservierung verwendete Harz ist nicht zum Einbetten dieser hochwertigen Objekte geeignet. (In dem Harz könnten sich noch geringe Alkoholspuren befinden und zu einer Trübung des fertigen Giesslings führen.) Deshalb wird zum Eingiessen und Herstellen der Bio-Plastik nur neu angemischtes XOR-Crystal-Polyesterharz verwendet.

** Verarbeitung von Monostyrol (Cinnamol): Nach dem Öffnen des Behälters benötigte Menge entnehmen und diesen sofort wieder luftdicht und fest verschliessen. Cinnamol verbreitet einen intensiven Styrolgeruch, der aber schnell verfliegt. Das Material erhärtet durch den Sauerstoffkontakt, was auch in dem Behälter kurzfristig geschehen kann.*

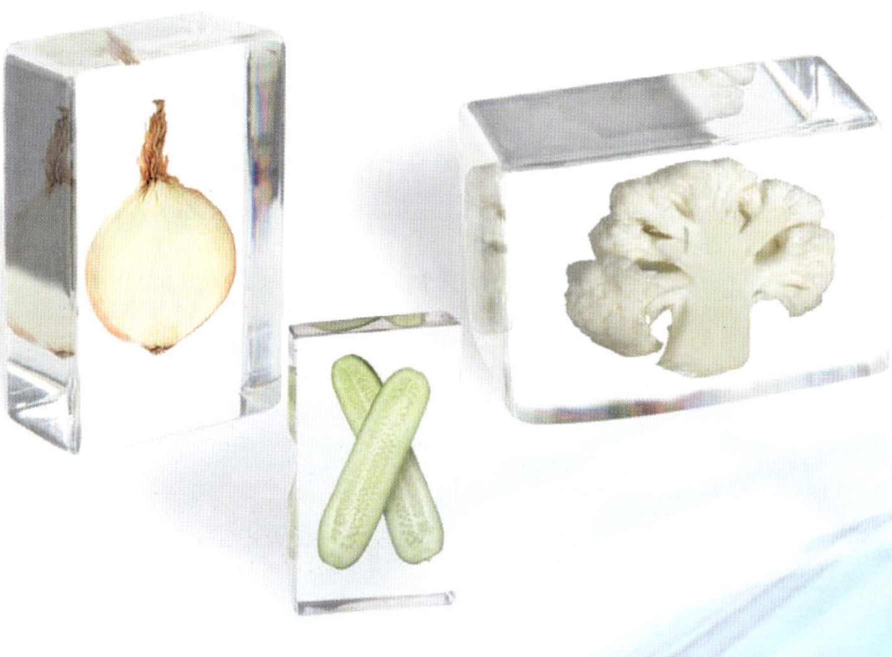

Präparation und Konservierung

- Liquasil-Konservierer

Wird beim Einweichen der Tiere in das Einweichwasser in einer Konzentration von 5 % mit eingemischt.

Liquasil-Konservierer fördert das Aufweichen des trockenen Gewebes und sorgt gleichzeitig für eine Desinfektion. Dient ausserdem zur Vorkonservierung tierischer Objekte.

- Propylenglykol 1,2 USP

Wichtigstes Konserviermedium, das für einen Feuchtigkeitsaustausch in wasserhaltigen Objekten sorgt. Materialbedarf pro Konservierung: die 20igfache Volumenmenge des Objekts. Für eine vollständige Entwässerung sind normalerweise fünf Konservierbäder erforderlich.

- Imprägnier-/Präparier-Spray

Getrocknete Pflanzen, vorkonservierte Käfer, Falter, Äste, Muscheln etc. werden mit diesem Speziallack vor dem Eingiessen eingesprüht. Er schützt empfindliche Eingiessobjekte vor einem Farbverlust, der beim Kontakt mit dem Polyester-Giessharz erfolgen kann. Verhindert ausserdem den berüchtigten Silbereffekt auf den Eingiessobjekten im Harzblock.

- Cinnamol

Flüssiges Styrol: wird zum Verdünnen von Giessharz verwendet, um darin die vorkonservierten Eingiessobjekte zu fixieren.

Neutralisieren der Objekte vor dem Eingiessen: dazu werden sie in ungesättigtes, mit bis zu 10 % Cinnamol verdünntes Giessharz eingelegt. Nach Beendigung der Fixierung erfolgt das Einbetten in XOR-Crystal-Polyesterharz.

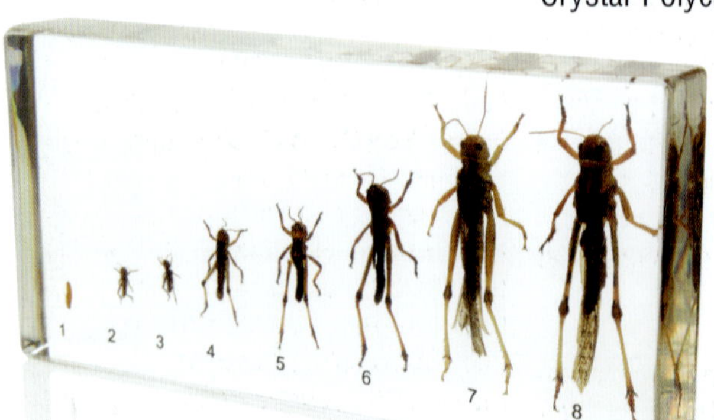

Biologie von einem Grashüpfer - gehört zu den Kurzfühlerschrecken.

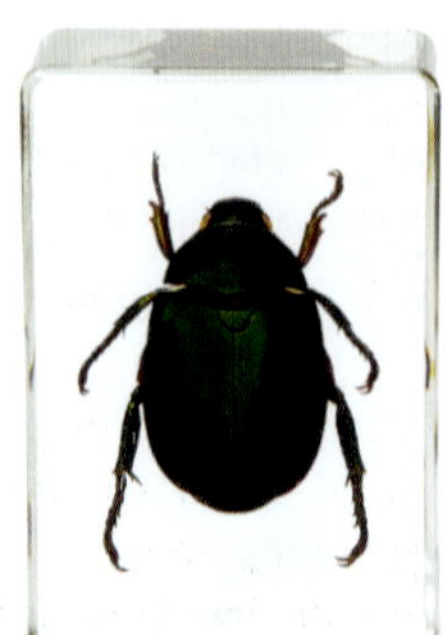

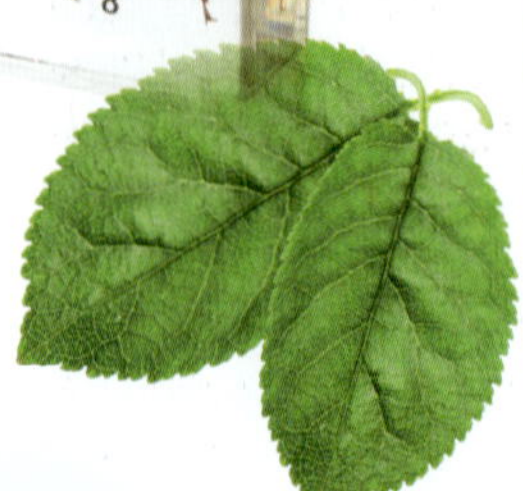

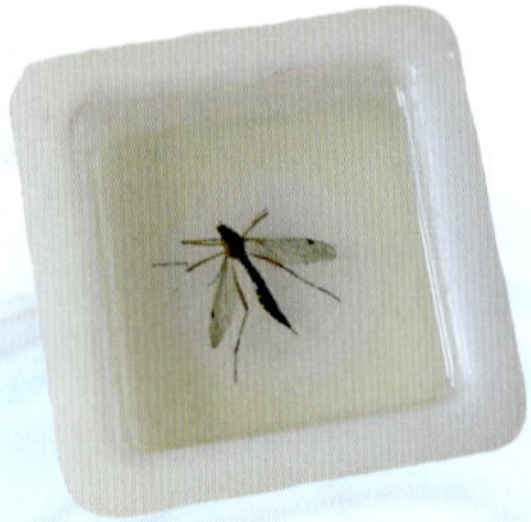

Quelle: The Evolution Store, New York

Es liegt ein Reiz darin, neue Produkte zu entwickeln, besonders dann, wenn es sich dabei um Artikel handelt, die nicht vollständig neu gemacht werden müssen, weil es sie bereits in einer ähnlichen Version gibt. Vergleichbar ist das mit einem Schreibgerät, beispielsweise einem Füllfederhalter, den es schon lange gibt. Dafür wird jetzt eine Alternative gesucht, beispielsweise ein Rollerball-Pen der wie ein Füllhalter aussieht und Tradition und moderne Schreibtechnik in einem kombiniert.

Um diese Erfindung verwirklichen zu können, ist es vorteilhaft, wenn Funktion, Handhabung und Gebrauch dieses „Werkzeugs" bekannt sind, um diese Fakten als Vorgabe mit verwenden zu können.

Das erleichtert auch das Suchen nach passenden Materialien für die Weiterentwicklung und Herstellung. Auch dann, wenn anstelle einer aufwendig hergestellten Feder eine kleine Kugel, eingepasst in ein schmales Rohr mit einer feinen Öffnung für den Tintenfluss sorgt. Die ist notwendig, um auch mit diesem Schreibgerät sichtbare Punkte, Striche und Zeichen auf das Papier aufbringen zu können, was insgesamt einen Buchstaben, ein Wort oder einen Satz ergibt.

Natürlich liegt in einer solchen Unternehmung auch ein gewisser Reiz, der vergleichbar mit einer Expedition ins Unbekannte ist. Eine Tatsache, der sich viele Chemiker, Tüftler und Forscher bei ihrer Arbeit immer wieder bewusst werden. Dabei ist eines wichtig: alles muss genau beobachtet, aufgeschrieben, skizziert oder fotografiert werden, damit das, was dabei herausgekommen ist, jederzeit genauso nachgemacht werden kann.

Ärgerlich ist es, wenn ein Weg zu diesem neuen Produkt gefunden wurde, diesen aber niemand mehr nachvollziehen kann.

Normalerweise wird das Experimentieren mit Chemikalien von einer Idee geleitet, motiviert durch eine Vorstellung oder Vision. Dabei müssen viele Enttäuschungen in Kauf genommen werden. Oftmals sieht man sich direkt vor dem Ziel, um plötzlich festzustellen, dass immer noch etwas fehlt. Dann gibt es nur noch eine Möglichkeit: alles noch einmal genau wiederholen, jeden Handgriff nachvollziehen, um diesmal – hoffentlich – alles richtig zu machen. Meistens nicht nur einmal, immer wieder, heute, morgen, übermorgen, eine Woche, Monate, Jahre …

Eine Erkenntnis, die aus der selbst gemachten Erfahrung stammt, um beispielsweise die Produktidee „Polyester Schnitzholz" zu verwirklichen. Dafür sollte ein Polyesterharzgemisch entstehen, das neben seinem holzspezifischen Gewicht, holzähnlicher Farbgebung auch solche Eigenschaften besitzt, beispielsweise schnitzbar ist. Wunsch und Wirklichkeit klaffen meistens weit auseinander.

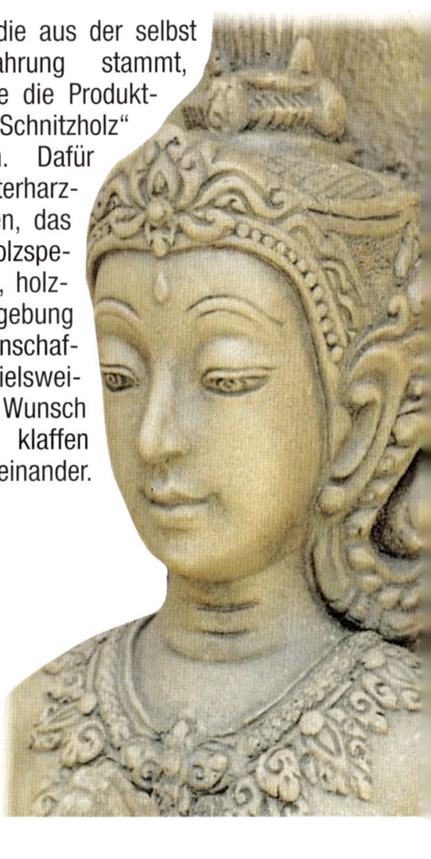

Polyesterharze härten erfahrungsgemäss fest und hart aus. Deshalb wurde für dieses Produkt nach einer Möglichkeit gesucht, eine Harzkomposition zu entwickeln, die weich und elastisch aushärtet. Allerdings kann man unter der Definition „elastisch" auch etwas Gummiartiges verstehen, was dann allerdings mit diesem Produkt nichts mehr gemeinsam hat.

Gummi ist elastisch. Es lässt sich mechanisch schlecht bearbeiten. Und so mag es verständlich erscheinen, dass viele Wege nach Rom führen und es oft schwer ist, den richtigen zu finden.

„Gut Ding will Weile haben". Genauso die Entstehung dieses Produktes, was letztlich mehr als ein Jahr dauerte und viele endlose, schlaflose Nächte mit sich brachte.

Doch endlich – eines Tages war es geschafft. Ein flüssiges, nach dem Erhärten schnitzbares Polyesterharz stand verarbeitungsfertig auf dem Labortisch. Aber das, was dann in dem Mischbecher zu finden war, hatte eigentlich nichts mehr mit natürlichem Holz gemein. Dafür hatte es Eigenschaften, die erstaunlicherweise viel besser als die von Holz sind – und darauf kam es letztlich an!

Das flüssige, gut fliessfähige, holzfarbige Produkt wurde wie alle Polyesterharze mit einem Härter vermischt, in eine Form gefüllt und liess sich kurze Zeit später gut daraus als fest geformter Gegenstand entnehmen. Beim Betrachten des Formteils wurde dann eines offensichtlich: der ausgehärtete, aus Schnitzholz gegossene Gegenstand zeigte keine Maserung, hatte keine Astlöcher, liess sich wie Buchenholz mechanisch bearbeiten, schnitzen und schneiden, kann wie Holz gehobelt, gefeilt, gefräst, gebohrt und genagelt werden.

Ein neues Produkt war entstanden und vergleichbar mit dem Zubereiten einer Mahlzeit: der Appetit kommt beim Essen. Und so überzeugte dieses Produkt beim Gebrauch immer mehr und zeigte Eigenschaften, die im Vergleich mit Holz immer fantastischer wurden...

Es kann in jeder gewünschten Farbe opak, schattiert oder marmoriert eingefärbt werden. Und weil es dünnflüssig ist, fliesst es in jedes noch so kleine Loch, in jeden Ritz, kann deshalb auch ausgezeichnet zum Ausbessern von Holzteilen, Restaurieren alter Möbel, Bilderrahmen etc. verwendet werden. Dabei verbindet es sich während des Aushärtens mit dem Gegenstand, stabilisiert die Bruchstelle, sodass damit auch Holzteile direkt fest miteinander verklebt werden können.

Vorteilhaft ist das, wenn beispielsweise ein Spiegelrahmen, der mit kleinen Rosetten verziert ist, an einer Stelle beschädigt wurde und jetzt repariert werden muss. Dazu wird die an einer anderen Stelle noch perfekte Rosette mit Silicon abgeformt, dann in dieser Form mit dem Flüssigholz ein Abguss gemacht und dieses Teil passgenau auf die Reparaturstelle geklebt. Evtl. Unebenheiten gleicht das gleichzeitig zum Verkleben verwendete Flüssigholz aus. Und das, was nach dem Zusammendrücken aus der Klebefuge als zu viel aufgetragenes Material herausgedrückt wird, wird nach dem Aushärten mit einem Schnitzmesser, Feile oder Schleifpapier entfernt und egalisiert. Allein dadurch ist danach von der Reparatur nichts mehr zu erkennen.

Flüssiges Polyesterholz

Dieses grossartige Polyestermaterial erleichtert nicht nur die Herstellung holzartiger Formteile, die mehrmals in der gleichen Ausführung, oft aber zusätzlich noch etwas anders aussehend, produziert werden. Eben deshalb, weil sie nicht aus einer maschinellen Massenproduktion, sondern als individuelle, handwerklich gefertigte Kunst- oder Gebrauchsgegenstände weiterbearbeitet und -gestaltet werden sollen. Ein grossartiges Profimaterial für Künstler, Modellbauer, Entwickler und Restaurateure, die daraus Reliefs, Figuren, modern aussehende Dekorationsobjekte, praktische Gebrauchsteile wie Rosetten, Verzierungen, Griffe, Zierleisten, Puppen- und Marionettenköpfe und viele andere Gegenstände herstellen.

Das flüssige Polyesterharz hat Eigenschaften, die Sie bei keinem ähnlichen oder vergleichbaren Produkt finden. Verarbeitet wird es aber genauso, wie alle anderen, deshalb auch mit dem pastösen Amberhärter vermischt, Härterzugabe 2 %. Danach ist es sofort reaktiv und lässt sich mühelos in die bereitgestellten Formen füllen.

Nach dem Erhärten können die Formteile mechanisch weiterbearbeitet werden, sodass anstelle eines Serienprodukts individuell aussehende Einzelstücke einer trotzdem einheitlichen Produktionsserie entstehen. Das Material kann dünnflächig als Brettchen oder dick wie ein Klotz gegossen werden. Die fertigen Teile können anschliessend mit einer erneut mit Härter angerührten Harzmischung verklebt werden wobei auch andere Materialien damit verbunden werden können, z. B. Holz, Rohkeramik, Gips, Stein, Textilien etc.

Die Aushärtung erfolgt innerhalb von 30–40 Minuten. Die Teile sind dann fest und hart und lassen sich sofort mechanisch weiterbearbeiten. Das bietet besonders im Bereich der Designentwicklung vielfältige Anwendungsmöglichkeiten, zumal an die fertigen Modelle oder Modellteile jederzeit neue angeklebt oder zusätzliches, neu gemischtes flüssiges Polyesterholz daraufgespachtelt werden kann beispielsweise, um es danach teilweise wieder abzufräsen oder so zu verändern, dass daraus ein neues Modell entsteht, das als Prototyp sofort erprobt und getestet werden kann.

Das bedeutet, dass sich dieses Material auch ausgezeichnet zum Reparieren beschädigter Holzgegenstände eignet, um darin Löcher, Kerben, Risse, Abbrüche wirkungsvoll auszubessern, auszufugen bzw. auszufüllen. Auch durch das Anspachteln dieses Materials können solche Teile wieder in den Zustand zurückversetzt werden, den sie früher hatten. Und um das optisch gut hin zubekommen, können diese Teile im Anschluss daran farblich wie Holz mit Beizen, Lasuren, Farben und Lacken überarbeitet werden, bis sie tatsächlich so aussehen – wie früher.

Flüssiges Polyesterharz wird auch für das Anfertigen von Schnitzrohlingen verwendet. Das ist nicht nur für Schnitzanfänger interessant, weil Gestaltungsfehler durch das Auftragen neu gemischter Holzmasse sofort beseitigt und nachbearbeitet werden können, sondern auch für Profis. Die verwenden es, um vorhandene Matrizen, die umgestaltet werden müssen, nach dem Überspachteln der Korrekturstelle mit neuem Flüssigholz, nachzuschnitzen. Dadurch entstehen Arbeitsmodelle, die sich auch zum Abgreifen für das Serienfräsen in der Produktion eignen.

• Reliefs und Figuren giessen

Das flüssige Polyesterholz wird, wie bereits erwähnt, mit 2 % Amberhärter vermischt und in die mit einem Trennmittel vorbehandelte Form gefüllt. Ungefähr 30 Minuten später ist das Material ausgehärtet. Das fertige Giessteil kann aus der Form entnommen werden.

Bei Gegenständen, die mechanisch noch nachbearbeitet werden, ist ein Vakuumieren des Giessteils während der Aushärtung zu empfehlen, da dadurch Lufteinschlüsse, die sonst im Material verbleiben, herausgezogen und beseitigt werden.

Vor dem mechanischen Bearbeiten muss das Formteil noch 1 bis 2 Stunden nachreagieren. Danach zeigt es eine feste, mechanisch gut bearbeitbare Materialkonsistenz, die wie Holz behandelt werden kann, wobei sägen, schneiden, schnitzen, fräsen, feilen, bohren, nageln und schleifen möglich ist.

• Zubehör für den Modellbau

Gleich, ob kleine Beschläge für eine Kogge, Geschütze oder der Lattenzaun für eine Modellanlage hergestellt werden sollen, von den dafür aus Modelliermasse geformten Originalmodellen wird eine aus elastischem Silicon gefertigte Form hergestellt. Das ist vorteilhaft, weil darin nicht nur ein Abguss, sondern mehrere gemacht werden können. Das bietet den Vorteil, dass diese Zier- oder Zubehörteile vielfältig in jeder gewünschten Stückzahl selbst gegossen und universell verwendet werden können. Praktiziert wird das bevorzugt beim Krippenbau, wo beispielsweise von den dafür modellierten Figuren mehrteilige Formen hergestellt werden, in denen dann eine Vielzahl von Replikatmodellen gegossen und zum Komplettieren der Krippen verwendet werden.

• Bemalen

Nach dem Aushärten der Formteile können diese mit allen Farben, beispielsweise Acryl-, Lack- und Effektfarben bemalt werden. Dabei besteht auch die Möglichkeit, sie zu lasieren oder zu beizen.

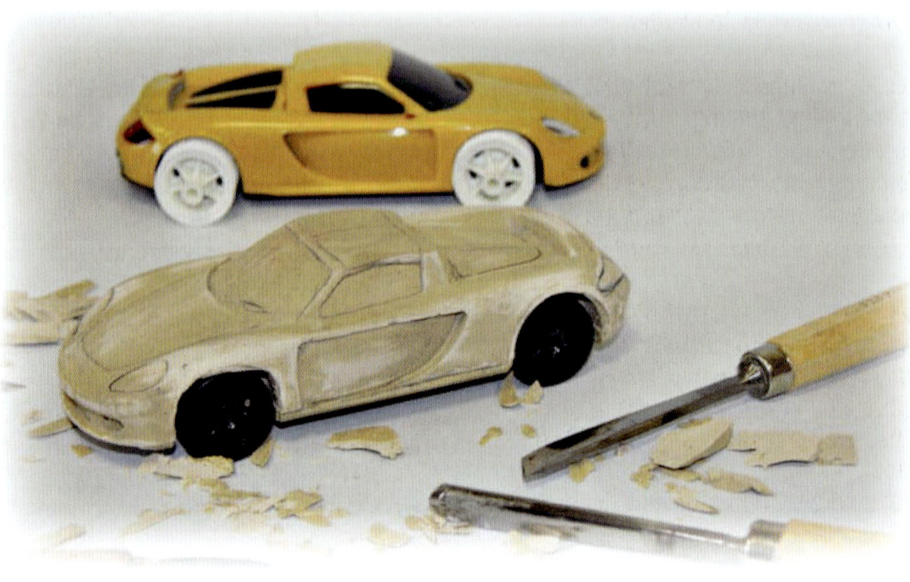

Polyester-Giessholz

Ein künstliches Holzprodukt, ebenfalls mit hochwertigen, holzähnlichen Füllstoffen vermischt. Nach dem Zumischen des Amberhärters entstehen daraus nach dem Einfüllen in Latex-, Silicon oder Kunststoffformen, Skulpturen (Madonnen, Schach-, Krippen- und Dekorationsfiguren), Wandkonsolen, Reliefs, Türschilder, Hinweistafeln, Dekorationsmasken, Werbegegenstände, Flaschenverschlüsse, Schmuck- und Schlüsselanhänger, Griffe und Zierdekore für Möbel etc.

- Polyester-Giessholzmischung

Polyester-Giessholz ist flüssig. Nach dem Öffnen der Dose entsteht der Eindruck, als wäre das darin befindliche Material bereits eingetrocknet. Dieser Eindruck täuscht und ist darauf zurückzuführen, dass der in die Polyestermasse eingearbeitete holzartige Füllstoff so leicht ist, dass er nach längerer Lagerung in dem Harz nach oben schwimmt. Deshalb muss das Harzgemisch vor dem Gebrauch sorgfältig aufgerührt werden. Dadurch entsteht eine homogene, sofort verarbeitungsfertige Giessmasse, die nur noch mit einem Amberhärter vermischt werden muss.

Die Härterzugabe beträgt auch hier 2 %, ist allerdings abhängig von der Dicke der zu giessenden Teile. Deshalb sollte für das Anfertigen dicker und grosser Figuren oder Formteile eine geringere Härtermenge 1,6 – 1,8 % verwendet werden.

Dadurch wird ein zu starkes Ansteigen der Aushärtetemperatur verhindert, was beispielsweise bei grossen Giessteilen dazu führen kann, dass sie sich während der Aushärtereaktion durch die dabei entstehende Hitzeentwicklung verbiegen oder dadurch deformiert werden.

Beim Mischen von Polyester-Giessholz sind folgende Hinweise zu beachten:

Bei dicken Formteilen sollte besonders in der warmen Jahreszeit das Giessholz vorher einige Tage in einem kühlen Raum gelagert werden, damit es eine für die Verarbeitung passende niedrigere Materialtemperatur (18–20 °C) bekommt.

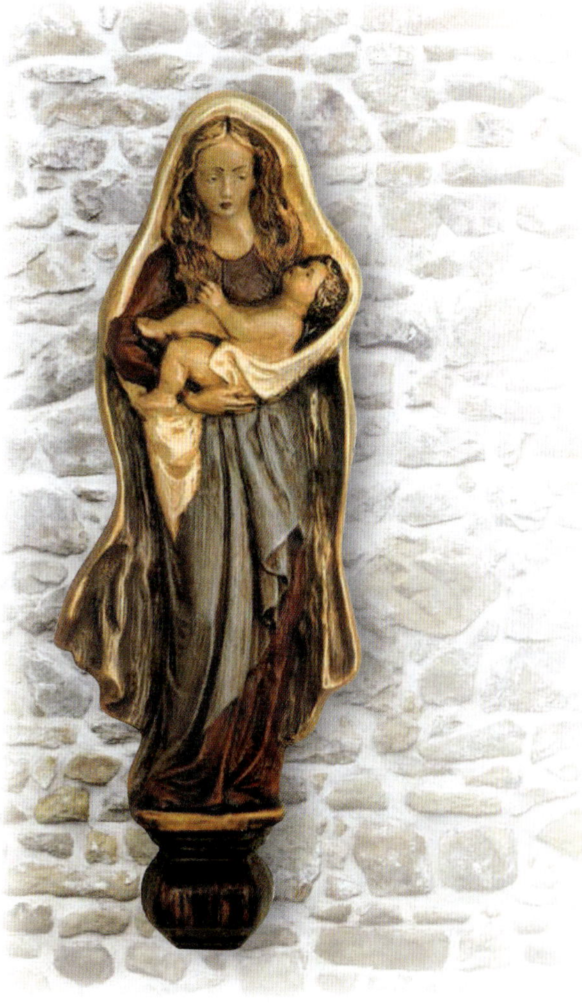

Umgekehrt kann es im Winter passieren, dass das Giessholz im Keller so kalt gelagert wurde, dass das damit gegossene Giessteil nicht sofort aushärtet und sich die Aushärtung dann über mehrere Tage hinzieht. Im Extremfall kann das auch dazu führen, dass das Giessteil nicht richtig hart wird, es deshalb nachgetempert werden muss, was beispielsweise in einem Backofen gemacht werden kann.

Dazu wird es für ca. 30 Minuten in den auf ca. 40–50 °C vorgeheizten Backofen gelegt. Durch dieses Tempern wird die Aushärtereaktion erneut aktiviert, die dann zum festen Aushärten des Gegenstandes führt. Wichtig ist, dass der Ofen nach dem Tempern ausgeschaltet wird, das Giessteil aber so lange darin verbleibt, bis es vollständig abgekühlt ist. (Wird es zu früh aus dem Ofen genommen, kann es durch zu schnelles Abkühlen spröde werden).

Günstig ist ausserdem, wenn beim Giessen dicker Figuren oder Reliefs, das Giessholz schichtweise gegossen wird. Ideal sind Schichtdicken von 8–10 mm, die sofort nach dem Erhärten der gegossenen Giessschicht aufgegossen werden. Dabei soll eine Härterreduzierung dazu beitragen, dass die Giesslinge nicht zu heiss werden. Dadurch wird verhindert dass sie in der Aushärtungsphase verbiegen oder gar reissen.

Materialstärke des Giesslings	Mischungsverhältnis Härtermenge	Materialtemperatur Giessholz	Umgebungstemperatur 18–20 °C
> 18 mm	2,0 %	18–20 °C	–
> 28 mm	2,0 %	20 °C	–
> 36 mm	1,8 %	20 °C	–
> 44 mm	1,8 %	18 °C	–
> 52 mm	1,6 %	18 °C	–
> 60 mm	1,4 %	18 °C	Wasserkühlung
> 68 mm	1,2 %	18 °C	Wasserkühlung
> 76 mm	1,0 %	18 °C	Wasserkühlung
> 84 mm	0,9 %	18 °C	Wasserkühlung
> 92 mm	0,8 %	18 °C	Wasserkühlung
> 100 mm	0,7 %	18 °C	Wasserkühlung

- <u>Verarbeitungsanleitung</u>

Füllen Sie das gut durchgemischte Giessholz in einen Mischbecher. Berechnen Sie die Härtermenge, die für das Zusammenmischen benötigt wird und wiegen Sie diese auf einer Waage genau ab. Mischen Sie sie sorgfältig in das Giessholz ein und füllen Sie die fertige Giessholzmischung danach in die bereitgestellte Form.

- <u>Giessen in Latexformen</u>

Die Formen werden vor dem Gebrauch mit dem rosafarbigen Formentrennmittel dünn ausgestrichen oder ausgeschwenkt. Das Trennmittel trocknet innerhalb von 20–30 Minuten. Achten Sie darauf, dass der Trennmittelfilm gleichmässig, ohne Luftbläschen aufgetragen wird. Tipp: legen Sie die eingestrichene Form mit der Einfüllseite nach unten zeigend auf die Arbeitsplatte. Dann kann das überschüssige Trennmittel auslaufen. Gleichzeitig entsteht ein einheitlicher Trennbelag.

Danach wird die Form in eine entsprechende Halterung, z. B. eine Öffnung, die aus einem stabilen Pappkartondeckel ausgeschnitten wurde, eingehängt. Als nächstes wird das mit Härter vermischte Giessholz bis zur Hälfte in die Form gefüllt, diese dann aus der Halterung entnommen und vorsichtig so durchgeknetet, dass das darin befindliche Material in der Form hochsteigt und sie von innen allseitig dünn mit dem Giessholz bedeckt. Besonders intensiv müssen kleine, aus der Formfläche herausragende Stellen durchgeknetet werden, damit sich darin keine Luftblasen festsetzen. Anschliessend wird die Form wieder in die Halterung gehängt und mit dem restlichen Material vollständig ausgefüllt.

1.

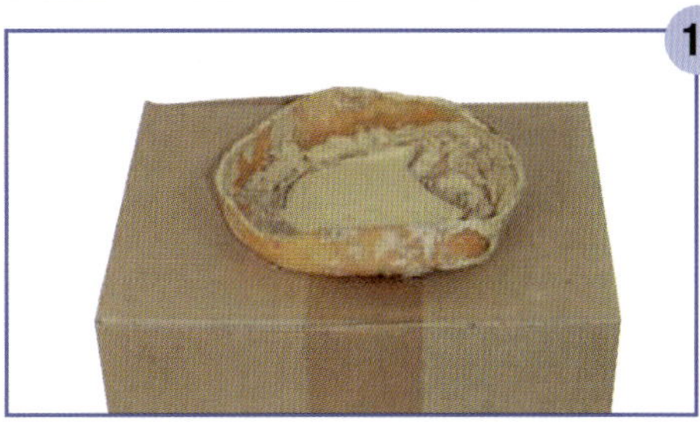

Einfüllen der Giessholzmasse in eine Latexform.

2.

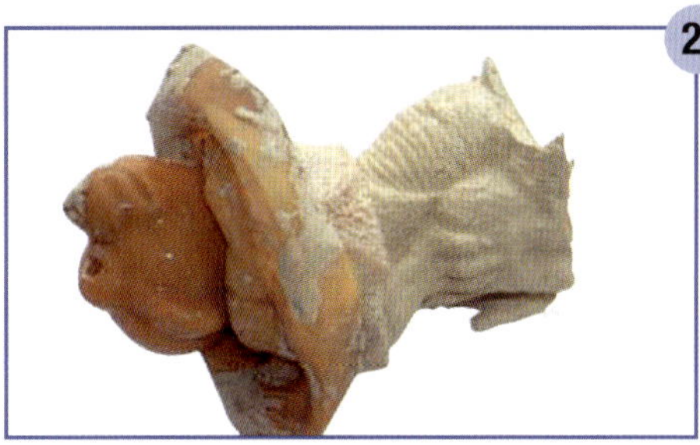

Die fertig ausgehärtete Kunstholzfigur wird aus der elastischen Latexform entnommen.

3.

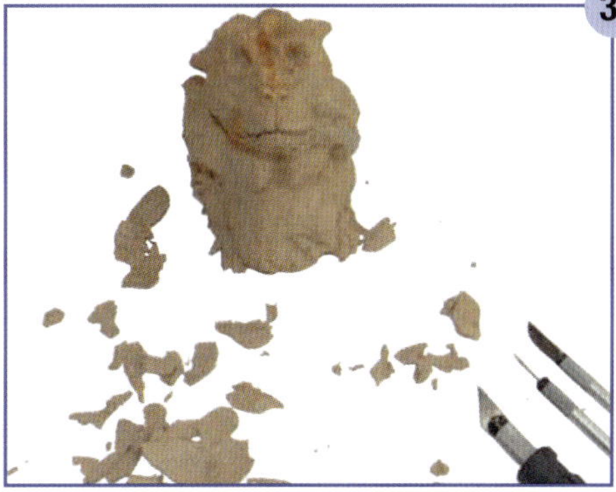

Der aus Flüssigholz gegossene Rohling wird mit üblichen Schnitzmessern nachgeschnitzt.

4.

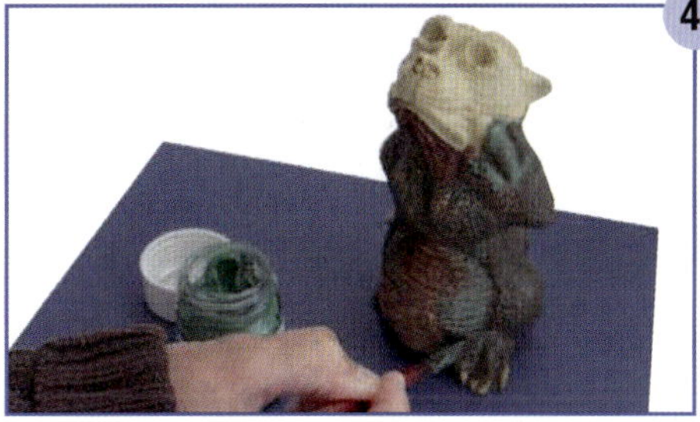

Zum Schluss folgt das Bemalen mit Acrylfarben.

1.

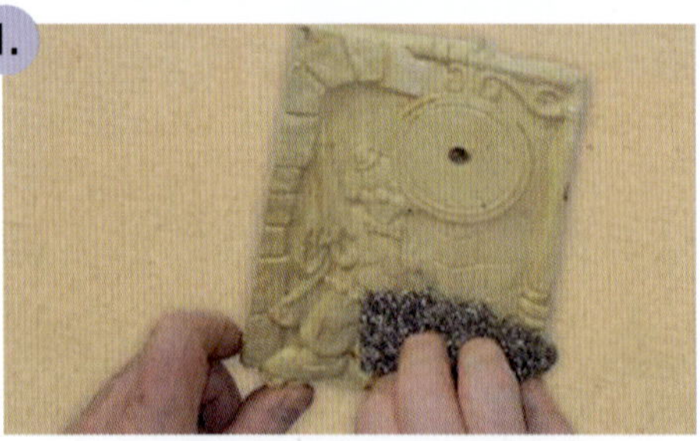

Aus Polyester-Giessholz hergestelltes Rohrelief mit feiner Stahlwolle etwas anschleifen.

2.

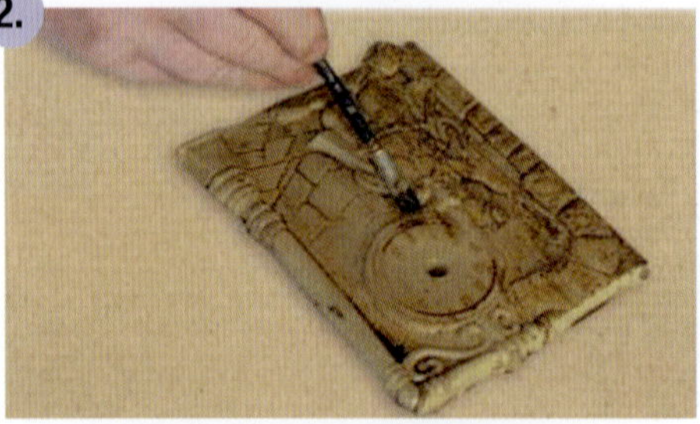

Es folgt das Beizen mit Effektbeize.

3.

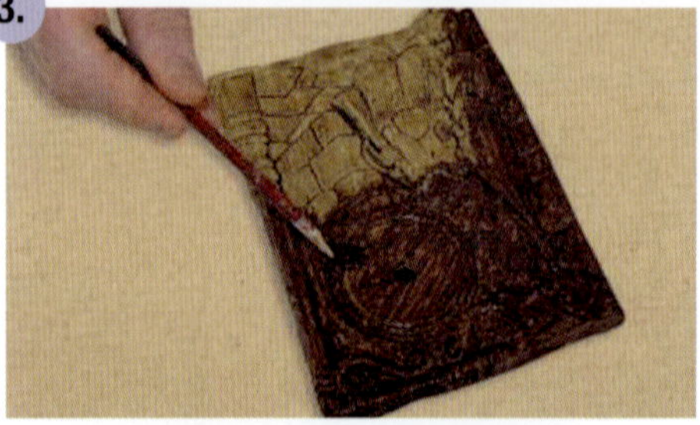

Damit die Bildkonturen erkennbar werden, folgt ein dünner Auftrag mit Effektpatina.

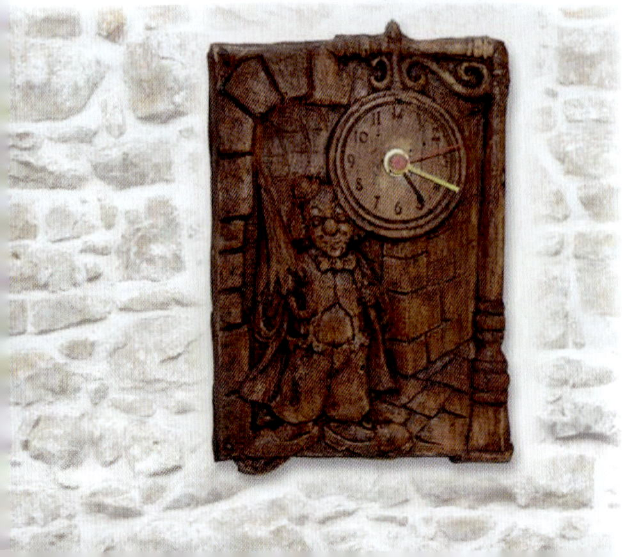

- Eingiessen in Siliconformen

Siliconformen werden genauso wie die Latexformen mit dem Trennmittel ausgestrichen und dann zu einem Drittel mit der Giessmasse befüllt. Danach wird die Form hin- und herbewegt, damit das darin befindliche Material alle Formflächen benetzt, gleichzeitig auch evtl. Luftblasen beseitigt.

Bei Reliefformen, gleich ob aus Silicon oder Kunststoff, wird das darin eingefüllte Material mit einem Pinsel gleichmässig in der gesamten Form verteilt. Dieses Ausstreichen muss sorgfältig gemacht werden und soll dazu führen, dass sie vollständig mit einem dünnen, gleichmässigen Materialfilm bedeckt ist.

Erst danach folgt das Auffüllen mit dem restlichen Giessholz.

Reicht die angemischte Polyesterholzmenge dafür nicht aus, kann zusätzliches Material neu angemischt und nachträglich auf- oder dazugegossen werden. Das ist auch dann noch möglich, wenn die erste Materialmischung schon ausgehärtet ist. Beide Giessschichten verbinden sich fest miteinander.

Durch das Vorbehandeln der Siliconform mit dem Formentrennmittel lässt sich das erhärtete Relief nach dem vollständigen Abkühlen (nach 1–2 Stunden) gut aus der Form entnehmen. Trennmittelrückstände werden aus der Form und von dem Giessteil mit Leitungswasser abgewaschen (entfernt). Deshalb ist es wichtig, dass die Form vor dem erneuten Gebrauch mit einem neuen Trennmittelbelag versehen wird.

- Verwendung anderer Formen...

Formen aus Gips, Ton, Holz oder anderen Materialien müssen vor dem Gebrauch sorgfältig versiegelt, d. h. mit einem lösungsmittelhaltigen Lack überzogen werden, damit eine glatte, geschlossene Oberfläche entsteht. Nach dem Trocknen dieser Lackschicht werden auch sie wie üblich mit dem Trennmittel behandelt.

- Einfärben der Giessmasse

Polyester-Giessholz kann mit Harz-Abtönfarben eingefärbt werden. Verwenden Sie dafür immer nur kleine Farbmengen, da diese stark färben. Erst dann, wenn die gewünschte Farbgebung stimmt, wird der Härter zugegeben.

- Einmischen von Füllstoffen

Um ein leichteres holzspezifisches Gewicht zu erzielen, kann das Harz mit Leichtfüllstoffen vermischt werden. Diese Materialzugabe muss vor dem Einarbeiten des Härters gemacht werden.

Neben Leichtfüllstoffen ist auch das Zumischen von Quarzsand, -mehl, Sägespäne, Holzstaub etc. möglich. Wird die Harzmischung dadurch zu dickflüssig, kann sie durch Zugabe von Cinnamol (Styrol) wieder dünnflüssiger gemacht werden. Dabei ist eine Zugabemenge bis max. 10 % möglich.

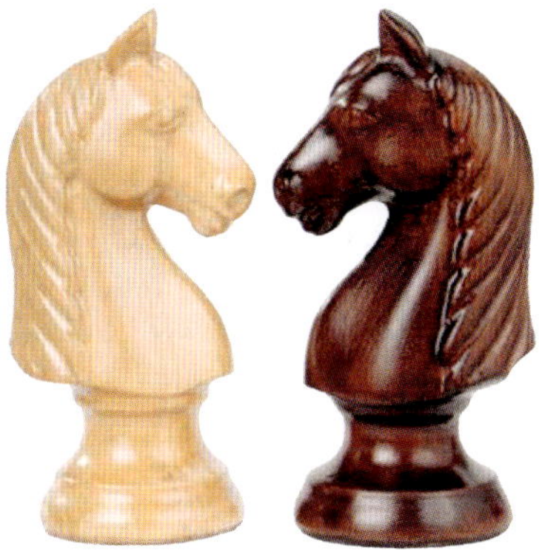

- Reliefs und Figuren

Giessholz hat eine beigebraune Eigenfarbe, die bewusst dafür gewählt wurde, damit die daraus hergestellten Teile hinterher nur noch mit Holz-Effektbeize bearbeitet werden müssen und dadurch sofort ihren typischen Holzcharakter erhalten.

Zuvor werden die Teile mit Stahlwolle oder Schleifpapier allseitig etwas angeschliffen. Auch das hat seinen Grund: das Giessholz ist mit einer kleinen Paraffinmenge vermischt, die verhindert, dass die daraus gegossenen Teile klebrig aushärten. (Das Paraffin legt sich oben auf die offene Harzfläche und verhindert den Kontakt zum Luftsauerstoff – was identisch mit dem Auflegen einer Abdeckfolie beim glasklaren Giessharz ist).

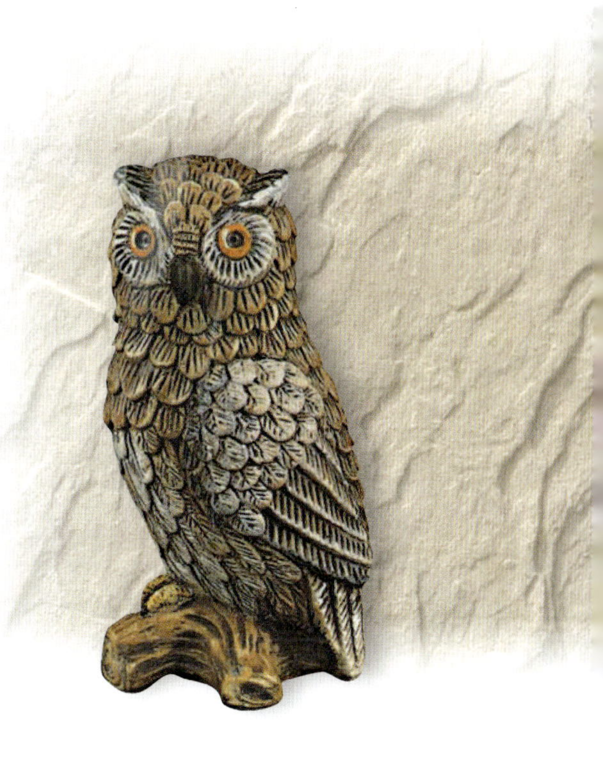

- Maserung aufziehen

Das fertige Dekorationsstück wird zuerst mit einer extra für diese Technik entwickelten Holzbeize gleichmässig grundiert. Nach dem Trocknen wird die Beize nochmals, diesmal aber dicker aufgetragen, um dann mit einem feinen (ergibt ein modernes Design) oder groben Pinsel (dadurch entsteht ein rustikales Aussehen) die gewünschte Holzmaserung aufzuziehen.

Nach dem Trocknen der Beize wird der Gegenstand mit dunkel- oder rotbrauner Effekt-Patinacreme überstrichen. Diese Creme verstärkt die Struktur der Holzmaserung und schützt sie durch das Erhärten. Ungefähr 60 Minuten später wird der Gegenstand mit einer weichen Polierbürste so überarbeitet, dass darauf ein seidiger Mattglanz entsteht, der dieses Kunstwerk schick, modern, alt oder antik aussehen lässt.

Wollen Sie zusätzlich noch Gebrauchsspuren auf dem Teil hinterlassen, überschleifen Sie einige Stellen vorsichtig mit feiner Stahlwolle (Type 000). Dadurch wird ein Teil der Patina wieder abgenommen, sodass diese Flächen heller und abgegriffen wirken. Wichtig ist allerdings, dass auch diese Stellen zum Schluss nochmals überpoliert werden.

- Holz perfekt imitieren

Giessholz hat ein spezifisches Gewicht von 0,9, ist damit etwas leichter als Wasser. Das Gewicht dieses Harzes oder der daraus hergestellten Teile kann noch weiter reduziert werden. Dazu werden zu der Giessholzmischung Säge- oder Holzspäne oder ein Leichtfüllstoff (Micro-Ballons), zugemischt. Dadurch kann eine Gewichtsreduzierung von ungefähr 20 % erzielt werden. Erst danach wird das Material mit dem erforderlichen Härter vermischt.

- Eingiessen von Montageteilen

In die flüssige Giessmasse können auch Schrauben, Dübel und andere Befestigungs- oder Montageteile mit eingegossen werden. Dadurch ergibt sich die Möglichkeit, dass das Giessteil mit diesen Befestigungselementen an andere Gegenstände oder Untergründe angeschraubt bzw. mechanisch damit verbunden werden kann.

- Mechanisches Nachbehandeln

Die ausgehärteten Giessteile können mit üblichen Werkzeugen und Maschinen wie Holz weiterbehandelt werden. Möglich ist sägen, bohren, fräsen, feilen und schleifen. Wichtig: Lassen Sie die Giessholzteile nach dem Entformen mindestens 24 Stunden nachhärten. Während dieser Zeit verliert sich auch eine anfängliche Klebrigkeit. Die endgültige Aushärtung der selbst gegossenen Gegenstände ist zeitlich abhängig von der kalten oder warmen Umgebungstemperatur, auf jeden Fall nach 72 Stunden beendet.

- Reinigung

Noch nicht ausgehärtetes Polyester-Giessholz lässt sich von Arbeitsgeräten und Händen mit Harz-Reiniger (Entferner) leicht beseitigen.

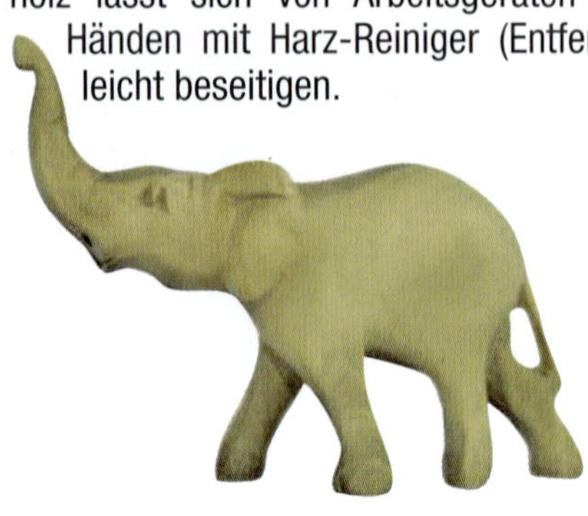

Dekoratives aus Polyamber-Giessharz

Wenn es darum geht, bernsteinfarbigen Schmuck – auch mit kleinen, zuvor getrockneten Insekten in das Harz einzubetten, ist dieses Spezialharz dafür besonders gut geeignet. Das bernsteinfarbige Giessharz basiert auf einem mit Arminen vorbeschleunigtem technischen Harz und benötigt zum Aushärten den bekannten pastösen Amberhärter.

Neben der Herstellung kleiner Schmuckteile wird es auch für das Giessen elfenbeinfarbiger Figuren, in Verbindung mit Glasfasermatten für den Bau technischer Formteile (GfK-Armierungen) verwendet. Es eignet sich beispielsweise gut für das Herstellen von Flug- und Schiffsmodellen, Gartenteichen und Surfbrettern. Die vielseitige Verwendbarkeit dieses Harzes zeigt sich auch bei Reparaturarbeiten an Autokarosserien, Wohnwägen und Booten, in denen Löcher oder Risse mit den mit diesem Harz getränkten Glasfasermatten schnell und sicher verschlossen werden können.

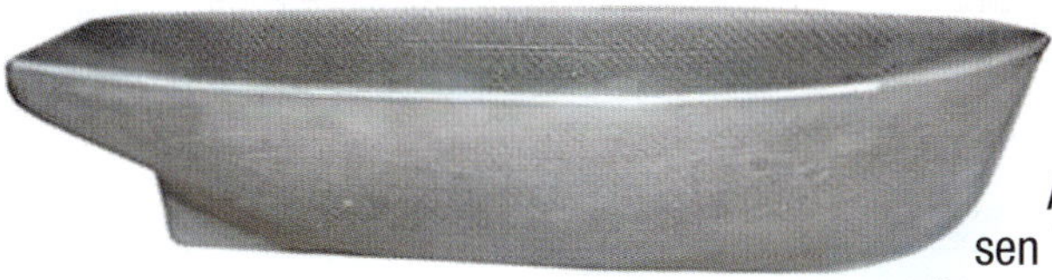

- Bernsteinfarbiger Schmuck

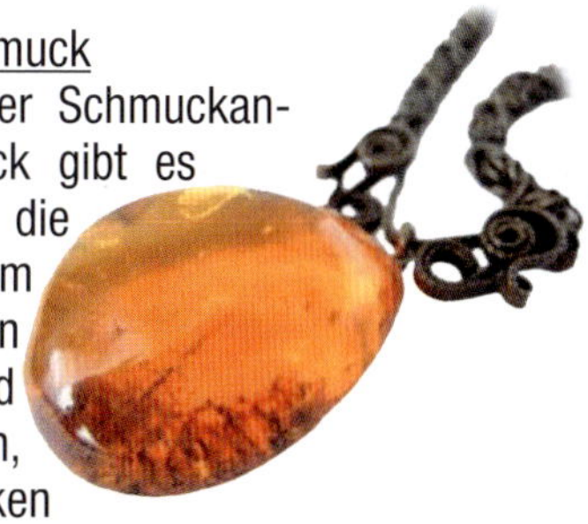

Für die Herstellung kleiner Schmuckanhänger und Modeschmuck gibt es zahlreiche PVC-Formen, die vor dem Gebrauch mit dem Formen-Trennmittel dünn ausgestrichen werden und danach mit einer dünnen, teilweise nur 2–3 mm dicken Harzschicht (Grundschicht) ausgefüllt werden. Darauf werden leichte Eingiessobjekte, z. B. getrocknete Blumen, Tannennadeln, kleine Steine oder Insekten gelegt.

Im Gegensatz zum glasklaren Polyestergiessharz härtet dieses Spezialharz auch in dünnen Schichten innerhalb von 20–30 Minuten schnell und klebefrei aus, sodass danach sofort die nächste Harzschicht aufgegossen werden kann. Auch hier kann die Oberfläche der fast fertigen Schmuckteile durch Auflegen einer Abdeckfolie auf die bombiert gegossene Harzfläche spiegelglatt hergestellt werden.

Da mit diesem Harz der kostbare und seltene Bernsteinschmuck perfekt imitiert werden soll, kann es vorteilhaft sein, unregelmässig geformte Schmucksteine, möglichst mit darin eingebetteten Fliegen, Spinnen oder anderen Insekten etc. herzustellen.

Nach dem Aushärten wird der Giessling aus der Form entnommen. Dazu ziehen Sie die Form seitlich etwas von dem bernsteinfarbigen Anhänger ab und wiederholen diesen Vorgang an verschiedenen Stellen. Das reicht bereits, damit Sie das fertige Schmuckteil leicht aus der Form herausdrücken können.

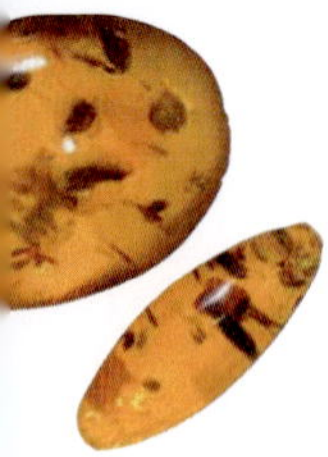

Der kostbare Bernsteinschmuck ist fast fertig. Es fehlt nur noch das mechanische Nacharbeiten. Deshalb wird der Anhänger in bekannter Reihenfolge mit groben, dann feinerem und zum Schluss mit ganz feinem wasserfesten Schleifpapier überarbeitet und durch das Polieren auf Hochglanz gebracht.

In das fertige Schmuckstück wird oben oder an den Seiten mit einem dünnen Bohrer ein kleines Loch gemacht, durch das eine Anhängerschlaufe oder Lederband etc. hindurchgezogen oder befestigt werden kann. Durch die Schlaufe ziehen Sie eine passende goldfarbige Kette, fertig ist ein klassischer Bernsteinschmuck.

Für Broschen gibt es unterschiedlich grosse und kleine Anhängeplatinen, auf die die fertigen Schmucksteine mit dem gleichen Harz fest aufgeklebt werden.

Wichtiger Tipp: Das Bernsteinharz kann durch Zumischen einer geringen Menge kirschroter und goldgelber Harz-Abtönfarbe noch farbintensiver gemacht werden.

Es besteht auch die Möglichkeit, modisch bunte Schmuckteile herzustellen. Dazu portionieren Sie das Harz in kleine Kunststoffbecher und vermischen es mit unterschiedlichen Harzabtönfarben. Zum Schluss werden die Harzmischungen mit Amberhärter vermischt. Fertig ist eine ausgewählte Reihe farbiger Polyesterharze, die jetzt auch farblich individuell miteinander kombiniert in die unterschiedlichsten Formen gefüllt werden können. Dadurch haben Sie die Möglichkeit, eine Produktion farbiger Schmuckteile selbst zu starten.

- Elfenbeinfarbige Reliefs

Beim Einfüllen des Materials in die flachen Formschalen werden diese zuerst nur zu einem Drittel damit befüllt. Es folgt das bereits bekannte Verstreichen in der Form, das nicht nur den Zweck verfolgt, die Giessmasse gleichmässig darin zu verteilen, sondern auch evtl. vorhandene Luftblasen zu beseitigen. Danach wird die Form vollständig bis zum Rand mit dieser Hintergussmasse ausgefüllt.

Um die selbst hergestellten Reliefs an einem Wandhaken aufhängen zu können, benötigen Sie einen speziellen Relief-Eingiessaufhänger, der mittig, oben unter dem Formrand, direkt in die Giessmasse eingelegt bzw. etwas dareingedrückt wird.

30 Minuten später ist das Material ausgehärtet. Das fertige Relief kann aus der Form entnommen werden. Es zeigt das Aussehen der als Souvenir bekannten „Stone-Reliefs“.

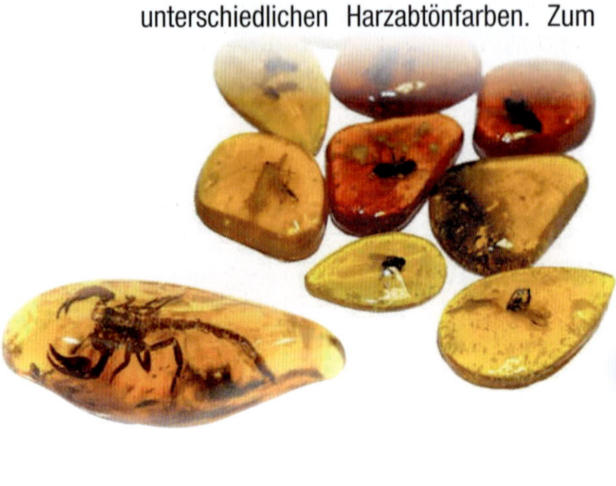

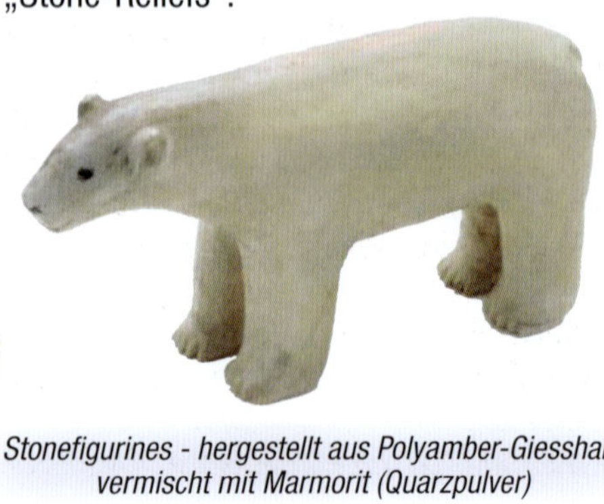

Stonefigurines - hergestellt aus Polyamber-Giessharz vermischt mit Marmorit (Quarzpulver)

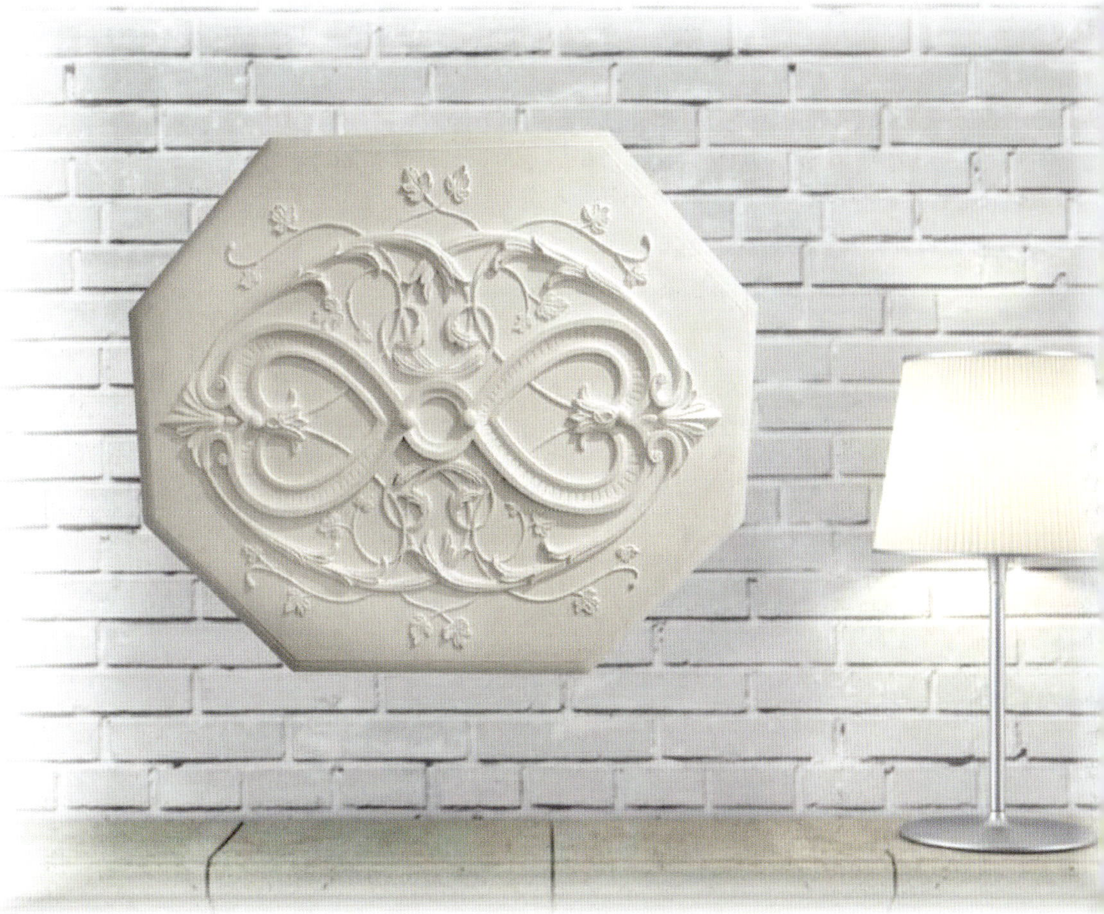

Wenn Ihnen die gleichmässige, elfenbeinfarbige Oberfläche dieser Bilder nicht gefällt, können Sie diese Reliefs auch so herstellen, dass sie eine marmorierte Oberfläche zeigen. Um das zu verwirklichen, benötigen Sie die gleiche Materialmenge als Hintergussmasse, die Sie allerdings anteilmässig in zwei Mischbecher umfüllen.

Geben Sie in einen Behälter etwas Harz-Abtönfarbe, z. B. grün und schütten Sie dann das Material aus dem anderen Becher dazu. Verrühren Sie beide Materialien mit einem flachen Rührholz (aber nur einmal im Kreis herum). Mehr dürfen Sie nicht machen, weil das schon ausreicht, um die Giessmasse mit einer weiss-grünen Marmorierung herzustellen.

Marmoriert werden hauptsächlich Gebrauchsteile, also Griffe, Schilder, Zierblenden etc. Bei Figuren und Reliefs kann der Farbverlauf der Marmorierung störend wirken. Deshalb gibt es noch eine andere Möglichkeit, fantastische Reliefs und Figuren aus diesem Harz herzustellen.

1.

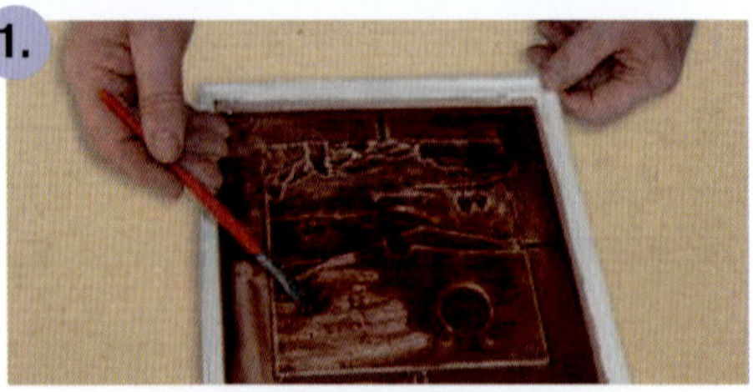

Giessform mit dem gemischten metallischen Polyesterharz ausstreichen.

2.

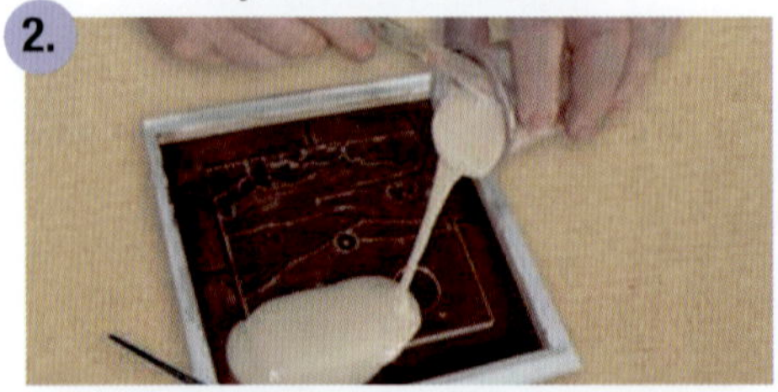

Die aus Polyamber-Giessharz und Quarzpulver gemischte Giessmasse wird zum Auffüllen der Form verwendet.

3.

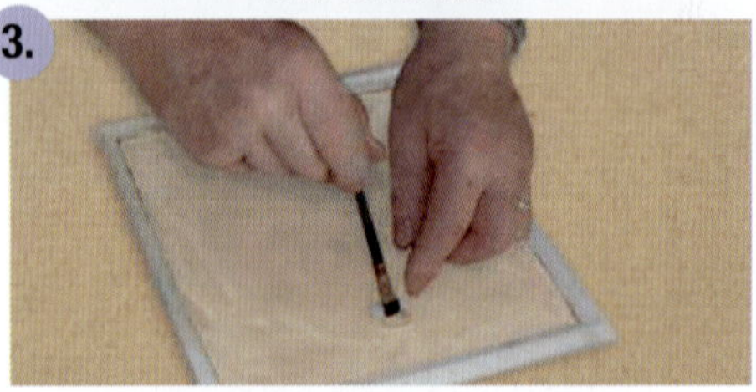

In die noch flüssige Hintergussmasse wird ein Relief-Eingiessaufhänger eingelegt.

4.

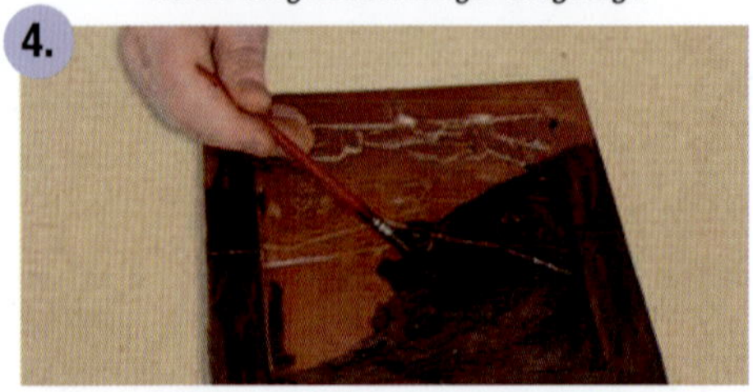

Reliefoberfläche mit Metallica-Patina überstreichen.

5.

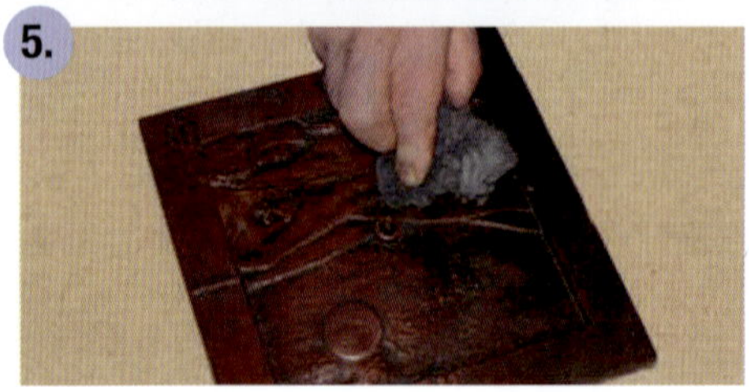

Abschleifen des fertigen Reliefs mit feiner Stahlwolle.

- Reliefs und Figuren mit Metalleffekt

Bei der Anwendung dieser Technik beginnen Sie mit dem Anmischen einer feinen Metallschicht. Die besteht aus Polyamber-Giessharz vermischt mit einem feinen Metallpulver, das es in Messing (Bronze), Kupfer und Silber (Aluminium) gibt. Abhängig von der Grösse der damit zu behandelnden Formteile vermischen Sie 100 g Polyamber-Giessharz mit 70 g Bronze- oder Kupferpulver. Wollen Sie einen Silbereffekt erzielen, vermischen Sie 100 g Harz mit 40 g Silber, Aluminiumpulver. Die fertige Giessmasse wird wie üblich mit 2 %, bezogen auf den Harzanteil (100 g und 2 g), mit Amberhärter vermischt.

Giessen Sie eine kleine Teilmenge davon in die bereitgestellte Form, die damit gleichmässig dünn ausgestrichen wird. Achten Sie darauf, dass alle Stellen, auch die Seitenränder, damit bedeckt werden. Danach muss die Harzmasse erhärten, was innerhalb von 15 – 20 Minuten geschieht.

Das ist der Moment, wo Sie erneut das Polyamber-Giessharz, aber diesmal mit dem elfenbeinfarbigen Marmoritpulver (Füllstoff) vermischen und die bereits bekannte Hintergussmasse herstellen. Sie wird sofort in die vorbereitete Form – diesmal randvoll – eingefüllt. Auch hier ist es wichtig, den Eingiessaufhänger an der richtigen Stelle in die elfenbeinfarbige Harzmischung einzulegen.

30 Minuten später ist das Relief bereits ausgehärtet und kann vorsichtig aus der Form herausgelöst und entnommen werden. Legen Sie es jetzt auf die mit einer Zeitung oder Kunststofffolie abgedeckte Arbeitsfläche und überstreichen es mit Metallica-Patina, z. B. schwarz oder dunkelbraun.

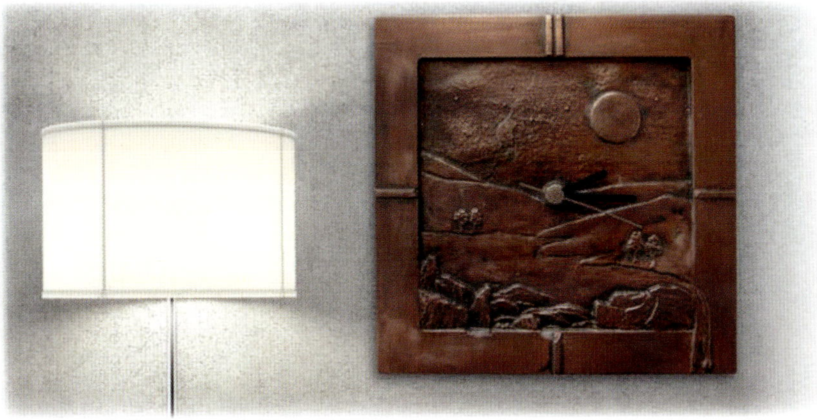

Durch die Eigenwärme des Reliefs, zurückzuführen auf die immer noch nicht ganz abgeschlossene Aushärtereaktion der Giessmasse, trocknet diese sehr schnell darauf auf. Deshalb können Sie bereits eine Stunde später mit dem Abpolieren der Reliefoberfläche beginnen.

Dafür benötigen Sie feine Stahlwolle, Type 000, die Sie zu einem praktischen Handballen formen, um das Relief damit in kreisenden Bewegungen abzureiben. Dabei entfernen Sie einen Teil der Patina, was besonders auf der glatten Oberfläche, auf den erhabenen Stellen geschieht während sie in den vertieft liegenden Stellen voll dunkelfarbig zurückbleibt. Durch das Abschleifen mit der Stahlwolle entfernen Sie gleichzeitig die dünne, über dem Metallüberzug befindliche Harzfläche, sodass das darunter liegende Metall ebenfalls angeschliffen wird und herrlich, matt glänzend, zum Vorschein kommt.

Diese Methode ist so fantastisch, weil es so möglich ist, innerhalb kurzer Zeit antik wirkende Messing-, Kupfer- oder Zinnbilder herzustellen.

Anstelle von Reliefs können auch vollplastische Figuren mit dem gleichen Metalleffekt anfertigt werden.

- <u>Metallische Figuren – (Latexformen)</u>

Befüllen Sie die Latexform zu einem Drittel mit dem vorbereiteten Metallharz. Drücken Sie die Form so zusammen, dass das metallische Harzgemisch nach oben gedrückt und die Innenfläche der Form damit bis zum Rand überdeckt wird. Dabei bleibt die Giessmasse gleichmässig an der Formwand haften. Hängen Sie die Form in die zuvor dafür angefertigte Aufhängevorrichtung (Pappkarton).

Warten Sie ungefähr 20 Minuten bis die Metallschicht ausgehärtet ist. Befüllen Sie die Form, ohne sie aus der Halterung zu entnehmen, mit der in der Zwischenzeit neu gemischten Hintergussmasse. Achten Sie beim Ausfüllen darauf, dass die Form nur so weit mit Material befüllt wird, wie der an dem Modell befindliche Formsockel es erfordert. (Die Formen haben immer einen etwas über den Sockel hinausragenden Formenwulst, der produktionsbedingt so angefertigt wird und dafür sorgt, dass diese in der erwähnten Haltevorrichtung gut eingehängt werden können.)

Wichtig: Berühren Sie die mit Hintergussmasse befüllte Form nicht, d. h. die Form darf nicht geknetet oder eingedrückt werden, da dadurch die dünne metallische Mantelschicht beschädigt würde.

30 Minuten später ist auch dieses Giessteil ausgehärtet. Entnehmen Sie die mit dem Material befüllte Form vorsichtig aus der Halterung. Benetzen Sie sie von aussen mit Wasser und einem Spülmittel, damit die darin enthaltene Seife die Aussenhülle glitschig macht. Halten Sie mit einer Hand den runden Formenwulst an der Eingiessöffnung der Form fest, während Sie die Form mit der anderen Hand etwas zurückschieben, damit Sie mit den Fingern das jetzt fertige, harte Modell fest halten können. Ziehen Sie mit der anderen Hand die Form nach unten von der Figur ab. Das lässt sich einfach machen, weil die elastische Latexform leicht über die glitschige Aussenhülle der Form rutscht.

Danach haben Sie die fertige Rohfigur vor sich, die Sie jetzt mit der von der Reliefgestaltung her bekannten Patina sorgfältig einstreichen und nach dem Trocknen mit Stahlwolle bearbeiten. Dabei verändert sich die Farbgebung der Figur. Aus dem dunklen Giessteil entsteht eine herrliche Bronze-, Kupfer- oder Zinnfigur.

Die dafür benutzte Form können Sie selbstverständlich wieder verwenden. Dazu wird sie mit Wasser sorgfältig abgespült und so umgekrempelt, dass Sie wieder einsatzbereit ist. Sie ist allerdings erst dann wieder verwendbar, wenn auch die nasse Innenfläche vollständig getrocknet ist und erneut mit dem Trennmittel behandelt wurde.

Diese Technik kann Ihnen beispielsweise zu einem kompletten Schachfigurensatz verhelfen, wobei Sie die Hälfte der erforderlichen Spielfiguren kupferfarbig, die andere bronzefarbig gestalten können.

Es besteht auch die Möglichkeit in diesen Formen glasklare oder matte Figuren, die nur aus dem Ambergiessharz gegossen wurden, herzustellen. Dazu werden die Formen einmal ohne das sonst empfohlene Trennmittel mit dem mit Härter vermischten Ambergiessharz befüllt. Nach dem Erhärten entnehmen Sie der Form frostartige, matt wirkende Schachfiguren. Das ist die eine Figurenhälfte. Für die zweite müssen Sie die Formen zuerst mit dem Formen-Trennmittel einstreichen, trocknen lassen, um erst dann das Giessharz darin einzufüllen. Nach dem Aushärten haben Sie herrliche bernsteinfarbige Spielfiguren, die nach dem Abspülen mit Leitungswasser glasähnlich aussehen. Dieser Effekt wird Sie angenehm überraschen.

Die gleichen Effekte erzielen Sie auch mit glasklaren Polyesterglas-Giessharz.

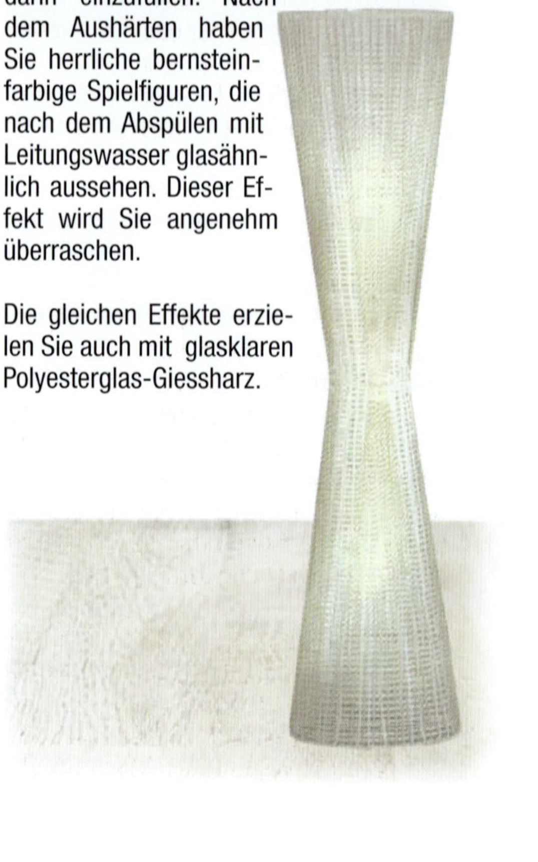

Herstellung von Lampenschirmen

Dafür benötigen Sie ein Drahtgestell für einen Lampenschirm. Passen Sie ein fein gewebtes Glasfaservlies masslich daran an. Das heisst, Sie „reissen" es in Form und Grösse so zu, dass es als Bahn direkt um das obere Drahtgestell des Schirmes herumgelegt werden kann. Da das Vlies sehr leicht ist, (30 g/qm), sollten Sie davon drei Bahnen anfertigen.

Bedecken Sie den Arbeitstisch mit einer stabilen Folie, die Sie anschliessend mit Ambergiessharz einstreichen, um darauf das erste Vlies aufzulegen. Es wird mit einer Stachelwalze fest aufgewalzt. Legen Sie auf das Vlies zusätzlich ausgewählte Dekorationsartikel, die sie in den Lampenschirm mit einarbeiten wollen, z. B. getrocknete Blumen, Gräser, Blätter, Geldscheine, Serviettenbilder oder die mit dem Drucker Ihres PC ausgedruckten Fotos von Familienmitgliedern, bunte Schleifen und Bänder etc. Auch diese Teile müssen mit einem Pinsel fest auf das Vlies aufgedrückt (aufstampft) und danach beim Überstreichen vollständig mit der Harzmischung überdeckt werden.

Es folgt das Auflegen des zweiten Vlieses, das danach auch vollständig mit dem Harz getränkt wird. Zum Schluss wird das letzte Glasfaservlies, was ebenfalls mit dem Harz getränkt ist, mit dem Scheibenroller fest daraufgewalzt. Das alles muss zügig geschehen, weil der so vorbereitete Lampenschirm jetzt direkt um das Schirmgestell herumgelegt und daran befestigt wird.

Nehmen Sie dazu das auf der Folie haftende Vliesgewebe, um es direkt um das Schirmgestell zu legen. Beachten Sie, dass es oben etwas über den Drahtring des Schirmes ragt und in Abständen von jeweils 6 cm mit einem 3 cm langen Einschnitt versehen werden muss. Dadurch entstehen kleine Vliesränder, die sich gut um das Drahtgestell umbiegen und von hinten daran befestigen lassen. Dabei treffen die Enden dieser Streifen wieder auf das Vliesgewebe und verkleben damit.

Nachdem das Gewebe so sorgfältig befestigt wurde, wird die darauf haftende Folie vorsichtig davon abgezogen und das Vlies auch unten mit Einschnitten versehen, um es ebenfalls an dem Drahtrand des Gestells festkleben zu können.

Danach folgt das seitliche Überlappen des Vliesgewebes, was nach Möglichkeit an einer Stelle gemacht werden soll, an der sich ein Querstab des Schirmes befindet, weil die beiden Gewebeenden so fest darauf zusammengedrückt werden können.

Der Lampenschirm ist fertig. Danach wird der gleiche Schirm auch für das Unterteil hergestellt. Danach muss das Harz nur noch vollständig aushärten. Einen solchen Schirm können Sie auch mit transparenter oder eingefärbter Kaltglasur herstellen.

Grundsätzlich wichtig: Alle Vlies- und Glasfaserstücke, die für den Bau eines Lampenschirmes verwendet werden sollen, dürfen niemals geschnitten, sondern nur „gerissen" werden. Dann sind die Ansatzstellen der einzelnen Vliesstücke nicht zu erkennen.

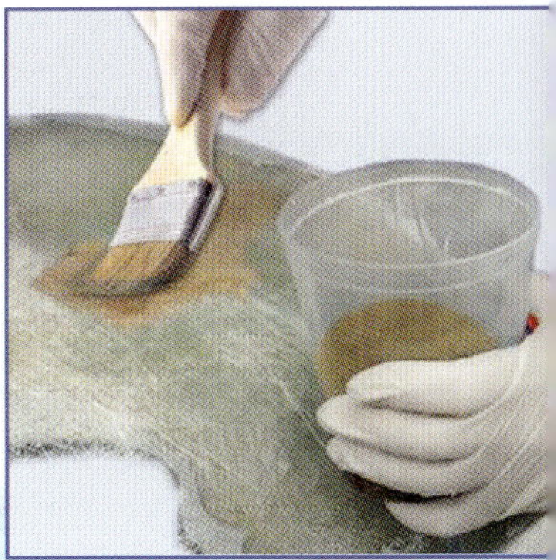

- <u>Kugel-Lampenschirm</u>

Auf den ersten Blick erscheint die Herstellung dieses Schirmes als sehr schwierig. In Wirklichkeit ist sie das aber nicht, weil die verschiedenen Kugeln vorher einzeln mit jeweils drei Lagen Glasfasergewebe belegt werden. Dafür benötigen Sie 3 unterschiedlich grosse Luftballone, die aufgeblasen und als Grundfläche verwendet werden. Beim Belegen der Ballone wird allerdings beim 1. Ballon die untere, beim 2. die obere und untere und beim 3. Ballon die obere Fläche nicht vollständig mit Glasfaser belegt, sodass gewissermassen Dreiviertelkugeln entstehen.

Nach Fertigstellung der Kugeln werden diese einfach aufeinandergesetzt und mit dem gleichen Polyesterharz eingestrichen und verklebt. Nach dem Aushärten halten sie fest zusammen, sodass dafür nur noch ein passender Fuss oder Sockel angefertigt werden muss. Dafür eignet sich ein dreieckiger Stabrahmen, in dem die Gewindestange so befestigt wird, dass sie unten auf dem Bodensockel fest verschraubt wird und soweit wie möglich in den Schirm hineinragt. Dabei bietet er gleichzeitig das Befestigen der Beleuchtung (Fassungen) sowie das Durchziehen des Anschlusskabels an. Schon ist eine einzigartige, sehr dekorativ wirkende Beleuchtung selbst hergestellt.

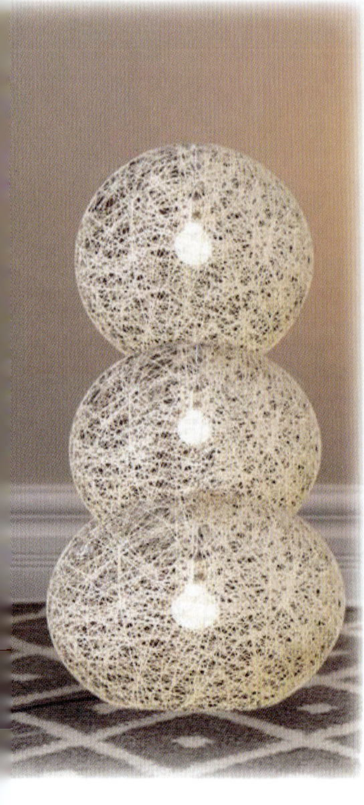

Technische Formteile aus GFK

Ob Sie das Harz für die Reparatur eines Loches in einer Autokarosserie oder für den Bau eines Modellbootes verwenden wollen – es eignet sich für beides. Als Basismaterial benötigen Sie ein Glasfasergewebe, das als Glasfasermatte in unterschiedlichen Grössen und Flechtgewichten im Fachhandel erhältlich ist. Für diesen Bereich hat sich die Fasermatte mit 225 g/m² am besten bewährt.

Die Verarbeitung ist denkbar einfach, was aus der folgenden Anleitung ersichtlich wird: heben Sie für den Bau eines kleinen Zierteiches im Garten eine halbkugelförmige Vertiefung aus der Boden-/Rasenfläche aus.

In die Aushebung werden kleine, ungefähr 30 x 30 cm grosse Jutetücher eingelegt. Die werden zuvor in eine dünnflüssige Gipsmasse eingetaucht, damit getränkt und sofort wieder in die „Kuhle" gelegt. Achten Sie darauf, dass die „Gipslappen" sich am Rand ungefähr 2 cm weit überlappen.

Die Laminatfläche (Gipstücher) muss die Vertiefung (zukünftiges Becken) lückenlos wie eine Halbkugel ausfüllen.

Nach dem Aushärten werden die in der gleichen Grösse zugerissenen Glasfaserstücke darauf gelegt.

Wichtig: die Glasfasermatten werden nicht geschnitten, weil die Schnittkanten sonst in dem herzustellenden Laminat zu sehen sind. Beim Reissen ziehen sie sich auseinander, sodass es möglich ist, sie so an- bzw. übereinander zu legen, dass daraus eine durchgehend glatte nach innen gebogene kugelförmige Laminatfläche entsteht.

Die hart gewordene Grundfläche (Gipsbett) wird jetzt mit Ambergiessharz überstrichen. Dazu wird eine kleine Harzmenge, z. B. 500 g, mit Härter vermischt und mit einem Pinsel gleichmässig darauf verteilt. Danach folgt das Auflegen der Glasfasermatten, die sich am Rand ungefähr 2 cm weit überlappen. Dadurch entsteht eine geschlossene Fläche (Becken).

Und damit die Matten auch gleichmässig auf dem Boden liegen, werden sie mit einer Stachelwalze, auch Entlüftungsroller genannt, fest daran angedrückt. Die Walze sorgt ausserdem dafür, dass in dem Glasfaser-Harz-Laminat keine Luftblasen verbleiben.

Nach dem Aushärten dieser Grundschicht folgt das Aufgiessen der nächsten Giessharzschicht. Auch sie wird wieder mit einem Pinsel darauf verteilt und durchtränkt die Glasfasermatte von oben, sodass danach weitere Glasfasermatten benötigt werden, um die Oberflächen damit zu überdecken.

Für den Bau des kleinen Gartenteiches reichen drei Schichten Glasfaserlaminat aus. Die letzte Giessharzschicht, mit der die fast fertige Fläche überdeckt und versiegelt wird, kann zusätzlich noch mit Harz-Abtönfarben eingefärbt werden, was vorteilhaft ist, weil der Gartenteich dann auch farblich schick aussieht.

Die Teichhülle muss ungefähr zwei Tage nachhärten. Sie kann dann mit Steinen, Sand und Pflanzen bestückt und mit Wasser befüllt werden.

Dieses Beispiel zeigt die Arbeitsweise zum Herstellen eines Harz-Laminats. Es kann genauso für das Herstellen eines Kunststoffbehälters geeignet. Als Auflage würde hier aber ein normaler Holzkasten, der mit einer PVC-Folie umwickelt wurde, verwendet.

Beim Bau eines Bootes wird die seitliche Holzbeplankung mit dem Harz vorgestrichen, danach folgt das Auflegen der Glasfasermatten, genauso wie beim Bau des Teiches beschrieben.

Bei Verwendung der Glasfasermatten ist es wichtig, dass Sie vorher wissen, aus wie vielen Lagen das Laminat hergestellt werden muss, um entsprechend stabil zu sein.

Der bereits erwähnte Kunststoffkasten ist nach seiner Fertigstellung sehr stabil, ausserdem beständig gegen Benzin, Lösungsmittel etc. Deshalb werden daraus auch Tanks und Behälter für Wasser und andere Flüssigkeiten hergestellt.

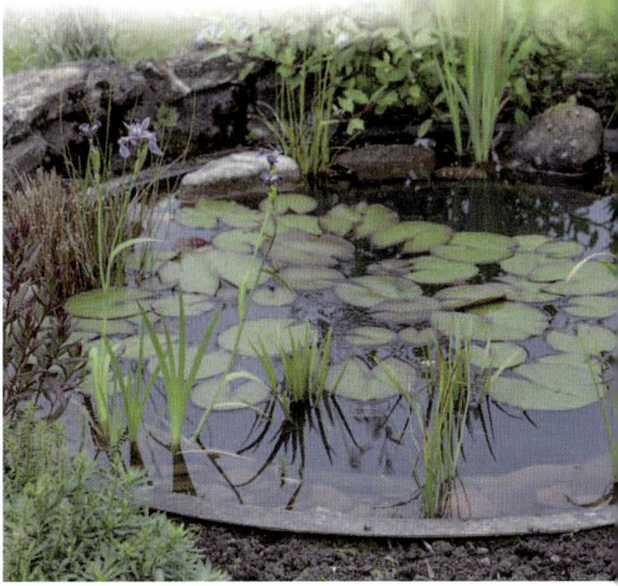

Es ist verständlich, dass diese Technik auch für das Abdichten von Rissen an Wohnwägen, Autokarosserien etc. angewendet werden kann. Dabei werden die Reparaturflächen nach Fertigstellen der Laminate mit Polyesterspachtel überdeckt, abgeschliffen und farbig lackiert. Von der Reparaturstelle ist danach nichts mehr zu erkennen.

- Hinweise zum Mischen:

Das richtige Mischen von Harz und Härter geschieht durch das Abwiegen der beiden Komponenten mit einer Waage. Eine zu geringe Menge an Härter verzögert die Aushärtung und kann zu einer langen Klebrigkeit der Oberfläche führen, während eine zu grosse zu einer sehr schnellen Aushärtung führt, durch die die Laminatfläche spröde werden kann.

Rühren Sie den Härter langsam und sorgfältig in das Harz ein. Vermeiden Sie das Einmischen von Luftblasen und lassen Sie die fertige Harzmischung anschliessend 1 – 2 Minuten stehen, damit evtl. eingerührte Luftblasen entweichen können.

- Materialmengen:

Vermischen Sie immer nur die Giessharzmenge mit dem Amberhärter, die Sie innerhalb von 5 Minuten verarbeiten können. Sonst kann es passieren, dass Ihnen das Harz schon im Mischbehälter erhärtet.

Gegenstand	Glasfasermatten 225 g/m² = x Lagen
Zierteich	3
Kunststoffbehälter	4
Modellboot	2-3
Kajak	5
Wohnwagen	6

- Imprägnieren:

Polyamber-Giessharz kann bis zu 10 % mit Cinnamol (Giessharz-Verdünner) vermischt werden. Dadurch erhalten Sie ein sehr dünnes, ausserordentlich fliessfähiges Polyesterharzgemisch, das nach dem Vermischen mit dem Amberhärter auch für das Imprägnieren von Glasfasermatten, Glasfaservlies oder saugfähigen Textilien verwendet werden kann. Darüber hinaus eignet sich diese Materialmischung auch als Einlassgrundierung für poröse Gegenstände, Böden oder Flächen aus Holz, Beton und Stein.

- Reinigung

Besonders bei den Laminatarbeiten passiert es immer wieder, dass die mit Einmalhandschuhen geschützten Hände, ausserdem auch Arbeitsgeräte mit dem Harz in Berührung kommen und davon befreit werden müssen. Das geschieht mit dem Harz-Reiniger, der schnell und sicher alle Giessharzbestandteile so anlöst, dass sie sofort entfernt werden können.

Deshalb ist es wichtig, dass nicht nur der Entlüftungsroller, sondern auch der Pinsel und andere Arbeitsgeräte zwischendurch immer wieder mit diesem Reinigungsmittel ausgewaschen und gereinigt werden. Dadurch wird verhindert, dass sie durch das Aushärten des Harzes plötzlich nicht mehr verwendbar sind.

Dieses Spezialharz, stellt durch seine vielseitigen Verwendungseigenschaften eine interessante Ergänzung zum Polyesterharz dar.

Kaltglasur besteht aus einem aus Epoxy modifizierten Harz und Härter, ist ebenfalls ein 2-Komponenten-Material, das im Verhältnis 1 : 1 vermischt wird. Dadurch entsteht ein hochwertiger, transparenter, lackartiger Flüssigkunststoff, der bei Raumtemperatur (18–20 °C) zu einem glänzenden Überzugslack bzw. festen Formkörper aushärtet.

Sie kann als kratzfeste und chemikalienbeständige Lasur auf Kacheln, Vasen, Tischplatten, Modeschmuck, reliefartigen Bildern, aus keramischer Giessmasse gegossenen Skulpturen oder modellierten Tonfiguren, Dekorationsgegenständen aus Glas, Holz, Metall, Stein, Keramik, Pappe etc. aufgetragen werden. Mit Harz-Abtönfarben ist sie vielfältig einfärbbar.

Da die Glasur lösungsmittelfrei ist, kann sie auch auf Styropor aufgetragen werden, z. B. um es mit einer transparentfarbigen Lasurschicht zu überziehen oder mit anderen Materialien (GFK, Metall, Holz etc.) zu verkleben.

Im Gegensatz zum Polyesterharz, das als Giessharz in Blöcken gegossen wird, wird die Kaltglasur als dünne Beschichtung von 0,3 bis 2 mm Dicke verarbeitet. Dabei entsteht eine spiegelglatte, vollkommen klebefreie, kratzfeste Oberfläche, vergleichbar mit mit farbiger Lackmalerei. Deshalb können damit auch glasartige oder transparentfarbige, auch opake, porzellan- oder keramikähnliche Oberflächen überzogen werden.

Beim Giessen hochwertiger Bio-Plastics eignet sich die Kaltglasur auch zum Überziehen empfindlicher Einbettungsobjekte, z. B. Korallen. Die erzeugen mit ihrer zweigartigen Form im polymerisierenden Giessharz Spannungen, was zu Ablösungen (Silbereffekt) und Rissbildungen führen kann. Überzieht man sie vorher mit einer dünnen Kaltglasurschicht, können sie nach dem Aushärten problemlos in das Giessharz eingebettet werden. Ein weiterer, wichtiger Vorteil: Während eine normal in das Giessharz eingebettete Koralle durch das darin enthaltene Styrol ausbleicht, geschieht das bei der mit Kaltglasur überzogenen nicht.

Keramikartige Farbeffekte lassen sich mit den unterschiedlich eingefärbten Glasuren auf vielen Gegenständen wirkungsvoll aufbringen.

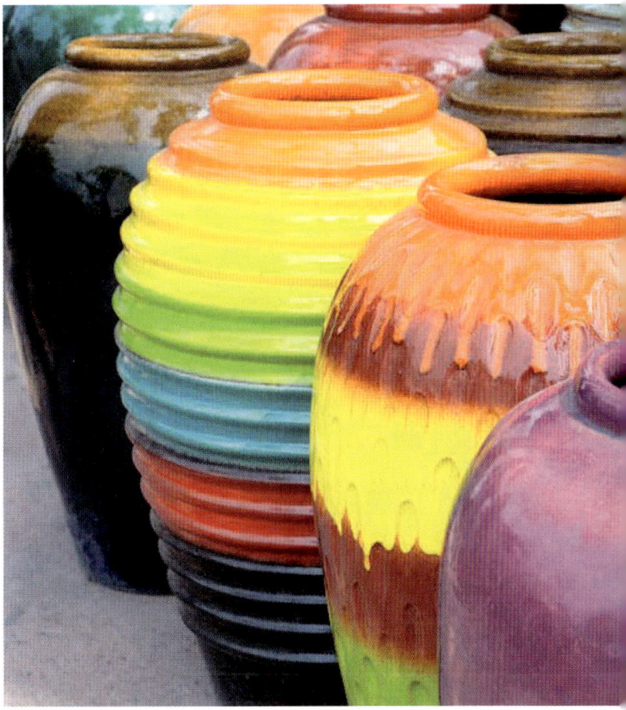

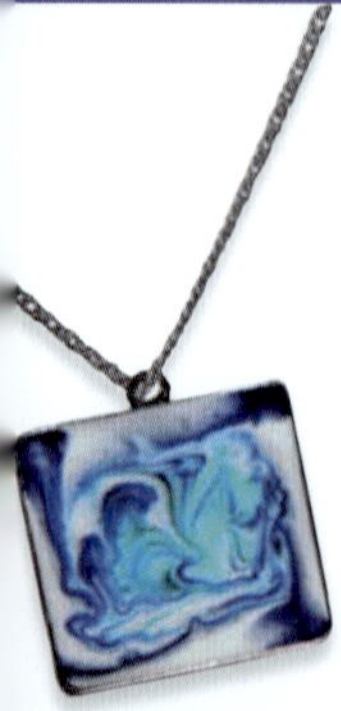

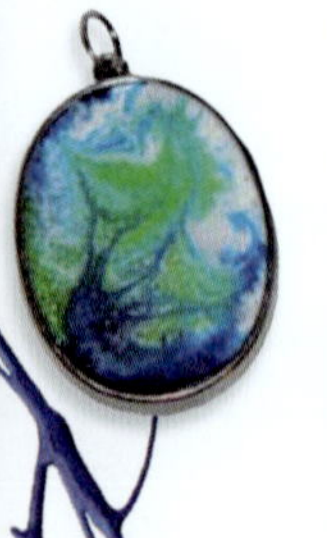

Das richtige Mischen der beiden Komponenten (Harz und Härter 1 : 1) ist eine wichtige Voraussetzung für das erfolgreiche Arbeiten und muss deshalb sorgfältig gemacht werden.

Die gemischte Glasur ist dünnflüssig, eignet sich besonders gut zum Imprägnieren von Textilien und anderen Geweben, z. B. Glasfaser-Vlies, das für die Herstellung von Lampenschirmen, Raumteilern, Transparenten etc. gerne verwendet wird.

Auf die damit vorbereiteten Stoffe können zusätzlich dünne Dekoteile aufgelegt und in die Glasur mit eingebettet werden, z. B. getrocknete Gräser, Serviettenbilder oder am PC ausgedruckte Bilder. Die Optik verändert sich dabei nicht. Sie werden durch die Glasur transparent und wirken dann wie Dias oder Filme, was bei einem damit angefertigten Lampenschirm durch seine Leuchtwirkung für ein fantastisches Aussehen und verblüffende Farbeffekte sorgt.

Die fertige Glasur verändert mit der Zeit ihre Viskosität. Sie ist bereits nach einer Vorreaktionszeit von 30 Minuten sirupartig, hat nach weiteren 10 – 15 Minuten die Konsistenz von Honig und beginnt dann einzudicken. Innerhalb der nächsten 30 – 90 Minuten kann sie nur noch mit einem Spatel verarbeitet werden, was weitere, interessante Anwendungsmöglichkeiten bietet.

So kann sie beispielsweise wie eine farbige Spachtelmasse auf feste Untergründe, z. B. Flaschen, Glas-, Holz, Metall- oder Steinflächen aufgetragen werden. Dabei verändert sich die Struktur und bildet eine glatte, ebene Fläche. Wird dieser Effekt nicht gewünscht, muss mit der Verarbeitung noch etwas gewartet werden, damit sie in dem Zeitablauf verspachtelt wird, wo sie diese Formgebung beibehält und reliefartig aushärtet. Diese Eigenschaften ermöglichen zusätzliche Anwendungsmöglichkeiten und machen die Kaltglasur zu einem universellen Gestaltungsmaterial, das in dickflüssigem Zustand auch gut zum Beschichten von Schmuckstücken und Broschen verwendet werden kann.

Dazu wird sie überhöht, also „bombiert“, in Broschen oder andere Gegenstände aufgetragen. Dadurch entstehen Gebrauchs- und Dekorteile, z. B. Schmuckstücke, die so perfekt aussehen, als wären sie mit bunten Steinen belegt.

Die Vielseitigkeit dieses Materials ermöglicht auch das Überziehen alter Vasen und Flaschen, die so ein vollkommen neues Aussehen erhalten. Dazu wird die bereits zähflüssige Glasur in verschiedenen, aufeinander abgestimmten Farbtönen, aufgespachtelt. Dabei vermischen sich die Glasuren, verlaufen miteinander und überdecken die alte Oberfläche. Durch geschicktes Ineinanderziehen verschiedenartiger Glasuren entstehen weitere, raffiniert wirkende Effekte.

- Glasklare Glasur

Die nicht eingefärbte Glasur wird zum transparenten Überziehen schöner Holzflächen, (Tischplatten, Intarsien, Mosaiken etc.) verwendet. Sie eignet sich ausserdem zum Überlasieren kunstvoll bemalter oder mit Einlegearbeiten ausgestatteter Schatullen, Schachbrettern und mit Mosaiksteinen belegten Tischflächen.

Weitere Anwendungsmöglichkeiten finden Sie in dem Anleitungs- und Ideenbuch: „Beschichten mit Kaltglasur“ – 98 Seiten – (Art. 05 115).